近代中國法律的多維觀察

Modern Chinese Law Through a Multidimensional Perspective

张仁善 著

法律出版社
LAW PRESS·CHINA
北京

图书在版编目(CIP)数据

近代中国法律的多维观察 / 张仁善著. -- 北京 : 法律出版社, 2023
ISBN 978-7-5197-7766-1

Ⅰ. ①近… Ⅱ. ①张… Ⅲ. ①法制史-研究-中国-近代 Ⅳ. ①D929.5

中国国家版本馆 CIP 数据核字(2023)第 057201 号

近代中国法律的多维观察
JINDAI ZHONGGUO FALÜ DE DUOWEI GUANCHA

张仁善 著

策划编辑 解 锟
责任编辑 解 锟 苗 婕
装帧设计 李 瞻

出版发行 法律出版社
编辑统筹 重大项目办公室
责任校对 王 丰 郭艳萍
责任印制 吕亚莉
经 销 新华书店

开本 710 毫米×1000 毫米 1/16
印张 18.25 字数 255 千
版本 2023 年 7 月第 1 版
印次 2023 年 7 月第 1 次印刷
印刷 天津嘉恒印务有限公司

地址:北京市丰台区莲花池西里 7 号(100073)
网址:www.lawpress.com.cn
投稿邮箱:info@lawpress.com.cn
举报盗版邮箱:jbwq@lawpress.com.cn
销售电话:010-83938349
客服电话:010-83938350
咨询电话:010-63939796

书号:ISBN 978-7-5197-7766-1
定价:128.00 元
凡购买本社图书,如有印装错误,我社负责退换。电话:010-83938349

作者简介

张仁善

江苏东台人。南京大学法学院教授，博士生导师，司法文化研究中心主任；南京大学—约翰斯·霍普金斯大学中美文化研究中心兼职教授、中美联合学术委员会（JAC）委员；中国法律史学会执行会长；江苏省法律史学研究会会长。曾多次赴美国、德国等高校及科研院所访学。代表著作有《中国法律文明》《礼·法·社会——清代法律转型与社会变迁》《近代中国的主权、法权与社会》《法律社会史的视野》《司法腐败与社会失控1928—1949》《1949中国社会》《南京大学法学院院史1927—2021》等；编辑《王宠惠法学文集》；曾主持过多项省部级以上基金项目，数次获省部级哲学社会科学成果一等奖。

内容提要

近代中国法律是在特殊历史变局下展开的，主动与被动、移植与继承、主权与法权、制度与实践、人物与事功等等之间，相互杂糅，张力十足。从多维视角观察近代法律运行及法律人，是纵览法律近代化全貌的主要路径之一。本书围绕法律运行，集中观察近代司法理念的形成、司法改良的计划、司法程序的设计及司法运行实效等问题；围绕法律人，集中观察法律人才的培养、法律精英的机缘、法律人的理想及法律人置身的社会生态等。附篇部分侧重研究方法、研究视野的思考及治学心得的体会。研究中，注意今昔对话，中西映照，反思历史，启迪现实。

自　序

近代中国法律变革，初始主要因中外司法纠纷而兴，司法主权问题相应成为触发法律创造、法律实践的主线。如果将近代中国司法环境比拟作一座剧场，那么，际遇特殊的社会大变局之下，法律运行的主体、程序以及效应等，都在司法剧场中上映，在司法舞台上展示。在剧场中，能看到剧场经理的经营理念、剧目导演的价值取向、演员个体的才艺水平、观众的审美情趣及现场反应等；在剧场外，则能目睹剧场功能的延伸效应，或社会反响。近代司法剧场内的效果可谓优良，无论是剧本创作、背景设计、演职人员选拔以及硬件配套等，都比较到位。司法剧场的外延效应，则往往照近不照远，在剧场辐射的近畿都邑，成效显著；边远末梢，则颇为不堪。其中的主客观原因，不一而足，需要立体观察。

法律运行，离不开法律人；法律观念，也主要以法律人为载体。近代精英化的法律教育，造就一大批新型法律人才，他们能在国际外交、法律舞台上纵横捭阖，折冲樽俎，尽显法律名家风采。但精英培育体制下，法律人才的规模难以扩充，直接导致广大中下层法科专业人才的匮乏。有限的法律精英人才，难以支撑起巨型司法大厦，具体而言：第一，法治理想有余，结合实际不足；第二，国际接轨有余，本土改造不足；第三，制度构建有余，司法实践不足；第四，顶层设计有余，基层落实不足；第五，规则改良有余，破立势头不足。法律精英们处在高耸入云的琼楼玉宇，难以深入社会底层细致观察；他们的法治理想落实到实际社会时，很难实现本土改造；他们所处的地方往往是条件比较优越、改革易于落实的大城市或发达地区，未能涉足广大的欠发达及不发达地区；所以他们制定的诸多规则，更多偏于理论、制度，改良耐心有余，革命精神不足。他们在司法舞台上的表演是成功的，但受众的反响及功效的辐射，远不如通过自下而上的政治宣传鼓动。结果就是，司法运行难免受阻，法治进程步履维艰。社会近代化并未在规则改良的引领下完成，而是通过革命手段，颠覆既有规则体系，使之发生根本转向。

本书基于对近代中国法律的多维观察，重点聚焦两大类内容：第一，围绕法律运行，集中讨论了近代司法理念的形成、司法改良的计划、司法程序的设计及司法运行的实效等问题；第二，围绕法律人，集中讨论了法律人才的培养、法律精英成长的机缘、法律人的理想以及法律人的活动对法律运行的影响等问题。附篇6则，系作者著作的自序、为他人著作所作的序言以及作者曾经接受过的学术访谈录等，主要谈及研究方法、研究视野及治学心得等。通过研究，力求今昔对话，中西映照，反思历史，启迪现实。

本书获2018年南京大学人文社科双一流建设第三批“百层次”科研项目“中国司法传统及其现代性价值研究”、2021年南京大学新时代文科卓越研究计划“中长期研究专项”（中华文化传承创新类）、“中国法律文化的演进及其现代性阐释”等课题的资助。

事贵坚持，不勤则怠。本书是作者近一段时期以来研究心得的总结，阶段性所学所思成果的检讨，得以付梓，犹如在自己学术之路上再铺一粒石子，作为再进步的起点标记。

感谢发表前期系列成果的诸多编辑；感谢本书责任编辑解锟女士的耐心督促和精细编校。

2023年3月1日

于金陵御沁园三有室

目　录

附篇：学思漫录

中国近代司法改革是在强烈的耻感情结触动下展开的。耻感包括“外耻感”和“内耻感”：外耻，是国人在西方列强攫取在华司法特权、被人欺负后引发的羞辱感；内耻，是国内司法弊端丛生、明显滞后于近代司法文明，国人自我观照后产生的羞愧感。消弭外耻与去除内耻行动同步进行：为消弭外耻而进行的外交抗争等民族主义运动，是司法主权意识觉醒的原动力；通过外耻，倒映内耻，促使国人不断进行反省，拿出知耻而后勇的气概，作出司法改革的顶层设计，并取得了一定成效，是理性筹划的结果。受制于政局动荡等诸多因素的制约，这些司法成效距设计者的初衷尚有很大距离，但在司法近代化篇章中已留下一笔重彩。

第一章　中国司法近代化进程中的耻感情结

“民族主义”是贯穿中国近代史的主线，基于民族主义立场，一部中国近代史，几乎算得上是“耻感”的历史，就连近代以来深为知识分子企羡的清华学堂，因为是利用美国返还的向中国多索的庚子赔款支持下置办的，也被视为“是耻辱的状况和惭愧的心情中建立的”。[①] 无论视角如何，“救亡图存”主旋律是考察中国近代史跳不过去的符节。

中国司法近代化，也是在强烈的耻感情结触动下展开的。所谓“耻感”，可从两个层面加以理解：一是受到别人无理欺负，受人羞辱，这是外耻；二是自身不思进取，积弊日久，感到羞愧难当，这是内耻。

① 梁实秋：《清华七十》，载缪名春、刘巍编：《老清华的故事》，江苏文艺出版社1998年版，第200~201页。

面临内、外耻辱，是积极雪耻，还是自甘堕落，是衡量一个民族是否具备奋发自强精神的识别器，只有做到对加害者迎头反击，痛斥强权，谋求独立，以消弭外耻；自我反省，找出耻因，振刷一新。这样才符合“知耻近乎勇”的气概。近代“救亡图存”的中心议题是废除不平等条约，主要目标是为实现关税自主和收回治外法权。中国司法近代化，大致围绕收回治外法权这条线路逐步展开的，是在去除内耻、消弭外耻的运动中进行的，体现了知耻而后勇的意志质量。

一、司法外耻的感知

鸦片战争以降，司法主权随着国家主权的沦丧而丧失。以1843年英国通过与中国签订《中英五口通商附粘善后条款》《中英五口通商章程：海关税则》，在有关“英人华民交涉词讼”条款中规定：华洋遇有交涉词讼，“英人如何定罪，由英国议定章程、法律，发给管事官照办；华民如何科罪，应治以中国之法”。从此，西方国家开始获得在华领事裁判权。[①] 其后，西方列强跟随英国，纷纷攫取在华领事裁判权，先后相继有近20个国家获得在华司法特权。于是，“中国主权不能完全行使于中国领土之内，而外国法权则居然畅行于中国，法权蹂躏殆尽，国家体面，扫地无余矣”，[②] 有人谈到其弊害，则曰“禹畛几为洋场，为害甚于洪水”。[③] 两次鸦片战争后，中国国势每况愈下，至甲午战争、义和团运动后，随着《马关条约》《辛丑条约》的签订，民族危机日益加深，尤其是《辛丑条约》的签订，除国人人均一两的本金赔款外，朝廷司法主权更是丧失殆尽。其中，在对支持义和团政府官员的惩罚上，尽露无遗。《辛丑条约》第2款第1项完全按照列强的要求，惩办鼓动、支持及纵容义和团的朝廷大员，并将上年夏间凶惨案

① 参见王铁崖编：《中外旧约章汇编》（第1册），生活·读书·新知三联书店1957年版，第35～36页、第42页。

② 中国国民党中央执行委员会编：《撤废领事裁判权运动》，中国国民党中央执行委员会宣传部1929年版，第17页。

③ 吴文柄：《领事裁判权问题》（二），载东方杂志社编：《领事裁判权》，商务印书馆1923年版，第37页。

所有承认获咎之各外省官员，分别惩办。[①] 此份名单，完全由列强开列，清廷不敢稍作庇护。如赵舒翘，为官公正清廉，百姓拥戴，士民曾为之请命，朝廷亦不敢宽宥，死得可谓悲壮。

司法主权的严重丧失，中国的震动巨大，尤其在国人逐步了解到，欧洲除土耳其外，亚洲除中国、暹罗外，其余国家均无领事裁判权后，有志之士，无不视为奇耻大辱，逐步认识到司法主权独立的重要性。清末，最早受命为修律大臣的沈家本就说，“国家既有独立体统，即有独立法权，法权向随领地以为范围”，[②] 首次系统阐述了治外法权与领事裁判权的区别，指出国家有独立体统，就应有独立法权，司法主权应遵循属地主义。列强一方面以条约限制中国法权的行使，另一方面设立法庭，在中国领土之上行使其法权，无疑侵蚀我国主权，妨害我国主权独立。

进入民初，随着国人对司法主权在国家主权中的地位认识的不断提高，中国朝野之士尤其是法界精英对领事裁判权本质的认识也不断深入，注意从司法主权与国家主权关系为切入，从法理角度揭露领事裁判权的不平等性及对中国司法主权的危害性，是中国的国耻，并通过与列强交涉，呼吁列强予以撤废，以尊重中国的司法主权。例如，1920 在北京成立的法权讨论委员会（法权讨论会）曾对领事裁判权对主权的危害性进行过言简意赅的概括：侵害中国主权，紊乱中国治安秩序，轻视中国人民权利及妨害经济及一切文明事业之发达，其中以侵害中国主权居首。[③] 1921 年华盛顿会议上，负责交涉领事裁判权问题的中国代表、著名法学家、时任大理院院长的王宠惠当场指出领事裁判权最应该反对地方，第一条就是：“领事裁判权制度伤害中国主权，中国人民视为国耻。”王宠惠还引用长期担任中国海关总税务司的赫德氏所著《中国纪闻》一书中的言论，佐证自己的观点：“领事裁判权条

① 参见 1901 年《辛丑和约》，载《光绪朝东华录》（第 4 册），光绪二十六年十二月丙辰条，中华书局 1958 年版，第 4607 页。

② 《修订法律大臣沈家本奏刑律草案告成分期缮单呈览并陈修订大旨折》，光绪三十三年八月二十六日。参见故宫博物院明清档案部编：《清末筹备立宪档案史料》（下册），中华书局 1979 年版，第 846 页。

③ 参见法权讨论委员会编：《列国在华领事裁判权志要》，台北，学海出版社 1999 年版，第 56～57 页。

约，虽或足以使中国官吏避免多少繁难的责任，然中国人实常以此为耻辱，增加忿恼，其结果更足贬损中国国家之价值，一方使中国人轻视自己的本国政府与本国官吏，一方对于不受本国统辖之外人，发生嫉视与厌弃之心。”① 其他法界精英也指出，列强将领事裁判权施行于中国境内，是中国的国耻，“明明是主权的损失，不能长期容忍”，必须废除。②

在司法管辖及程序运作方面，法律精英也列举出领事裁判权的种种害处，主要包括：同一地方，设置数个重复的法厅，其间关系复杂，使谙习法律之人及普通人民，均无所适从；法律失其确定之效率；③ 领事官本为行政官吏，法律的精神薄弱，而政治的观念较强，判案时总不免有偏袒本国人民之倾向；其结果致令中国人受不公平的裁判；外国人民独立于我国法权之外，不受一般法庭管辖，可以引赴其轻视之念，伤我国司法权之尊严；外人在中国境内惹起之民刑案件，有时须送到几千里远的地方领事处判理，犯人之押送，既费手续，案中必要的证人证据，都很难达到；中国人不懂外国法律，诉讼情形，遇有与外人交易涉讼，须在外因领事法庭控告，不免以情形隔阂之故，居于不利地位。诸如此类，非废除不可。④

在司法行政层面，国人也通过事实，揭示领事裁判权的阴暗面。例如，作为列强在华领事裁判权延伸的租界地所设的租界法庭及监狱，理论上应该是具有西方近代文明属性，却一样充满司法黑幕。这正好给我国提供了反驳领事裁判权存在的有力证据。如上海租界的会审公堂，“已不啻一外国官署，且为一极端非法之司法机关，而其所发生之种种弊端，与夫黑暗情形，有非吾人所能堪受”。法界人士呼吁：收回法权，非先收回上海公堂不可，否则租界内华人的生命财产，“将无宁

① 《华盛顿会议太平洋远东问题委员会于1921年11月25日在全美联合宫开第六次会议记录》，载《法律评论》1925年第4期。

② 参见周鲠生：《领事裁判权问题》，载《法学季刊》1922年第2期。

③ 参见《华盛顿会议太平洋远东问题委员会于1921年11月25日在全美联合宫开第六次会议记录》，载《法律评论》1925年第4期。

④ 参见周鲠生：《领事裁判权问题》，载《法学季刊》1922年第2期。

息安全之望矣”。[①] 标榜法治主义的西式法庭，并未恪守法治原则，同样存在司法弊端。

总之，在国人看来，领事裁判权是殖民主义的产物，强权压迫的结果，是反司法、反文化的，它的设立，完全系属列强政治侵略及经济压迫之工具，毫无司法理由与法律根据矣。且其本身即系违反司法原则的。其所以成立者，纯系军舰大炮压迫之功，完全系政治侵略品。因此，“文明国有立即撤废领事裁判权之义务”；[②] 在国际法意义上，以别国司法不良为由，限制别国主权的行使，也“与国际法平等待遇之原则大相背谬者也”。[③] 即便在1943年司法主权基本收复后，国民政府官方总结历史教训时，也不遗余力地对领事裁判权弊端公开谴责和批判：“最可痛心的就是本为中国领土，而中国的国法不得行施，中国的军队不得通过。足见不平等条约之为害，不只是使我国将不国，而且使我民亦非民。真使我们中国人格丧尽，廉耻扫地。”国人对领事裁判权表现出强烈的痛恨和愤怒，将西方列强的侵略本性进一步昭示于国民，激起更强烈的民族主义热情。

二、消弭司法外耻的外交抗争

清末以来，朝野对司法外耻的感知强烈，消弭外耻情感，逐渐被付诸对外抗争行动之中。1902年（光绪二十八年），清政府与一些列强在上海修订各国商约，英、日、美三国均有中国律例与外国一律、中国司法状况有所改善后，即应允放弃在华领事裁判权，并在一系列条约中以书面承诺。如1902年9月5日（光绪二十八年八月初四）《中英续议通商行船条约》（《马凯条约》）第12款商定：“中国深欲整顿本国律例，以期与各西国律例改同一律，英国允愿尽力协助，以成此举。一俟查悉中国律例情形及其审断办法，及一切相关事宜皆臻妥善，英国即允弃其治外法权。”这是自1843年以来，列强在领事裁判权问

① 郝立舆：《上海公共会审公堂今昔情形之比较》，载《法律评论》1924年总第53期“周年纪念号”。

② 周纬：《文明国家有立即撤废领事裁判权应有之义务》，载《法学新报》1930年第122期。

③ 郝立舆：《领事裁判权问题》，商务印书馆1930年版，第71～72页。

题态度上的首次松动。清政府随即任命刑部左侍郎沈家本、出使美国大臣伍廷芳等为修律大臣，谕令将一切现行律例按照通商交涉情形，参酌各国法律，妥为拟议，“务须中外通行，有裨治理”。当年，刑部也奏请开馆修律。① 在各方力量的催促下，清政府遂派修律大臣，创设修订法律馆，招揽留学生分科治事。聘请日本专家担任修律及司法改革顾问，派遣地方吏员赴日考察司法状况，清末修律运动勃然兴起，司法近代化开始起步。尽管清末与列强签订收回治外法权的新约，由于清末政局不靖，政权更替倏忽，清政权未能完成司法主权的收复任务。进入民国后，历届政府更迭频繁，但对争取司法主权独立的信念未曾动摇，外交行动持久不绝。实质性的外交努力，始于第一次世界大战以后。

第一次世界大战后，中国相继得到收回司法主权的机会。如 1919 年巴黎和会上，北京政府代表团正式提出，在中国颁布刑法、民法主要法典，以及地方审、检厅完全成立后，列强放弃华领事裁判权。可惜，这次会议关注的焦点更多集中在山东问题上，对该提案未予理会。② 不过，在此期间，德国、奥地利、匈牙利、俄国等，还是声明放弃在华领事裁判权，算是争取司法主权的“小胜”。其他相关国家仍保留此项特权。

1921 年华盛顿会议前后，北京政府在治外法权上的态度渐渐强硬。1921 年华盛顿会议上，中国代表团成员王宠惠专门负责与列强交涉撤废在华领事裁判权问题。11 月 25 日王宠惠将撤废领事裁判权建议提交大会。这是中国法律人第一次在国际外交舞台上直面列强、列数领事裁判权对与中国主权的危害，揭露领事裁判权侵蚀中国主权的本质，并提出具体的撤废动议。在中国代表的强烈要求下，1991 年 12 月 10 日，会议决议成立调查法权委员会，会后 3 个月来华调查。但因为多种原因，迟迟未能成行。1925 年“五卅惨案”后，民族主义意识迅速增强，司法界利用这次机会，不断鼓动宣传。1926 年 1 月 12 日调查法权委员会方始来华，在北京召开第一次会议，会后经过考察，9 月 16 日

① 参见《光绪朝东华录》(第 5 册)，光绪二十八年四月丙申条，中华书局 1958 年版，第 4864 页。

② 参见郝立舆：《领事裁判权问题》，商务印书馆 1930 年版，第 83 页。

形成《调查法权委员会报告书》正式向国联提交。① 主要列强审议报告后，总体态度还是“渐进放弃”在华司法特权，明显与中国的民族主义宗旨无法同步。其间，收回司法主权取得的最大成效就是由司法部设立“收回沪廨委员会”，组成临时法院，接管上海公司租界的会审公廨。改组临时法院，宣告公共租界法权的基本收复。

1927 年 4 月，南京国民政府建立以后，民族主义运动不断高涨，既给予国民政府压力，也增强了信心和决心，收回治外法权与实现关税自主运动是中国国民革命最重要的目标。1929 年中国实现了关税自主。1929 年 12 月，国民政府单方面宣布：自民国 1930 年 1 月 1 日，凡侨居中国之外国人，应一律遵守中国政府依法颁布之法令章程，并由主管机关拟定实施办法，以资适用。至于关于上海公共租界临时法院暂行章程，也于 1929 年年底期满，经中外多次会商，签订新协定，基本收回。至此，国民政府对收回司法主权充满信心，相继采取一系列实际行动，宣示了捍卫司法主权的决心。如 1930 年，改组上海临时法院为上海特别法院，收回了租界地的司法主权，取得了收回司法主权的关键性胜利。1930 年 9 月 5 日，行政院奉国民政府令，通令直属各机关：“嗣后政府各机关，遇有对外发生纠葛，如进行司法手续，不得向各国在华法庭起诉，即或需向其本国法庭进行法律手续时，亦应由原订合同经手人后机关，呈经主管院部核准后，以原经手人代表原订合同机关，事后以该机关名义起诉，不得以国民政府代表或中华民国代表名义起诉。”② 行政院的通令，坚决果断，不承认列强在华法庭，禁止中外诉讼案件中方人士向列强在华法定起诉，不拟向外国人利益妥协。

在诸多力量的合力促推动下，国民政府坚持不懈，努力交涉，争取列强方面的配合。同时加快国内司法改革步伐，以便在外交谈判中争取主动。至 1936 年，司法改革取得长足进展，下一步的司法改革计划也在酝酿之中。不过英、美等主要列强并未因中国司法改革成效显著而立即放弃领事裁判权。1937 年中日战争全面爆发，许多司法改革

① 参见超麟：《帝国主义又一个骗局：法权会议》，载《向导》1926 年第 143 期。

② 《各国在华法庭——正在收回法权未便承认》，载《法学新报》1930 年第 136 期。

计划被迫中止。1941 年 12 月 7 日太平洋战争爆发，领事裁判权一下子成为列强在华利益博弈的筹码。这时，中国司法改革程度高低，已不是英美等列强考虑的重点，而是试图通过调整对领事裁判权的态度，争取更多中国军民的支持。日本先期已经宣布放弃在华司法特权，以拉拢更多的亲日分子，英美感觉到来自日本的竞争力，为与日本抗衡，争取、鼓励中国军民合力抗日，1942 年 10 月 10 日，美、英终于联合宣布放弃在华领事裁判权的意愿。① 1943 年 1 月 11 日，签订《中美新约》《中英新约》，美、英两国放弃领事裁判权，交还租界，废止《辛丑条约》及其附件，放弃内河航行权等。1943 年 5 月 20 日，两个条约同时生效。主要列强在华领事裁判权在条约上的撤销，成为中国人民政治生活中的一件大事，标志着中国司法主权的基本独立，一洗百年来在自己国土上没有独立司法主权的外耻。

三、司法内耻的观照

近代中国基于主权层面上的耻感情结，促使国人在诸多场合，尤其是外交场合，争取列强撤废领事裁判权，收回治外法权，实现民族独立。但在民族情绪高涨之际，一批法律先知并未为民族主义情绪所迷醉，深谙“人必自侮，而后人侮之”的古训，既从国际公理或主权角度揭露列强真实意图，又突破天朝大国无所不有、无所不能及无所不优的传统窠臼，把中国当时司法状况，置于国际舞台，作横向考察，从司法主权问题视角，观照自身存在的司法弊端，明了其与司法文明潮流相逆态势，并引以为耻。

清朝在礼法合一思想指导下，以明朝为榜样，建立起高效完备的司法体系。清朝前期及中后期，统治者基本都能在既有司法程序内依法处理刑事案件。例如，死刑案犯审结、处决等，均要经过“朝审”或“秋审”的会审程序，最后报奏皇帝，由最高统治者“勾决”后，方能执行死刑，只有在特殊时期，才会将该权力下放给地方大员。如“太平天国”时期，出于平乱需要，赋予封疆大吏“就地正法”权。太

① Wesly R. Fishel, *The End of Extraterritoriality in China*, Octagon Books, A Division of Farrar, Straus and Giroux, New York, 1974, p. 217.

平王国平定后，就地正法权收归朝廷，地方大员对辖区内不安定分子的随意处置权受到抑制，多有不满。适逢杨乃武与小白菜案件发生（同治十二年至光绪三年，即1873～1877年），借机宣泄不满者不乏其人。朝中不少司法权要对地方大吏颇为忌惮，因而发生了是否启动由刑部提起复审程序的激烈争吵。该案的提审、改判，最终还杨乃武、小白菜以清白，过程一波三折，偶然性很大，事后还有地方吏员对此结果并不信服，甚至怀疑仵作鉴定的可靠性。① 但至少说明，在同、光之交，都察院的司法监督职能正常发挥，最高统治者尚能尊重司法权威，发现明显错误后，同意启动纠错程序，给予司法以应有的尊重。又如，清代惯例，凡死刑，必须经三法司全堂画押签字，缺一个签字，都不能定谳。光绪初年，大理寺少卿王家璧在参加会审的法司13人均已画押、判定尸谏处死成禄的吴可读（柳堂）斩立决时，仍坚持己见，认为不应判死刑，拒绝画押，避免了对吴可读的死刑执行，最后对吴的降等处罚，改斩为流。② 尽管如此，清朝司法祖制尚得以勉强维系。

光绪中期以后，正常的司法程序不断受到最高统治者的干扰和破坏。慈禧垂帘听政后期，变更清朝祖制之事频频发生，开了清代藐视司法权威的先例，兹举数例为证：

案例一：光绪五年（1879年），慈禧太后派太监去太平湖的醇王府，护军依例，禁止太监从中门进府。太监归报西太后被护军殴骂之情。病中的西太后大怒，邀请慈安太后前来，哭诉被人欺负情形，发狠说，“不杀此护军，则妹不愿复活”。慈安答应为其做主，立交刑部，面谕兼南书房行走的刑部尚书潘祖荫，比拟斩立决。一时舆论大哗。经审，护军无罪，刑部及诸多高官均认为：太后要杀就杀，既然交到刑部，必须依法。潘祖荫比较正直，将司法官意见报告慈安，慈安转告西后，西后招来潘祖荫，斥其无良心，“泼辣哭叫，捶床村骂”。潘祖荫回署，对司官痛哭，就这样，还是对护军“曲法拟流”。从此，太监携带他人，随意出入，概无门禁。慈安死后，刑部“一听宫中唆使”。案例二：光绪二十四年（1898年），未经刑部审理，即将“六君

① 参见刘体仁：《异辞录》卷二，上海书店1984年影印版，第13～14页。

② 参见黄濬：《花随人圣庵摭忆》（一），山西古籍出版社、山西教育出版社1999年版，第219～220页。

子”绑缚市朝斩首。“六君子”之一的刑部老职员刘光第，起初以为是提审，还安慰康广仁，后发现果真未审即杀，痛骂道：“未提审，未定罪，即杀头耶？何昏聩乃尔。”[①] 案例三：光绪二十九年（1903 年），慈禧太后未经法司审理，下令于狱中残忍杖、勒毙记者沈荩。[②] 慈禧听政后期一系列擅断乱法行径，开启了清代执法滥刑、藐视司法先例：“旧制，司法本为独立，亦自慈禧始破坏之。”[③] 从此，司法失序愈演愈烈。

对涉外案件的处置失当，也使清朝司法程序紊乱的实景昭然中外。例如，义和团运动前后，清廷及地方吏员对系列“教案”等涉外案件的处理，并不符合司法程序，坐实了中国司法弊端，强化了列强持有“领事裁判权”立场。一些地方吏员为了应付列强要求惩办杀戮传教士的中国人，企图按对等原则，杀死几名传教士，就胡乱抓几名民人充数，予以法办，以期平息列强抗议。被捕者之中，不少是无辜民众，并非涉案凶手，完全违背近代罪刑法定原则及正当程序原则。此类不分皂白、滥杀无辜之举，竟为外国人制止，外国人认为，即使抓不到元凶，也不应滥杀无辜。又如，“沈荩案”也决定“苏报案”走势，巩固了会审公廨的司法管辖权。1903 年，“沈荩案”案发生后，中外媒体跟踪聚焦，清廷不依司法程序处置犯罪嫌疑人的酷虐行径尽呈于世。紧接着即有“苏报案”审理管辖权之争。最终，清朝官员只能移就会审公廨，按照公廨法定程序，审理结案。频发的干扰司法的恶行，既受外人指责，也为国内有志之士引以为耻。颇受中外谴责的 1904 年王维勤及 1905 年幅株哩的“凌迟案”，[④] 更是加深了外人对中国刑罚惨无人道的印象，清末修律者也大多认为残忍落后，应该废除。

① 参见黄濬：《花随人圣庵摭忆》（一），山西古籍出版社、山西教育出版社 1999 年版，第 239～241 页。

② 参见黄濬：《花随人圣庵摭忆》（一），山西古籍出版社、山西教育出版社 1999 年版，第 241 页。

③ 参见王树枏：《陶庐主人随笔录》《德宗遗事・十二》；龙顾山人：《南屋述闻》，中华书局 2007 年版，第 181 页。

④ 参见［加］卜正明、［法］巩涛、［加］格里高利・布鲁：《杀千刀：中西视野下的凌迟处死》，张光润等译，商务印书馆 2013 年版，第 2～5 页。

四、去除司法内耻的顶层设计

自“戊戌变法”以迄民国，司法内耻感情结对中国各界特别是法界触动很大，人们逐步认识到，不消除国内种种司法弊端，无颜对外争胜，亦无助内部图强，司法改革动议及设计由此不断被催生。

1. 对清廷上下的触动

“戊戌变法”前后，清廷连续出现的司法擅断，既受外人谴责，也为国内法界之士所不耻，触动了司法改革的神经。清廷上下，倡言司法改革的呼声日渐增强，推动司法改革的进行。

1901 年 9 月 20 日（光绪二十七年八月十九日），两江总督刘坤一、湖广总督张之洞等，上奏朝廷，提出“一揽子”包括司法改革在内的变革方案。[①] 1902 年，朝廷即任命沈家本、伍廷芳为修订法律大臣，主持修律，谋划司法改革，开始司法近代化征程。直隶总督袁世凯等，也力主修订法律，支持司法改良。他还派辖下基层官员赴日考察学习先进司法模式，回国试验，创设新式监狱等。

朝廷负责对外交涉的大员，在与列强谈判中，直接要求列强，将放弃领事裁判权条款写进和约。1902 年 9 月 5 日（光绪二十八年八月初四）《中英续议通商行船条约》中即有协议“中国深欲整顿本国律例，以期与各西国律例改同一律，英国允愿尽力协助，以成此举。一俟查悉中国律例情形及其审断办法，及一切相关事宜皆臻妥善，英国即允弃其治外法权”。尽管用词如“与各西国律例改同一律”之类，敷衍特征明显，但好歹在条约上就领事裁判权的撤废问题达成初步约定。这不能不归功于策划“东南互保”的一批地方实力派在维护地方稳定、保持对外正常商业交往等活动中的所作所为，获得英国等列强的一定认可，从而在谈判中争取到的利益。中英条约签订后，其他国家依样而画，中国首次获得了列强放弃在华司法特权条约上的允诺。

清末修律的实际主持者沈家本，目睹清末酷刑泛滥，司法窳败；任保定府知府、升署任直隶按察使、署山西按察使时，被列强怀疑纵

① 参见《光绪朝东华录》（第 4 册），光绪二十七年八月癸丑条，中华书局 1958 年版，第 4727 页。

容义和团毁坏洋人财物，1900 年曾经被洋人拘禁 4 个月年之久（农历九月初一至十二月十五日），并未受到洋人虐待，亲身经历洋人司法程序，感触尤深。尽管他从未出过洋，却提出振聋发聩的修律前提和原则：在华外人不愿受中国法律约束，反而“予我以不仁之名，此亟当幡然变计者也”，通过修订法律，收回治外法权，“实变法自强之枢纽”，酌加甄采各国法律，“可默收长驾远驭之效”。[①] 他提出的经典名言“我法之不善者当去之，当去而不去，是谓之悖。彼法之善者当取之，当取而不取，是谓之愚”，[②] 更是闪烁着智慧之光。另一位伍廷芳将西方的西法理念及实践，直接引入司法改革。

清朝驻外代表或派出的考察团成员，则通过在域外的见闻，提出革除司法弊政对于收回治外法权的重要性。如驻日代表杨枢就结合自己在日本的切身感受，指出日本所以早于中国顺利收回治外法权，“查日本从前法律，与中国同，而与欧美异。故通商各国亦向日本索有治外法权。迨日本颁布宪法之后，通商各国，方允将条约更正，可见修律，乃今日切要”，旨在为中国修律、司改提供借鉴。[③] 1910 年 12 月，法部派人出国考察各国司法制度及监狱管理，参加出国考察的京师高等检察厅厅长徐谦及奉天高等审判厅厅丞许世英呈称：“方今世界法制，固已趋于大同，彼行之欧美各国无不宜者，或不致行之中国而不宜者。况我国因条约之关系，于法权之行使，本多障碍，尤当亟亟改良，始望有修正条约之一日”，[④] 认为欧美各国的司法制度在中国也有实行的可能性，中国要修正条约，收回治外法权，就必须司法改良。概言之，清末无论是封疆大吏，还是修律主官，大多会把革除内部司法弊端与收回治外法权直接关联起来。

2. 对民初司法行政当局的触动

民国肇兴，政体更新，司法当局主官逐渐认识到革除司法弊端对于收回治外法权的重要性。司法总长许世英就提出，中国“欲挈中外

---

① 《沈家本全集》（第 4 卷），中国政法大学出版社 2010 年版，第 611 页。

② 《沈家本全集》（第 4 卷），中国政法大学出版社 2010 年版，第 752 页。

③ 《光绪朝东华录》（第 5 册），光绪三十一年正月癸巳条，中华书局 1958 年版，第 5288 页。

④ 《法部代表奏会员徐谦等考察各国司法制度报告书折（并单）》，载《法政杂志》1911 年第 7 期。

而纳于大同，其必自改良司法始……对于旧日积习，贵有螯手断腕之谋。对于改良前途，贵有破釜沉舟之概。庶司法独立，可实见诸施行，而领事裁判权，终有拒回之一日”。① 曾任司法部长、大理院院长等职的王宠惠，详知国内司法实情，代表中国参加华盛顿会议，接受记者采访，表达他对外交努力与国内司法实情的感想时说道：“以中国近数年来，变乱频仍，百度废弛，且开会中，正当战事发生，其中央无主，及全国纷乱之情形，皆为外人所目击。身当折冲之尊者，其困难不可言喻。观于建议案所希望改良者，除法典公布外，多半属于政治上之责任，外人初意以为在此非常状态之下，论及撤销治外法权，自以用外人参与司法为必经之阶级。经再三辩争，方从删去。要之，外交之得失，视内政为转移，此则无俟吾人之赘言矣。”② 一句“外交之得失，视内政为转移”，个中滋味，只有身临折冲樽俎现场者，方能感彻肺腑。曾任司法总长、后任法权研究会会长的张耀曾也说：“我国司法制度及实行情形，若无切实改良，与外人以满足，则撤销领事裁判权，实少希望也，改良司法，则在我国。”③

总之，民初呼吁废除司法积习，进行实质性的司法改革，以与国际接轨，获得国际承认，进而实现司法主权独立，逐步成为社会共识。这就突破了狭隘的民族主义界限，即并非一味反帝排外，而是知耻后勇，自我奋发革新，争取司法权独立的行动外、内两条战线同时展开：外交前线有一批职业外交家在各种场合据理力争，要求列强尊重中国司法主权；内部也在紧锣密鼓地对照西方司法模式，有步骤地改良司法。当时中国司法条件差到何种程度，不妨看看 1925 年为迎接调查法权委员会来华调查，司法当局拟定的“注意事项”：（1）法庭内应备当事人、证人座席，随时令其休息，以待再讯（应个别问者不在此限）；（2）法庭内应多设旁听席，至少须能容 20 人以上；（3）候审室应多设坐具，并置备茶水，勿任候审人在室外随意行立窥探；（4）开庭务按传审所定之时间行之；（5）法院推检书记官吏警制服应加意整洁；（6）刑

① 《司法许总长司法计划书》，载《法政杂志》1913 年第 2 卷。

② 《法权会议代表王君宠惠之谈话》，载《法律评论》1925 年第 179 期。

③ 张耀曾：《法权讨论会张会长演说录要——安庆律师公会法政同学会欢迎会演讲，1922 年 12 月 6 日于安徽省教育会》，载《法律评论》1924 年第 70 期。

事判词须将原本附卷，不可换用油印或铅印；（7）各项行政及诉讼卷宗，须妥为整理；（8）法庭侦查室、候审室、监所房屋，如有不敷，或过于狭小者，应设法腾挪使其敷用；（9）法院监所房屋，务令清洁，如有破损，或垩漆剥落之处，应分别修理或油饰，厨房厕所沟渠附近，尤应特别注意；（10）厅内什物器具，务必安置齐整，并注意清洁；（11）监所职员及看守所丁人等，应一律着用制度，并应注意清洁；（12）民国十三年全国迄本年（1926 年）六月以前，民刑案件种类收件数及涉外案件，须择要编程表册；（13）监所必要表册，须编制齐全。① 这里之所以要列出上述清单，旨在让读者明了：当时中国的法庭规模、庭审步骤、监所状况、法警衣着以及司法场所的清洁卫生等，都没有正规标准，还要临时准备，以让外人观摩、检查和评估。

3. 对南京国民政府司改顶层设计者的触动

南京国民政前期，政局相对稳定。日益勃兴的民族主义运动、媒体舆论的鼓动及法律学人的法理论证等，给予国民政府压力和动力，并演化为信心与决心。为了去除司法内耻，中央政府不断提出司法改革的顶层设计，前提仍是围绕收回治外法权这个大目标。

执掌司法的王宠惠在《司法改良之方针》中说，司法院“同时对内又负有促进法治国之责任，对外又须应付领事裁判权之撤销，有此种种原因，则主其事者，第一当熟知各国司法之状况，第二当熟筹本国司法之改良，二者盖相因而又相成者也”，② 要求作为司法中枢的司法院要内外兼顾，筹划司法改良。1932 年，新任司法行政部部长罗文干接受采访，回答“对于收回领事裁判权有何意见”时说，“在华领事裁判权应行取消，原则上各国均经承认，我国应继续据理力争，同时努力于国内司法整顿，若徒托空言，必无补实益”，③ 把内部的司法整顿与外交上对司法主权的据理力争相结合。位居南京国民政府司法要津最久的居正，1934 年在回顾上年的司法状况及展望未来时也说：今后的希望，自然第一件急务是要从速实行撤废领事裁判权以实现法权

① 《司法部对于撤销领事裁判权之准备》，载《法学季刊》1929 年第 2 卷第 6 期。
② 王宠惠：《今后司法改良之方针》（一），载《法律评论》1929 年第 6 卷第 21 号。
③ 《罗文干谈改良司法意见》（1932 年），载《法律评论》1932 年第 9 卷第 18 号。

之完整，“一方固有赖于改良司法完成各项法典间塞外人之借口，以为进行之基本步骤；而当实施之际，外交折冲亦属重要。至完成法典又属立法范围，改良司法尤以财政充裕为根本，故撤废领判，必须外交、财政、司法、立法各方面通力合作而后能成功”。[①] 在谈到司法内部改革与对外司法主权抗争关系时又说：“辛亥革命以还，中国所以未能进于法治之域者，由于内有专制主义之残余，司法未能完全脱离行政而独立，外有不平等之条约之束缚，帝国主义借口于所谓领事裁判权，破坏中国法权之完整。国民政府之司法建设，即在于祛除此两大障碍，而恢复完整之法权与建树独立之司法”，因为中国还不是“法治”国家，收回治外法权，必须从内部革除司法障碍。[②]

法律学人也多有理性思考和建设性建议，一方面强烈谴责列强破坏中国司法主权的危害性，另一方面也为司法改革与国际接轨贡献方案。有学者指出：“今日之政府不固，军士横暴，生命财产，既无日不处于危险之中，而法典凌乱，司法腐败，所以为生命财产保障之具者，又不可恃，如是而欲博得外人之信托，殆属难能之事。故以学理言，以利弊言，领事裁判权应即收回者也；以事实言，其能否收回，则又难言者矣。吾人苟欲收回领事裁判权，必须努力振作，自求改进，使外人无不足于我，而后无辞以拒吾之要求。”[③] 换言之，治外法权应该收回是一回事，能否收回是另一回事，在“法典凌乱，司法腐败”状态下，收回是有困难的，必须自我振作改进。还有人认为，我国既然认定要完全撤销领事裁判权，对内外人一律适用我国正规的司法制度，就要研究对于此事之实行，我国应有什么样的准备，“我国政府里的人，正式对外国说话，当然说得冠冕堂皇，说我国现在已经编成了近世式的法典，已经设立了独立的各级法院，已经改良了监狱，他们官场的外交词令如此，自不足怪，但是我们平心论事，他们所说的那些改革进步之举，究竟不免多半是纸上的官样文章，与事实都隔得尚远

① 参见居正：《一年来司法之回顾与前瞻》，载《中华法学杂志》1934 年第 5 卷·第 8、9 号合刊。

② 《十年来之司法建设——为国府成立十周年纪念》，载《中华法学杂志》（新编·第 1 卷第 5、6 号合刊），正中书局 1937 年版。

③ 吴文柄：《领事裁判权问题》（二），载《领事裁判权》，商务印书馆 1923 年版，第 45 ~ 49 页。

的，真讲到我国司法的实况，对于实行撤销治外法权的准备，我们对世界还是很觉得愧颜，而要大家加一番发愤去做”。① 他们呼吁司法界同仁，应实行整顿司法，谋领事裁判权之废除，不平等条约的解除，以复兴优秀光荣的民族。②

五、结语

司法主权为国家主权的重要组成部分，复兴民族运动中，司法主权的复兴自然首当其冲。近代有识之士十分清楚我国司法积弊，对外虽然义正词严，争取司法主权独立，也知道内部的司法改革实效差强人意。无论是清末民初，还是南京国民政府时代，按照近代司法原则及司法理念标准衡量，中国司法问题多多，认为撤废领事裁判权，必须要克服种种弊端；即使不牵涉司法主权，这些弊端同样要予以革除。只是一旦把司法改革关联上司法主权独立，进而民族独立，高擎民族主义大旗，感召力会更强，司法改革的社会关注更高，的确也获得此功效。

近代中国司法改革动因，实际是在“外耻”和“内耻”的触动下展开的。撤废领事裁判权，就是为了消弭外耻而进行的民族主义运动，是司法主权意识觉醒的原动力。20 世纪前半叶，外交界、司法行政界和法学界等不同社会群体，在谈到收回司法主权时，呼声出奇的一致，消弭国耻、争取司法主权独立，恰恰与民族主义主旋律高度合拍。

消弭外耻与去除内耻，本质上是一个问题的两面：对外，司法主权必须收回，国人有高度共识，没有争议，可以通过外交努力或战争等手段；对内，自身的司法状况与近代司法文明（尽管离不开以西方司法文明为参照）不相匹配，对外容易留给列强指责的口实，对内经常陷国民于不公的审断。因此，通过外耻，倒映内耻，能够促使国人拿出耻而后勇的气概，痛下决心，刮骨疗伤，厉行司法改革，以正常的司法面貌展现于国际舞台，获得别国的尊重。

值得称道的是，在耻感情结触动下，一批先知先觉者在对外竭力

---

① 周鲠生：《领事裁判权问题》，载《法学季刊》1922 年第 2 期；东方杂志社编：《领事裁判权》，商务印书馆 1923 年版，第 28 页。

② 参见林廷柯：《整顿司法与复兴民族》，载《法轨期刊》1935 年第 2 卷第 1 期。

捍卫国家司法形象、争取司法主权独立的同时，能保持清醒的头脑，不断进行自我反省，认识到司法短板，寻求司法改良的方法，作出司法改革的顶层设计，并取得了一定成效。受制于近代社会的诸多原因，这些成效距设计者的初衷尚有很大差距，但在中国司法近代化的历史篇章中已足够出彩。

在世界近代化大潮中，法律移植是后进国家难以回避的问题。法律移植分主动移植和被动移植，近代中国属于被动移植。因为主权的丧失，中国司法主权随之受到侵害，为了收复司法主权，在外力压迫下，中国走上法律移植之路。正因如此，20 世纪前 50 年，中国法律移植在制度层面成果丰硕，近代化法制体系基本成型。然而，移植过来的法律制度在司法实践中遭遇多重阻力，其中主要有：法律移植动机与结果的悖反，法律文本移植与实践效应的脱节，以及法律理想的超前与社会发展的滞后等，致使外来法律在本土的效用大打折扣，中国距“法治化”目标反倒渐行渐远。历史证明，法律移植，若要在本土获得成效，必须与其国家民族的历史、文化及社会发展程度相适应，这也是后进国家法律移植必须克服的障碍。

第二章　近代中国法律移植效用的三重阻力

一、法律移植动机与结果的悖反

1. 难以化开的主权情结

尽管主权问题不是近代中国法律变革的全部动因，但至少是一个外在的、最直接的动因。1843 年，列强依据不平等条约，获得在华领事裁判权，中国司法主权随之沦丧；至 1943 年，司法主权基本收回，恰好百年。从 1902 年（光绪二十八年）以英国为代表的西方列强对中国签下一纸承诺：“中国深欲整顿本国律例，以期与各西国律例改同一律，英国允愿尽力协助，以成此举。一俟查悉中国律例情形及其审断办法，及一切相关事宜皆臻妥善，英国即允弃其治外法权”，其他列强随后纷纷仿效。其逻辑是：因为中国司法状况不好，中国必须给予西方人领事裁判权；只要中国法律改革与西方国家法律一致，经英国等西方国家检验合格，感到满意，就愿意放弃在华司法特权。从此，当政者信心满满地认为：只要积极修律，改革司法，令列强满意，可废除领事裁判权。从此，中国几乎所有的法律改革活动都贴上了撤废列强在华领事裁判权、收回治外法权的标签。

1902 年至 1949 年，中国法制近代化历时近 50 年。20 世纪以来，随着近代民族国家观念的形成、民族主义运动的勃兴，以及“救亡图存”反帝爱国旗帜的高扬，中国法律变革脚步也随着爱国主旋律迈动。耐人寻味的是，1943 年，主要列强同意放弃在华司法特权时，并非因为中国的立法和司法令其满意；1949 年，中华人民共和国成立，20 世纪前 50 年，中国法律近代化的轨迹：以西化为起点，又以西化中止为终点。动因：以收复主权而始，以主权收复而终。从起点到终点，呈“○”形轮回。

2. 民族主义与司法主权意识

近代中国司法主权意识始终与民族主义相伴生。民国以来，尤其是 1919 年以后，中国的民族主义逐渐形成，并持续升温。胡适曾将民族主义视为 1923 年以后中国主流思想的基调之一。①

领事裁判权是主权丧失的重要标志之一，而“救亡图存”则是民族主义运动的最重要目标，主权意识的觉悟得以转化为司法主权意识觉悟的原动力，且几乎贯穿于整个 20 世纪的前半期。近代中国不同社会群体对司法改革的诉求不尽相同，外交界人士、司法行政官员、法界人士及行政官员，在谈论这一问题时，出发点就难以一致。至于什么是真正的、符合中国特色的司法改革之路，并非所有人都有高深觉悟，碰到司法改革具体难题时，也是仁者见仁，智者见智，而民族主义的主旋律则为众多群体共同唱响。

令人诧异的是，近代中国主权的失与得与司法觉悟又无必然联系。司法主权失去后，以法界人士为代表的一部分国人耻感尤强，他们急切敦促当局，锐意司法改革，向民众进行司法宣传，一时又难以找到

① 参见欧阳哲生：《自由主义与五四传统——胡适对五四运动的历史诠释》，载《胡适研究丛刊》（第 2 辑），中国青年出版社 1996 年版，第 33 ~ 50 页。

比主权问题更有震撼力的理由：清末民初，武装革命浪潮盖过君主立宪，司法改革形多实少；民国初年，军阀林立，武人当政，“军权就是政权”；[①] 南京国民政府初期，“训政”为上，安定为重；“七七事变”后，一切为了抗战；抗战结束，国共双方各不相让，最终诉诸武力，展开决战。加快司法改革，营造法治氛围，在诸多政治、军事运动中，都难以成为“工作重点”，唯有大打司法主权牌，与民族主义声浪相呼应，才有可能在诸多“国家大业”中占有一席之地。

西方司法文化的冲击，未能把中国推向法治化道路，或者“西方化”道路。相反，中国的政治、法律基本还是沿着传统或革命的路线向前发展，西方司法理念、制度对近代中国是“冲击”了，中国也“反应”了，但没有获得预期效果，即实现国家的法治化。其原因是多方面的，最关键的一点就是近代中国一直处于西方的压迫下，“救亡图存”成了压倒一切的目标。实现这一目标，并非依靠司法改革或法治建设取得的成就，而是以民族战争为主要形式的民族革命运动，在民族主义旗帜下，中国与列强展开弱与强的角力、生与死的搏斗。

3. 司法主权的收回与法律移植步伐的休止

在主权层面，近代司法觉悟取得了巨大成功；在法治化层面，司法觉悟实效甚微。即使获得主权问题彻底解决，国人司法意识的真正觉悟，却还有很长的路要走，有很多的事要做。蔡枢衡先生曾经指出：“因为近百年来殖民地性的民族身份——不平等的国际关系在作祟，使我们的理想和现实始终不相同；理想的实践也和理想自身不相符。因此，除了批判固有文化之外，理想自身的批判，把理想作标准的现实检讨，‘外来的’和‘固有的’二者的有机结合，都是抗战、建国过程提供给人们的历史课题，也是今日的文化人应有的使命。中国的法学不能停留在局限于制度的批评和建议，以及制度和现实不符合的指摘，而应该在理想和现实不相符的原因，理想之实践而不彻底和不能彻底的原因等方面着力探求。”[②] 成熟的法学必须把关注重点转向法治理想和社会现实的结合或调整适应上，这也是当下法学工作者不可推卸的

---

① 参见蒋廷黻：《中国近代史》，上海世纪出版集团 2004 年版，第 177 页。

② 蔡枢衡：《中国法律之批判》，正中书局 1947 年版，“写在前面”。

担当。

近代中国曾有一些法界人士认为，法权的独立与国家实力关系不大，只要把国内的司法改革工作做好了，司法主权自然可以收回。近代中国的史实证明，司法主权的完全收回，靠的正是武装实力，它因国家主权的收复而收复。近代中国，对建立何种政治模型的国家政权存在本质上的分歧，但有一点是肯定的，在民族国家必须是独立国家这一点上，均保持高度一致。正是共产党提出彻底的民族革命口号，动员的下层民众，推翻了帝国主义及被他们认为是帝国主义在华代理人的国民党政权，才获得最后的胜利。如 1925 年 6 月 6 日，中共就发出了“告全国民众书”中，就首次提出解决不平等条约的问题，不在法律，而在政治，即“废除一切不平等条约，推翻帝国主义在中国的一切特权”。① 1949 年中华人民共和国成立前后，这一预言完全得到应验。1949 年 4 月，在国民党的允许下，英国军舰沿着长江向上游行进，毛泽东严正通告英国首相艾德礼（Attlee）：“长江是中国的内河。你们英国有什么权利将军舰开进来？没有这种权利。中国的领土主权，中国人民必须保卫，绝不允许外国政府来侵犯。”② 这时的中国共产党已不是在跟列强讨论法律问题，而是以武装力量作后盾的国家主权问题。

民主政治是近代法治国家的前提。在近代西方世界，民族主义与民主、法治化进程基本同步，民族主权与人民主权大致趋同，民族主义转入中国后，两种主权发生平行而非重合。民族主权压倒一切，人民主权变成国家主权，民主主义变成国家主义。国人而言，首要任务争取民族国家独立，在国际舞台上，就是“主权”，它是近代中国国家最主要的象征。民族国家独立后，如何建设治理民族国家，是政治精英及法律精英面临的问题。近代中国司法近代化，基本是法律精英司法意识近代化的体现，法律精英又为国家政权所吸收，被国家倚为收回司法主权之股肱，实现主权独立之栋梁，事实上，也发挥了巨大效

---

① 《中国共产党为反抗帝国主义野蛮残暴的大屠杀告全国民众》，载《中共中央文件选集》（第 1 册），中共中央党校出版社 1989 年版，第 421 页。

② 毛泽东：《中国人民解放军总部发言人为英国军舰暴行发表的声明》，载《毛泽东选集》（第 4 卷），人民出版社 1991 年版，第 1460 页。

用。但是，中国的司法化进程与民族主义运动最终未能结合在一起，司法近代化进程中，始终缺少和平的国际国内环境，司法近代化与民族运动无法平衡发展，法治原则最终未能成为建立政权的最重要原则。同时期的西方国家间的冲突和战争，促进和强化了民主法治原则，因为“统治者必须通过民主的原则动员民间资源”。中国则不一样，近代中国所处的国家环境十分恶劣，“政治精英所面临的最重要问题是民族的生存问题，国家的力量就变得重要起来。没有国家的力量，民族生存就会受到威胁。不仅如此，因为中国社会盛行的是文化主义，人民认同的是文化，这个因素更强化了政治精英的权利角色，他们不仅要为民族主权而斗争，而且要创造一个民族国家，创造人民的国家认同感。在这个过程中，国家的力量超过了人民的力量。人民主权的位置被国家主权所取代，集体的权力超越了人民个体政治权利”。① “从传统文化主义到现代民族主义的转变，是一个政治过程，这个政治过程产生了中国近代以来的国家主义”，② 法律精英在争取民族国家独立过程中居功至伟，而在利用法律塑造民主法治秩序、着力保障公民权利等方面，既缺乏足够的精力和时间，也没有合适的外部环境，难以用近代司法精神营造法治氛围。

1919 年以后，中国的司法主权逐步收回，国人的司法觉悟也不断提高，可是中国的司法状况却差强人意，南京国民政府后期，更是每况愈下，加剧了政治腐败，加速了国民党政权的灭亡。这跟中国司法急于全盘西化以致脱离实际有很大关系，司法文化存在多层面冲突，③ 影响了法律移植的实际效应。1949 年，当中国共产党将列强势力彻底赶出中国，中国实际的司法主权完全获得独立，但随着中共宣布废除国民党“六法全书”命令的发布及新政权对旧司法残余的清除，从此踏上了另一条全新模式的司法之路。近代中国司法改革的动机为收回司法主权，司法主权彻底收复后，司法近代化却就此转向。

世上无单一的文明样式，也就无单一的法律文明进路。由历史

① 郑永年：《中国模式：经验与困局》，浙江人民出版社 2010 年版，第 24 ~ 25 页。
② 郑永年：《中国模式：经验与困局》，浙江人民出版社 2010 年版，第 18 ~ 19 页。
③ 参见张仁善：《论中国近代司法文化的多层面冲突》，载《法学家》2005 年第 2 期。

“长时段”视野观之，社会变迁才是法律变革的根本动因。但在某一区间，政治、军事等“事件”也可对法律变革产生巨大影响，主权在近代中国法律变革中的影响尤为明显。在不少新潮近代史学者看来，研究主权问题可能是过气老调，再谈无味，因为它总是跟救亡图存、反帝爱国等主流革命史线索联系在一起，呈单维面向。其实从主权、法权与社会等多维向度看，主权问题仍有很大讨论空间，研究中国法律近代化，主权问题永远无法绕开。

收回治外法权，是修律的宗旨，却不是修律的必然结果；收回治外法权，并不是靠法律的完备获得的，法律创制未能解决民族主权问题。对当下中国而言，主权与法权、本土法律文化与西方法律文化的关系如何处置最为恰当；近代国人在处理主权、法权与社会的关系历练中积累了哪些经验和教训；西方强国又动辄挥舞“民主、人权”的大旗，摆出以西方规则“号令天下、谁敢不从”的架势，我们又当作何应对？对此，中国“法律人”有义务予以足够的关注和深层次思考。考察并反思近代中国的主权、法权与社会，无疑将有助于我们对相关问题看得更清楚，认识更透彻，心里更有底，应对更淡定。

二、法律文本移植与实践效应的脱节

建立法治社会，以下两大要素不可或缺：就制度文化而言，法典必须统一，文本必须简洁，结构必须合理，解释必须清晰，司法体制必须健全；就效应文化而言，司法必须独立、公正、公平、合理、便民、高效，把文本性法律变成应用性法律，死的法律变成活的法律。实现这一切，要有稳定的司法队伍、安定的司法环境、足够的物质保障和民主的政治氛围。近代中国，司法制度文化与司法效应文化的冲突因诸多原因而与时俱增。

1. 宪法与宪制的脱节

近代中国历届政府几乎都热衷于颁行宪法，依法施政者则寥寥无几。清廷自 1901 年宣布“新政”后，即着手筹划立宪。1906 年，正式下诏“仿行预备立宪”，其成果包括设立资政院和谘议局，并有《钦定宪法大纲》和《宪法重大信条十九条》等宪法性文件问世，迈出了中国宪法、宪制史上里程碑式的一步。由于立宪动机和宗旨仍以保护皇权为主，无法实现近代意义上的宪法、宪制宏旨。中华民国南京临时政府时期，曾显露“走向共和”的一缕曙光，可惜时日苦短。北京政府时期，出现了如1923年《中华民国宪法》那样光鲜的宪法文本，可是并无军事实力派真正愿意按照宪法要求行事。

南京国民政府时期，不断推出宪法性文件，如1936年“五五宪草”。到1946年年底，又一部正式的《中华民国宪法》公布。该宪法的形式内容尚具一定民主特征，有人甚至说它连德国“世所称道的魏玛宪法也望尘莫及”。不过该宪法的诞生，缺少民主透明的程序，纯为国民党一党操控下的产物；实施不久，又以所谓“动员戡乱临时条款”等，改变宪法规定的权力制衡的核心条款原旨。当时著名法律人王宠惠就提醒“宪法的顺利运行，不尽在其条文之完善，而更有赖于政府与人民遵行宪法的民主精神；故吾人不仅应检讨宪法之条文，而更应修养守宪之风度”，可惜，未能引起当局警醒。与此同时，革命根据政权也热衷制定颁布宪法或一系列宪法性文件，实现宪制，但宪法精神始终没有真正被弘扬；相反，意识形态的一元化及威权政治的崇高性却不断被树立起来。宪法似乎变成一种符号，一种象征，一种权力合法的性外衣，对宪制赖以生存的环境则多半不愿花大力去营造，对宪制真谛的诠释和理解更不愿劳时费力，因此，真如心理学家揭露的那样，“把时间浪费在炮制各种煞有介事的宪法上，就像小孩子的把戏，是无知的修辞学家毫无用处的劳动”。[①] 由于不具备与近代民主宪制精神相符合的政治、经济和文化环境，政客不遵法、护法，人民自然不信法、守法，宪法失去威信，宪制难免落空。

2. 法律文本至上主义风行

1902年，中英在签订的《续议通商行船条约》第12款中商定，“中国深欲整顿本国律例，以期与各西国律例改同一律，英国允愿尽力协助，以成此举。一俟查悉中国律例情形及其审断办法，及一切相关事宜皆臻妥善，英国即允弃其治外法权”。其他国家依样画葫芦，纷纷签订了类似条款。这就给中国修律定了基调，即所修法律须“与西国

---

① 参见［法］古斯塔夫·勒庞：《乌合之众：大众心理研究》，冯克利译，广西师范大学出版社2011年版，第108页。

律例改同一律”，才可收回司法主权。于是中国法律变革一开始就走上西方化道路。以充满近代法律意味的《大清新刑律》的颁布为起始，宣告与延续数千年的中华法系决裂，从此走上模仿西方法制的道路。历经清末、民初，及至南京国民政府时期，中国完成了以“六法全书”为代表的新型法律体系，这些成果已被今人汇集整理成多卷本《民国法规集成》，其体系、体例及立法技术不可谓不详备、先进。中国法律开始从传统向近代转型。以“六法体系”为代表的近代化法律体系的创制卓有成效，司法体制的构建也初具规模。

从制度层面上看，中国法律近代化进程已基本完成；从实施情况来看，其效果则差强人意。根本原因在于司法运行机制受到窒碍。晚清以来，司法改革蓝图被一次次勾画，且在一定程度上付诸实践，实效却不具期待性。清末修律及司法改革声势浩大，辐射广阔，司法体制有了全新变化。不过，直接关系到司法程序的刑事、民事诉讼法，因传统势力的阻挠而夭折，致使清末民初司法界没有统一的程序法典来规范司法实践，司法声誉主要靠一批优异的大理院推事们在苦苦维系。南京国民政府前期，司法改革力度加大，然而政府疲于应付内忧外患，诸多司法改革计划因此迟缓或停顿，打乱了司法改革步伐。抗战结束，百废待兴，却逢内战重开，司法整顿再度受阻。中华人民共和国成立之前司法机制近乎瘫痪，司法状况不如往昔。司法权的定位也一直纠缠难清，县级司法改革终成老大难问题。清末民初，司法官尚能恪守“不党”信条，南京临时政府时期，“司法党化”现象严重，司法权体系被严重分割，行政权干预司法的现象普遍，司法改革在人、财、物等方面处处掣肘，国家人均法官过少，其晋升、晋级及薪金等尚不如普通文官优厚，人为地降低了司法官在国家政治生活中的地位，加剧了制度性腐败。

良好的法律制度得不到有效实施，只是一堆中看不中用的文本。这种文本至上法律移植倾向早已受到同时代法律人的批判，其中吴昆吾《论中国今日法学家之过》一文概括的“八过”堪称周密透彻，切中时弊。兹引（三）（四）（六）“三过”为证：

三、过求划一也：中国自秦汉以后，封建制度废；以至今日，统一之时久，割据分裂之时暂，渐以养成士大夫执一本以绳万殊之习，奢谈同文同轨之盛，往往不顾地方之所宜，强欲以一种制度，齐习惯不同之民，徒见凿枘之弊，未收划一之效。殊不知欧美各国，其本国法与殖民地法互异，其中央法语地方法各殊，然其国运昌隆，反较中国而上，则又何取乎奢谈划一也。此不仅国家立法如是也，即公私各团体之章程规则，对于极细微之事，亦欲整齐而划一之。至临时发生窒碍，则章程固已等于废纸矣。

四、过于信法也：仆亦治斯学者，焉敢为不信法之谈？但法之效用，非实施不能显，非一有法而事即已治也。吾国法律之不完备，固不必讳言，苟就已有者一一实施之，又何至造成今日无道揆无法守之现象乎？维新以来，士大夫见东西各法治国之成规，力倡法治之说。观他国郅隆之景象，又考其典章制度之美仑，遂以为致治之原，胥由于法。驯至信法过笃，而忘却“徒法不能以自行”之古训。今日者，宪法颁布矣，而实行者何条？试一披国务院印铸局编辑之法令辑览，几无一不备，而国卒未能治者，因纸面上之条文，非实际上之事务也。法律之不能完备，莫若英国，此所人所共知也，然日所出入处，莫不见英国国旗；英人势力，在地球上，莫与京者，此其故可深长思矣。欧洲各国之借用他国法律者，其例甚多，可见国之治否不在法律之有无，而在法律之能否实施，法不能实施，虽有成文之法，然习惯条理等，在在皆是法律。其纳民于轨物者，固自有在也……仆为此言，非谓法不可信也。目睹十数年来国人信法之心过笃，以为法律万能，驯至之故法律之有无，不问法律之是否实施。此种迂疏空泛之弊，士大夫蹈者尤多，使窃柄蠹国者，得放胆以破坏法律，而无人过问焉。则又何若稍移信法之念，变为监督行法之决心乎？

……

六、过于摹仿也：他国良法美意，未尝不可引为师资，然不揣其本，而齐其末，则反贻效颦之诮矣。见日本之勃兴，则思效日；观德国之强盛，则欲师德；观美国之富庶，又拟仿美。而对于所以勃兴，所以强盛，所以富庶之原，则未尝一探讨焉。乃自德国战败，而师德之论寂然。日本与我时有龃龉，而效日之说无声。夫他国制度之美恶，岂可以感情成败论哉？制而美也，虽敌何害？制而恶也，虽友何益？要当知其制度之实际，审核我国之国情，而定取舍焉。尝见政府办一事，动曰此某国制也。学者发一言，动曰此某西人学说也。硁然以摹仿他人为能事。然叩其实际，又何尝有摹仿之诚意哉？不过藉以自文谫陋耳。①

在法律移植上，他们先是仿效日本法律，而后移植欧陆法律，其中以瑞士、德国、法国等国法律居多。法律创制群体以开明法曹官僚、新式法政学堂学生及法律留学生为主，尤其是新式法律学生，大多接受了西方法律知识的教育，怀揣着各种法律新知，积极投身立法运动，且颇有建树。只是他们学到的更多的是西方法律语词，其内涵与他们的理解相去甚远；本国法典草案经过他们之手，往往变成了对其他几国现成法典的文本摘抄，不仅与中国的实际情况不相符，彼此之间也差异颇大。现行法律既失去本国传统文化的支撑，又缺乏西方法律文化背景的烘托。西方的法律有其特有的缓慢历史进程、判决的运行模式以及由众多法学家提出的教条学说为依据，国人移植时却无法在短时间内对其详细阐释和深刻领会，尽管直接移植的西方法律在社会生活中发挥了一定积极规范作用，但从根本上来看，与本土风俗、习惯及民情还是有相当距离，只能靠一些司法官尽力调和新、旧，诠释东、西，隔阂依然多多。当中国的法典开始应用之后，遇到的问题就是编纂者们所接受的教育太多样性了。他们失去了本国传统文化的帮助，而往往是根据自己的意愿，同时他们非常需要所借鉴法律的国家文化的帮助。例如，当我们阅读法国民法中的某个部分时，我们要记住其缓慢的历史进程、判决的运行以及由众多法理学家提出的教条学说，到这样一个程度，这段文本所包含的内在意义已经远不同于字面上所表达出的意思了，“无论中国人是怎样的聪明，他们也仅仅是关注于文

① 吴昆吾：《论中国今日法学家之过》，载《法律评论》1924 年第 53 期“周年纪念号”。

本的形式上的内容，而无法认识到其长期演化形成过程的意义”。① 法律人以“海归派”势力为大，“汉学家”味道十足，尤其是南京国民政府时期的法律人，法律移植与本土化无法有机结合。

沈家本、伍廷芳等之后的法学精英，既然创制了一整套光鲜完备的法律体系，列强应该心满意足，慷慨大方地放弃在华司法特权。历史告诉我们，领事裁判权问题没有因为法制文本的完善而很快解决，1943 年英、美等主要列强在华领事裁判权条约上的撤废，并非中国法典创制和健全所致，而是因为中国在抗日战争中国际地位的提升、日本对汪伪政府的拉拢庇护给英美等国造成的外交压力、英美等国内的民情倾向等所致。② 国民政府“六法体系”的完成，也没有促使国民党真正实现“三民主义”，引领中国迈上法治化轨道。

3. 司法觉悟的表层化

近代中国的司法觉悟还基本停留于司法制度的模式或文本层面，是观念的觉悟，而非理论与实际结合的觉悟；是外在的觉悟，而非内在的觉悟；是表层的觉悟，而非深层的觉悟。由于列强对中国固有司法体系的指摘，以法界人士为代表的国人开始自我反省，猛烈抨击现有司法弊端，提出一系列司法整改方案，概括起来有：改良法律，增设法院，树立司法权威，培养司法人才，改良监狱，提升司法官素质，增加司法经费，加强学术研究。司法近代化起步后，近代司法体制及相关制度的创建取得一定成效，但在司法权的独立、培植民众的司法信仰、通过司法权制衡其他权力及保护民权等方面则少有斩获；司法近代化步伐比较缓慢，问题依旧突出，若干年前列强指出的诸多司法弊端，多年后仍然存在，甚至有过之无不及。1935 年，孙晓楼先生梳理 20 年来司法业绩时就发现：1926 年，各国因撤废领事裁判问题，组织调查法权委员会来华调查司法，其调查报告书中曾指摘中国司法的

---

① See Jean Escarra (Adviser to the Chinese Government), *The Extraterritoriality Problem: A Memorandum Presented to the Commission on Extra-territoriality*, *The China Law Review*, Vol. 2, 1924, No. 1/2.（《领事裁判权问题——致中国法权调查委员会备忘录》，载《法学季刊》1924 年第 1 期、第 2 期。）

② 参见吴孟雪：《美国在华领事裁判权百年史》，社会科学文献出版社 1992 年版，第 238 页、第 244 页。

几大缺点；[1] 1929 年，从司法院院长王宠惠的“改良中国司法方针”中所列举的各点看来，对于调查法权委员会指摘的几个缺点还没有改正；[2] 1935 年，司法院参事吴昆吾在《中国今日司法不良之最大原因》一文中又指出，近十年来的司法状况与以前相比，反有退步，表现有：一是审判权不统一；二是法令之适用不一致；三是诉讼延迟；四是判决不能执行；五是初审草率；六是下级法官受人指摘；七是新式法院过少，县长多兼理司法；八是新式监狱过少，看守所拥挤污秽，且黑幕重重。[3] 吴昆吾所列举的八点可归纳于法权调查报告书所列四点之内。孙晓楼认为，按吴参事的地位来观察中国司法现状，一定比外国人更为透彻；而外国人在 15 年前指摘中国司法的四大缺点，犹不足以包括吴氏最近所列举的八大缺点，“是岂非反证中国司法的愈办愈糟，现在的缺点，比外国人在八年前看到的还多么？”[4]

法学家徐道邻总结道：“抗战以来，最使人痛心者，莫过于司法界声誉之跌落。此乃国家前途命运之最大隐忧，可惜尚不被人重视。司法之受人指摘不外两端，案件积压，往往经年不决，使人不敢问津，一也。任情裁判，不负责任，反正每案必经上诉，使人信仰尽失，二也”，司法腐败，堪为破坏法治的罪魁，要争取局面的好转，必须在行政上进行彻底革新，在司法制度上也应厉行改进，[5] 徐道邻先生描述的司法腐败的严重程度，比起《调查法权委员会报告书》及吴昆吾参事

---

① 1926 年 1 月调查法权委员会来华，5 月 10 日从北京出发，5 月 10 日至 6 月 19 日，按预设线路到各地考察，6 月 21 日作成报告，9 月 16 日形成各委员签字的正式报告，即向国联提交的《调查法权委员会报告书》。关于中国司法状况，调查法权委员会在 1926 年的第三编第一章“概略”中，有过概括性说明：一为政权操于军人之手，而军人因处于有力之地位，得任意总揽行政、立法与司法事务；二为中国国库空虚，以致政府有时对于司法与警察官吏之薪俸不能发给；三为法律与司法制度之系统渐受破坏，缘各地之不承认中央政府者，自立法律及自设法院也；四为新法律与司法制度之扩充及发达因之滞碍。第二章专列“军人之干涉”，列举了军人干预司法的一系列案件。第四章，法律适用不统一。第五章司法制度及其施行情形，提及新式法院过少。参见《法律评论》1926 年第 182 期增刊。

② 参见王宠惠：《今后司法改良之方针》（一）、（二），载《法律评论》1929 年第 6 卷第 21 期、第 22 期。

③ 参见吴昆吾：《中国今日司法不良之最大原因》，载《东方杂志》1935 年第 32 卷第 10 号。

④ 孙晓楼：《改进我国司法的根本问题》，载《法学杂志》1935 年第 8 卷第 4 期。

⑤ 参见《申报》1949 年 2 月 6 日，第 1 版、第 2 版。

的总结还要严重，几乎到了无可救药的地步，司法声誉的跌落已成为“国家前途命运之最大隐忧”。

三、法律理想的超前与社会发展的滞后

1. 法律信仰的精英化

法律制度如何适应社会文化，法律精英同样缺乏足够的心理准备。尽管法律精英殚精竭虑地勾画了司法改革蓝图，并努力付诸实践，但由精英主导的司法变革与社会发展步调并不合拍。近代中国社会二元结构特色明显，民国以来，“海归”精英分子和掌握军政大权者结合，形成上层建筑的主要支撑，而下层社会仍处于农业阶段，民间的疾苦、封闭与上层的浮华、开放形成强烈对比。同理，民国的法律意识也主要局限于上层人士之中，法律信仰是少数人的信仰，而非公众的、普遍的信仰。

中外法律哲人构建法治化社会模式时，都十分强调法律与社会文化的关系，认为“法律发展的重心不在于立法，不在于法律科学，也不在于司法判决，而在于社会本身”。[①] 法律是否有用，取决于法律是否与社会相适应；移植外来法律文化，也要有能使其植根的社会土壤，包括社会结构、社会生活和社会心态。法律之事极具思想性和逻辑性，优良法律的创意及司法体制的设计，须由专门的法律人才来完成。法律本身又是一个合于时代性、社会性、事实性的许多常识的结晶，[②] 也就是说，法律源于社会生活，又服务于社会生活，它们的关系血肉相连，法律、风俗和礼仪等在性质上应该分开，“然而它们之间却有巨大的联系”。[③] 社会生活本身，就是生活规则的源头；社会生活的规则，就是法律规则的母体。离开社会生活的法律，不过是无根之木，无源之水，是一堆中看不重用的文本而已。

社会的变迁是渐进的、长时段的；法律变革过程根本上是一种改良过程，必须与社会的发展相适应。一般而言，后代法律是建立在前

---

① 转引自［美］埃尔曼：《比较法律文化》，贺卫方、高鸿钧译，生活·读书·新知三联书店1990年版，第9页。

② 参见孙晓楼：《法律教育》，中国政法大学出版社1997年版，第13页。

③ ［法］孟德斯鸠：《论法的精神》，张雁深译，商务印书馆2002年版，第317页。

代法律传统基础上，是对传统法律的扬弃。革命行动、政治或军事事件，是突发的、短时段的，是通过对旧社会制度的彻底破坏而实现其目标；在突发的、短时段的革命行动及政治、军事事件之后构建的法律，最大的特征就是对以往法律传统的破坏大于发扬，摒弃多，继承少，变革历程呈“跳跃式”。制度变革过程中，如果条件没有成熟，“暴力革命也没多少用处，因为由此造成的结果，或者是打碎的锁链被重新拼接在一起，让整个过去原封不动地再现，或者是对被打碎的事物撒手不管，衰败很快被无政府状态所取代。所以，对于一个民族来说，理想的状态是保留过去的制度，只用不易察觉的方式一点一滴地改进它们”。① 社会学家早已预见这个理想不易实现，世界上能使传统和近代妥善衔接的民族并不多见，制度变革无法摈弃本土传统的问题，在中国近代法律变革中也得到应验。

裂变式的法律不但违背社会发展的规律，也违背法律自身发展的规律，难以与社会生活协调发展。综观近代中国，从清末到辛亥，从北洋到北伐，从南京国民政府到新中国政权，革命浪潮一浪高过一浪，革命的理想和目标不断实现，法律制度模式不断被刷新。可是，社会结构的演变比较缓慢，自然经济结构相当稳固；市场经济不够发达，契约观念养成困难；民众心理上传统因素的烙印短时间内并未消除；情、理、法合一的司法理念依然存在；广大乡间社会还是重调解、轻诉讼，重礼俗习惯、轻成文法典，重权力、轻权利；② 只在制度层面大做文章，不对社会实际考察分析，寻找法律与社会之间的切合点，引进的司法制度只能飘浮于社会生活之上，甚至会激起社会生活与法律的对抗。

制度固然可以矫正社会弊端，国家的进步也可通过改进制度和统治实现，社会变革也可用各种命令来实现，但制度、命令或法律本身，离不开民族国家历史传统、生活习惯及伦理道德的发展，“法律是我们道德生活的见证和外部沉淀，法律发展的历史也就是我们民族道德发

---

① ［法］古斯塔夫·勒庞：《乌合之众：大众心理研究》，冯克利译，广西师范大学出版社 2011 年版，第 105 页。

② 参见费孝通：《乡土中国》，北京大学出版社 1998 年版，“礼治秩序”“无讼”。

展的历史”,[①] 法律体现着民族精神。[②] 哲学家和史学家也认为：“各种制度史是观念、感情和习俗的产物，而观念、感情和习俗并不会随着改写法典而一并被改写”，一些心理学家对此表示认同，认为：“一个民族并不能随意选择自己的制度，就像它不能随意选择自己的头发和眼睛的颜色一样。制度和政治都是种族的产物，它们并不是某个时代的创造者，而是由这个时代所创造。一种政治制度的形成需要上百年的时间，改造它也同样如此。各种制度并没有固有的优点，就它们本身而言，它们无所谓好坏。在特定的时刻，对一个民族有益的制度，对另一个民族也许极为有害。进一步说，一个民族并没有真正改变其各种制度的能力”，“各民族都受着他们自己性格的支配，凡是与这种性格不和的模式，都不过是一件借来的外套，一种暂时的伪装”。[③]

2. 法律移植与社会、文化发展步调不一

近代少数法律精英在经历了法界大张旗鼓地引进西方法律制度的过程后，头脑冷静下来，开始留意单纯依赖移植外来法律、抛弃本土法律传统带来的弊端，董康就是其中的典型代表。如清末曾经倾力从事破旧立新的董康，20 世纪 30 年代经过反省，又回归到“调剂情法、必使无讼”、毋失“吾人希望提倡司法独立之本旨”的司法理念上。[④] 不过绝大多数人还在为机械地移植西方法律制度而乐此不疲，主要兴趣仍集中在法律制度的搬移上。法律制度一旦制定完成，就感到万事大吉，能否融入中国政治文化和社会文化，他们缺乏足够的关心；对如何改造社会，使其与法律保持较好的适应度，提不出具体方案。

法律移植离不开文化传承和社会变迁。文化内化于民族传统之中，“民族是在历史中形成的一个有机体，因此就像其他有机体一样，它只能通过缓缓的遗传积累过程发生变化。支配着人们的是传统，当他们形成群体时，就是更是如此。他们能够轻易给传统造成的变化，如我

---

① 参见［美］斯蒂文·J. 伯顿主编：《法律的道路及其影响　小奥利弗·温德尔·霍姆斯的遗产》，张芝梅、陈绪刚译，北京大学出版社 2005 年版，第 418 页。

② 参见［德］蒂堡、萨维尼：《论统一民法对于德意志的必要性——蒂堡与萨维尼论战文选》，朱虎译，中国法制出版社 2009 年版，第 105 页、第 108 页。

③ 参见［法］古斯塔夫·勒庞：《乌合之众：大众心理研究》，冯克利译，广西师范大学出版社 2011 年版，第 107 ~ 108 页、第 110 页。

④ 董康：《前清司法制度》，载《法学杂志》1935 年第 8 卷第 4 期。

一再指出的那样，仅仅是一些名称和外在形式而已。脱离了传统，不管民族气质还是文明，都不可能存在。因此自有人类以来，它便一直有两大关切，一是建立某种传统结构，二是当它有益的成果变得破败不堪时，努力摧毁这种传统。没有传统，文明是不可能的；没有对这些传统的破坏，进步也是不可能的。困难——这是个极严重的困难——在于如何在稳定与求变之间取得平衡”。① 传统中国文化固然保守僵化，改革动力微弱，即便如此，指望仓促之间，挥洒自如地彻底与传统决裂，另起炉灶，创造新的传统，亦非易事。近代法律精英，大多注重眼光向外，专注于传统中国法律与西方法律的差距，而忽视文化自身特色以及文化演变的规律。任何制度都受文化习惯和社会组织的限制，当“新法”文本付诸司法实践时，难免与实际社会“撞墙”，其与“西律”在“西国”社会所发挥的作用有云泥之别。

由于没有社会改造与法律变革配合，没有司法保障使法律文本行之有效，法律与社会脱节现象严重，法律几乎变成一堆包罗一切法条的压缩文档。

四、后进国家法律移植必须克服的障碍

近代法律移植与国人的司法觉悟及追求司法主权独立几乎同步。换言之，民族主义一直与近代法律变革相始终。撤废列强在华领事裁判权，实现司法主权独立，与反对帝国主义、废除不平等条约、实现民族独立等一起，构成了近代民族主义运动的光辉篇章：从 20 世纪初的义和团运动到清末新政、修律，从辛亥革命到国民革命军北伐运动，从南京政府的废除不平等条约运动到中国共产党发动和领导的民众反帝爱国运动，都离不开“救亡图存”这个民族主义主题。尽管主题相同，各种力量在撤废领事裁判权运动中的诉求却大不一样，运动性质的层级区别明显，实际结果迥异。

近代中国法律移植，表层动机是为了使中国司法模式与西方近代司法模式“接轨”，求得列强的“满意”，自动放弃领事裁判权，因而

① ［法］古斯塔夫·勒庞：《乌合之众：大众心理研究》，冯克利译，广西师范大学出版社 2011 年版，第 104 页。

缺乏原发性，被动有余，主动不足。改革先驱们只知道中国的司法体系必须改，却来不及也无法探讨何种司法体制最适合中国国情。对于收回治外法权与司法改革、审判独立与主权独立、废除传统法系与创设新型法系、司法权在国家权力机关中与其他权力之间的关系等问题，法律创制者并没有给出明确的令人信服的答案。

列强放弃在华领事裁判权并非在中国司法改革令其满意后才决定的，司法改革进程最终没能形成良性循环，引起的司法弊端也就无法在短时间内避免和消除。这既是中国司法近代化的难题，也是整个中国社会近代化的难题，给后来中国司法的发展留下了若干后遗症：一旦政局发生动荡，社会发生裂变，法律的稳定性、连续性会在一夜时间消弭殆尽，司法权的地位和作用瞬间可以黯然无色。

由于中国民主、自由、平等、法治等意识启蒙的程度还很低；专制、独裁的政治理念仍在政治生活中占据主导地位，广大民众的法治心理还没有养成，西方国家法治近代化的议会制度、契约自由、平等原则发展规律，显然难以一时在中国生根、开花和结果，革命传统、斗争哲学以及专政意识，在新中国成立后的相当长时间内，还贯彻于司法实践之中。不良的政体制治及与实际脱节的司法制度无法有效保护民众的法律权益。司法之树的变质、变味乃至枯死的结局，在陷民众于绝境的同时，也把社会推入无序状态，从而引发暴动或革命，导致法律发展的新断层。

国家的一切法权、自由、平等、博爱等，都是基于主权独立，一个没有主权的国家，无从谈法治。近代中国的法权问题，实际上是主权问题，没有主权独立意义上的法律是不健全的法律；只有保有主权独立，根据本国历史、社会、经济及文化发展的进程，合理引进先进法律文明，创制出适合本土社会的法律才是正常的法律。近代中国受西方强势文化的影响明显，可是法律体系西化了，政治、社会却没有西化。一批法律人天真以为，只要把法律引进了，就引进了自由、平等、博爱，就引进了公理。其实不然，一个失去主权独立的国家和民族是无公理可言的。民主、法治精神是否在存在，近世在欧洲已经遭到质疑，两次世界大战足以证明公理遭到践踏，民主、法治已经异化，多数人的暴政，恰恰成为疑似民主、实为专制的典型。

因收回治外法权，中国法制步上近代化之路，并结出近代化之果，不能不算是近代中国法律发展的意外收获。毕竟不是土生土长，或科学改良嫁接，法律根基不牢，难免缺乏旺盛、持久的生命力。因为西方法系移植过来已是参天大树，对土壤养分的要求格外高，包括社会的、政治的、民主的、心态的，缺乏充足的养分，简单地移植，难以成活。经过半个世纪的移植、根须依然浅薄的近代法律体系，再也无法获得生存的空间，不得不告别喧嚣一时的舞台，归于沉寂。

有效的法律移植必须与其国家民族的历史、文化及社会发展的程度相适应，望梅止渴或画饼充饥式的移植，只能一时激出口中涎津，却不能转化为体内持久能量。这也是后进国家法律移植必须克服的障碍。

司改最难在基层，县级司法改革实态是衡量中国司法近代化成败的晴雨表。清末民国以降，审级体系经过四级三审制到三级三审制的变化，旨在实现行政与司法的分离。受制于多重因素，民国时期诸多县区无法建立正式法院，当局只得根据形势，在争议声中不断塑造县官司法角色，布置司法舞台。在司法舞台上，县官司法角色的身影长期留驻，兼理全部或部分司法事务，发挥维系政府司法体制运转的过渡功能。囿于时代背景，县官司法角色扮演的效果难以达到顶层设计者的预期，未能满足社会舆情的企望；其带来的负面效应很大程度上消减了司法改革的成果。评估司法近代化的成效，除了关注文本制度及中上层司法运行程式外，兼掌司法的底层县官角色也是不可或缺的参照系。

第三章　民国县官司法角色的塑造及期待

自 1843 年开始，西方列强在华确立领事裁判权后，中国传统司法体制遭到冲击，司法主权已而不再完整。几经交涉，西方列强提出，只要中国进行司法改革，符合近代国际同行规则，可以协助中国收回治外法权，于是清廷开始动议，仿效西方如日本模式，厉行司法改革，中国司法从此步上近代化轨道，基层司法自然首当其冲。县官司法角色的塑造及功能，成为清末以来，尤其是民国时期司法改革的焦点，直接影响民国司法改革走向和进程。学界既有成果聚焦于县级司法体制的设置及运行的较多，专注于县官司法角色的塑造及社会期待的较少。[①] 本章拟围绕县官司法角色的塑造构想、县官司法舞台的布局效果、县官司法角色的自我展示及县官司法角色的社会期待等问题，在时代“大舞台”背景下讨论县官司法“小角色”的演变。这里的县官，只限于未设正式法院地区的县官。

一、县官司法角色的塑造

近代司法发展的总体趋势，就是司法权与行政权的分离，实现司法独立。中国基层司法要实现近代化，就是要一改传统司法权、行政权合一的模式。如何塑造县官的司法角色，也就成了民国以降历届司法当局司法顶层设计的重要目标，基于时势变化，塑造构想在不断争议中反复进行。

（一）从司法、行政的制度性分离到兼理司法的复辟

清末修律，厉行官制改革，司法体制发生全新变化，清廷于 1906 年设立大理院以及高等、地方、初级审检厅，希冀实现司法与行政的分离，以 1910 年《法院编制法》的颁行为标志。1910 年 2 月 7 日，清廷颁布《法院编制法》，构建四级三审制，建立起初级审判厅、地方审判厅、高等审判厅及大理院，基层独立审判体系由此形成，《法院编制法》颁行后，“地方司法之独立始有法律根据，可谓吾国法制史上之创举矣”。[②]

1912 年开始，新政府政治上革故鼎新，司法上则多沿袭前制，各级审判机构多有增设，审判与行政分权行使渐成趋势。按《法院编制法》的设定，县官应从此淡出司法舞台，实际运行却非一帆风顺。此

① 涉及民国县官的司法职能及近代基层司法改革的论述，学界取得了一定成果，专著如［美］徐小群的《现代性的磨难：20 世纪初期中国司法改革（1901—1937）》（杨明、冯申译，中国大百科全书出版社 2018 年版）、刘昕杰的《民法典如何实现：民国新繁县司法实践中的权利与习惯（1935—1949）》（法律出版社 2011 年版）、付海晏的《变动中法律秩序——1929—1949 鄂东民事诉讼案例研究》（华中师范大学出版社 2010 年版）、张健的《国家治理变迁中的基层刑事司法——以龙泉司法档案为中心的考察》（中华书局 2021 年版）中的部分章节；论文如张仁善的《南京国民政府时期县级司法体制改革缺陷及其对司法信誉的影响》（《华东政法学院学报》2002 年第 6 期）、张仁善的《论南京国民政府时期司法经费的筹划管理对司法改革的影响》（《法律评论》2003 年第 5 期）、蒋秋明的《国民政府基层司法建设述论》（《学海》2006 年第 6 期）、吴永明的《民国前期新式法院建设述略》（《民国档案》2004 年第 2 期）等。

② 王用宾：《二十五年来之司法行政》，载《现代司法》1936 年第 2 卷第 1 期。

后的30余年中，各届政府、司法当局以及法律媒体，都对县官司法角色持续提出一系列设计方案。

民国初年，未完全设审判厅和检察厅的县很多，无法正常依法令执行公务。为了加快实行司法、行政分离，1913年，许世英总长代表司法部发布司法计划书，提出县级司法5年建设方案：

> 全国法院之建设，既期以五年，则未设法院之处所，若纯由行政官担任，事务殷繁，实际上必不能兼顾，现拟于未设院局之县，亦选合格者充专审员，每县以三员为率，使司法、行政，逐渐分离，一旦敷设院局，即可改为法官，既资驾轻就熟之才，自有事半功倍之效……现拟自今日（1913年）起，至1914年6月以前，先就已设之审检厅，次第改组，俾苏喘息，而便预筹。统计全国应设院局二千有奇，分为五年设备，每年期以成立五分之一为率，扣至第五年（1918年）一律完成。①

5年期司法计划的制订，兼顾了已设、未设法院的地方县，未设法院的县，计划配备3名专审员，作为过渡，大致于1918年完成2000所院局建设。

进入北京政府时期，依然延续四级三审制。但是初级审判厅（有时也称“审判庭”）的建制非常不尽如人意，虽然有的地方已经设立了初级审判厅，但是无法建立初级审判厅的地方更多。1914年，袁世凯政府宣布废除初级审判厅，初级管辖案件归地方审判厅内附设之简易庭受理，其设地方厅的县，概由县知事兼理司法事务。于是已在各省纷纷设置的简单易行的初级审判厅被全部废止，而地方审判庭又仅设在通都大邑，未设地方厅之县在90%以上，其司法事务完全为县知事兼理。司法部依照政治会议的精神发出通电，于1914年4月5日公布《县知事兼理司法事务暂行条例》规定：

> 第一条　凡未设法院之司法事务，委任县知事处理之。

① 《司法许总长司法计划书》，载《法政杂志》1913年第2卷第10号。

第二条　县知事审理案件得设承审员助理之。承审员审理案件，由承审员与县知事同负其责任。

第三条　承审员由县知事于具有前条资格人员内，呈请高等审判厅长审定任用之。

第六条　县知事关于司法事务受高等审判检察厅长之监督；承审员受县知事之监督。

已经设立的审判厅也一并废除，如1913年江浙等省各县均曾设立初级审判厅，后为政府裁撤，改为审检所。通过将未设地方审判厅的县级司法权转归县知事兼理，在县官身上恢复了司法与行政的权力合一。1917年，审检所又复裁撤，县司法完全由县政府兼理。

传统县官司法辅助人员往往由县官自行聘请任用，民初与传统州县官不同的是，在县府设立了承审员，协助县知事处理司法问题，但承审员要由县知事呈请高等审判厅长审定任用。换言之，县知事兼理司法、决定承审员人选的提议，与承审员一起对案件负责，县官实际决定司法事务。这看似“复辟”前清旧制，实为无奈之举。县知事兼理司法，集侦查、起诉、审判、执行于一身，回归到传统全能型“父母官”角色，聊胜于无政府的散漫放任。

（二）设置司法公署克减县官司法权

在这个5年计划期间，针对县长兼理司法可能存在的弊端，中央政府出台了一系列过渡办法，其中，于1917年倡设司法公署即为其中之一。《县知事兼理司法事务暂行条例》施行之后的几年间，北京政府仍在试图改造县官司法角色，克减乃至取消县官司法职权，并于1917年，先后颁布《暂行各县地方分庭组织法》及《县司法公署组织章程》，通过设立司法公署，改变县长总揽司法权于一身的状况。但“当局无积极推行之决心，其章程第一条，即明定‘得因特殊情形，呈准缓设’，又开方便法门。而各省多借词不办，其已筹辦之少数省份，率复旋即废止，无人理会，至今日而县司法公署之硕果，转在遥远省份，独有仅存者，然为数极少”。[①] 司法公署既然无法普遍推行，司法当局继而

① 王用宾：《二十五年来之司法行政》，载《现代司法》1936年第2卷第1期。

通过颁行新的章程及条例，对县官的司法角色做了些微调。

一些地方参照执行。如云南省，一边推行现制，一边参照司法部1917年5月对于各省高等审检厅之通令，于各县治及特别行政区域，筹设类似单一审判的司法公署，作为过渡办法，其时滇省有县及县级辖区117属，除在旧府治及通商口岸之县分，应设审检厅者不计外，应设司法公署的还有102属。1917年9月，北京司法部对于各省高等厅之通令，有先就通商口岸及旧府治设立地方审检厅，旧道治设立高等分厅，于5年内一律成立等指示。1919年3月，云南省高等审检厅曾因省议会的建议，拟具分年筹设高等分厅及地方审检厅办法，会呈前省长公署。[①] 有人甚至计算出设立司法公署的具体账目，证明当时司法公署设立的合理性，指出“各县之承审员，多有征辟，形同幕僚，名存实亡”，原因主要有二：一为承审员与知县同署办公，二为俸给取自知县，就此二者加以整顿，即可消除弊端。可采取的方法是：“在各县一律设立司法公署，办公用舍由县觅废署或官产充之，经费由高等厅支给之，则司法公署，自可完全与县分离，独立行使其职责。候补推事一员主审判，以知事司检察，书记官即以管理司法收入之书记兼充之，事繁者，以录事补助之。至录事、承法吏、庭丁，各置二三名，法警职务则以县警备队兼充之，所有薪金办公费一切，每县按月支出，平均以270元为度。全国1千7百余县，除已设法院部分外，每年司法公署经费，仅需五百五十万有奇。”[②]

这种通过设立司法公署的方法，将审判权从知县手里剥离，实现行政、司法脱钩的出发点及热切期望值得称颂，但多流于计划，少有落实，效果并不明显。涉及人、财、物等方面的问题，仍存在瓶颈。普设司法公署的策划，不久搁置弃用。县知事兼理司法依然普遍留存。所幸从地方审判厅至大理院，审检机关建制尚算健全；大理院机制的良性运作，大理院推事的秉持操守，勉力支撑，使审检程序尚能保持运行，保住了司法的基本声誉。[③]

1923年3月30日政府以大总统令公布了《修正县知事审理诉讼暂

① 参见《云南司法行政大纲》，载《法律评论》1924年第32~37期合刊。
② 吴宪仁：《对于整理司法方针之商榷》，载《法律评论》1924年第55期。
③ 参见《法学季刊》1927年第3卷第5号“社论”。

行章程》及《民刑诉讼条例》，稍微扩张了承审员的权力，县知事的权力仍然过大，律师权力受到限制，“律师只可提出辩论书，不得出庭”，要求“县知事于其应执行检察官职务，必须执行之，以保证原告之利益，而补律师所不及”。①

1927 年国民政府定都南京之初，继续沿用北京政府时期的相关政策，江浙等新属辖区审判厅及司法厅行令各地，除变更惩治盗匪法补充条例及其他与党义明显有抵触者及不合时宜法令者外，“其余一律暂行援用”“暂维现状，不事纷更”。另外，国民政府为适应潮流、贯彻党义起见，开始延揽名流，草订各种法典。②

（三）结束县官兼理司法

1. 结束县官兼理司法、保留检察职权

南京国民政府时期，司法当局进一步通过制定法律规章，以图逐步取消县官司法角色。国民政府建立不久，司法部就发布命令：“嗣后所有在职各司法官均不得兼任行政官吏或其他官吏，以符法令”，③ 把实现司法与行政分离提上议事日程，计划分期筹设法院，颁行新《法院编制法》及相关法典。1928 年，国民政府实现全国基本统一后，加快了基层司法改革步伐，县官角色的重新塑造步上了快车道。

1929 年，司法部长王宠惠指出：“从前县公署兼理司法事务，实一种不良制度。盖以行政官吏兼理司法，已非司法统系所宜有；而为县长者，又多趋重行政方面，司法事务不暇兼顾，至于法律智识尤成问题。此种现象，在今仍曰不敢谓为必无，实不能不筹一根本解决之办法。”要求未设正式法院的县政府，要尽快设立正式法院，将符合法官资格且办事有成绩的承审员改为法官，认为这种办法“设备既简，成立自易，原日预算即有不敷，相差亦属有限，另筹补助，当非甚难，一转移间，而县法院遍于全国矣”。④ 这一思路看似因便就简，简单易行，但短期内并未付诸实施。地方省份呼吁恢复初级法院的呼声也日

① 杨翰元：《改良东北司法之意见》，载《法学新报》东北法学研究会三周年纪念号第 138～142 期合订本，1930 年 10 月版。

② 参见《法学季刊》1927 年第 3 卷第 5 号“社论”。

③ 《司法部公报》1927 年 12 月 15 日“创刊号”。

④ 王宠惠：《今后司法改良之方针》（一），载《法律评论》1929 年第 6 卷第 21 号。

益强烈，如东北司法官员指出，“言改良东省司法，而首言恢复初级法院”，恢复初级法院，“实为重要、且必须之事也”。① 司法行政部编具《训政时期工作分配年表》，计划在今后6年内，以县法院为其过渡组织，筹设全国地方法院，到1935年年底，基本完成目标，结束县知事兼理司法。

1932年国民政府制定《法院组织法》，确定了地方法院、高等法院和最高法院三级三审制，其中第9条规定：县或市应设地方法院，从制度上确定了法官独立审判机制，宣告了县官兼理司法的结束。但在实践中，很多地方当时没有条件建立地方法院，审判权无法按《法院组织法》规范进行，如县长兼理司法之下，易于导致赔贴口粮（兼理司法的县份，已决犯囚粮归公家实支，未决犯囚粮限定额数，超过法定额数，概归县长赔贴，县长可以此为借口，名正言顺地乱征乱收）、扰乱行政、审判难精、监督难周、案件易搁及阻碍法治等问题，② 审判权无法按《法院组织法》规范进行，不得不采取变通办法作为过渡，如有人提出：“在全国未设法院之各县，使承审员职权独立，办理初级或地方民刑案件及其他非讼事件；县长则专掌县政，行政与司法两权，实行划清，即承审员与县长一为全县之最高行政长官，得兼检察官之职务，一为全县最高司法官，处于平等地位，俾能相互监视，砥砺廉行。”③ 因为立即结束县长兼理司法难度较大，只好采用对策，无怪乎《法院组织法》制定颁布3年后的1935年7月1日方始施行，实系不得已而为之。

1935年9月，国民政府在南京召开全国司法会议，提出主张改进兼理制度者十多条议案，如“法院组织之健全案”指出，现有法院组织，从纵的方面而言，往往人才集中于上级，而下级反不充实；内地组织较完备，而边远省份辄多因陋就简，“殊非司法正当之组织”，所以此次议案当“注重于下级人员之健全，兴谋全国法院之平均进展”。

---

① 杨翰元：《改良东北司法之意见》，载《法学新报》东北法学研究会三周年纪念号第138～142期合订本，1930年10月版。

② 参见徐照：《县长兼理司法评议》，载《政治评论》1934年第102期。

③ 马存坤：《改进县司法与厘定承审员之职权》，载《法律评论》1932年第451期。

会议发布了《大会宣言》，就县级司法形成决议："各县应普设法院，废止县长兼理司法，在未设立法院以前，应根据下列原则：（1）承审员改为审判官，并提高待遇；（2）严定审判官资格，并慎重其人选；（3）审判权应使完全独立，重行厘订县政府兼理司法章程及各县司法人员任用条例，并交司法行政部办理。"①

全国司法会议后，司法行政部遵照议决原则，草拟了《县司法处组织暂行条例草案及其起草原则》，经中央政治会议送立法院审议，1936年4月9日公布《县司法处组织暂行条例》。4月20日、6月27日公布了《县司法处办理诉讼补充条例》。司法行政部发布训令，确定7月1日为县司法处开始改设之期，分省分期实行，计划3年内，除东北四省暂缓进行外，要求未设立法院的各县，应该在3年内改设正式法院，预计到1939年6月底改设完毕。相关条例对县官的司法角色做了重大调整。

《县司法处组织暂行条例》对未设地方法院的各县司法处职责作了系列暂行规定，诸如：第1条"凡未设法院各县之司法事务，暂于县政府设县司法处处理之"；第2条"县司法处置审判官，独立行使审判职务"；第4条"县司法处检察职务由县长兼理之……"按此暂行规定，在县政府中设司法处，置审判官，取代先前的承审员，有严格的任用考核标准，独立行使审判职务；县长兼检察职务，执掌司法行政，改变了县知事兼理司法时期，承审员接受县官监督，审理案件与县知事"同负其责任"的格局；司法处设置有检验员、执达员、录事、庭丁、司法警察等，除检验员由高等法院甄选派充外，其他司法行政人员由县长商同审判官派充或雇佣；书记员、检验员、执达员、录事、庭丁、司法警察均受审判官和县长监督和指挥。

《县司法处办理诉讼补充条例》规定，在地方法院未完全建立时，县长负责检察事务，对县长的检察职能履行，1936年6月27日公布施行《县司法处办理诉讼补充条例》进行了规定：

> 第九条　县长因告诉、告发、自首或其他情事，知有犯罪嫌

① 《全国司法会议提案摘要》《大会宣言》，载《法学杂志》1935年第8卷第5期。

疑或由司法警察官移送者，应即侦查犯人及证据。

第十条　应由检察官实施之勘验、处分，如县长因事故不能实施时，得由审判官代行。

第十一条　传票、拘票、押票或搜索票，于审判中由审判官，侦查中由县长签名，并盖用县司法处印。

第十二条　县长侦查案件认为应行起诉者，填明移送片，送致审判官办理；不起诉案件以批谕处分之。

第十三条　刑事案件审判期日，县长得不出庭。

第十四条　刑事被告逃亡或藏匿者，除由县司法处自行通缉外，得呈请高等法院首席检察官通知附近或各处检察官、县长、司法警察官署通缉。

第十八条　县长对于刑事判决得提起上诉。

这项制度的设计，主要针对刑事案件或公诉案件中，县长应履行的职责，包括侦查、起诉或不起诉、通缉、批捕、上诉等；刑事审判中，又赋予县长可以不出庭的特权。县长的“司法”权限，比起《县司法处组织暂行条例》有所扩大，行使职权的自由把控度也相应提升，有些甚至处于“两可”之间，如“得不出庭”“得呈请高等法院首席检察官”“得提起上诉”等，这也为县长模糊职责提供了方便之门。

至此，县司法处新组织关系法规基本具备，时任司法行政部部长王用宾自信地宣称，“从来兼理司法之一切章制，始予废除矣”。相应地，司法院对第一审司法机关以普设县法院为入手，对第二审采用巡回审判制度，以确立完整的司法系统，改良司法，计划很完密。但落实效果则并不明显，兼理司法的县份还出现在1936年的司法年鉴中，县官兼理司法的县1936年依然存在。①

1937年7月开始，战云密布，南京国民政府有效辖区随之骤然缩小，控制力急剧削弱，县级司法改革的步伐完全被打乱。全国性的县级司法舞台建设成效无法统计。抗战胜利、政府机构复员后，县级司

① 参见吴祥麟：《改进中国司法制度的具体方案》，载《中华法学杂志》（新编·第1卷第5、6号合刊），正中书局1937年版；王用宾：《二十五年来之司法行政》，载《现代司法》1936年第2卷第1期。

法改革才重新启动。

2. 结束县官一切司法职权

1947 年 1 月 1 日施行的《中华民国宪法》第七章第 80 条规定:“法官须超出党派以外,依据法律独立审判,不受任何干涉。”第 81 条规定:“法官为终身职,非受刑事或惩戒处分,或禁治产之宣告,不得免职。非依法律不得停职、转任或减俸。”从宪法上确定了法官的独立地位。彻底取消县长兼掌检察角色的呼声在司法界日渐高涨。

1947 年 11 月 5 日的全国司法行政检讨会议上,这一问题仍是会议的几大议题之一。会议收到提案数以百计,其中一则提案,建议废除县长兼检察官制度,在司法处增设检察官,以专责成,理由有县长非专门人才,对于法律无深刻研究,办理案件,难期公平合理;县长事繁任重,其势不能兼顾;指挥不灵活,办事诸多困难。以第三点影响基层检察工作尤甚,因为:

> 县长对于侦查案件既属兼办性质,办理之善与不善,与其政绩漠然无关,如有搁置不办,或办理不善,或办理不力之情形,上级首席检察官,虽可命令指挥,但县长之心目中仅以服从其直接行政系统之上级机关为天职,此外则无所顾虑,往往命令一到,束之高阁,视若具文;而上级首席检察官,因系统隔阂,又无其他有效方法,使其必遵,势必函请其直接行政系统之上级机关转令办理,各分检处尚须呈请高检处为之转请,公文往返辗转需时,及至命令到达,早已事过境迁。①

因此,结束县长兼掌检察,实现县级行政司法的彻底分离,是本届会议拟议解决的重点问题。有与会人士提出:或从速改组正式法院,或直接把司法处改称法院。经过战后司法改革努力,各级法院设置有了一定发展。终因经费及体制的关系,会议决议:在司法处增设掌理检察职务的人员,并在 3 年内改设法院,② 县长兼理检察的角色至此从

① 《全国司法行政检讨会议重要提案》,载《法律评论》1947 年第 15 卷第 11 期。

② 参见《全国司法行政检讨会议重要提案》,载《法律评论》1947 年第 15 卷第 11 期。

制度上谢幕，这距1910年《法院编制法》的颁布长达37年之久。1949年全国基层普设没有县官介入审检的司法机构。县官司法角色塑造的总体目标就是普设正式法院，县官不兼司法，行政的归行政，司法的归司法，以适应近代国家权力制衡、社会法治化的大趋势。

二、县官司法角色的舞台布局

围绕不同阶段县官司法角色的塑造，当局持续为县官搭建司法舞台，以供其发挥司法职能。搭建县官司法舞台，并非要永葆县官的司法角色，恰恰相反，其终极目的就是为拆除县官司法舞台创造条件，实现新式法院的普设。司法舞台的搭建成效，直接映射出县官司法角色的展示空间，也是中国司法近代化程度的晴雨表。在此过程中，曾经过诸多反复，凸显了中国司法近代化历程的艰难曲折。

（一）民初县官司法舞台的布局

民初四级审检厅制沿用不变，初级审检厅的设立渐成气候。1913年根据许世英的报告统计：全国省22个，县1700多个，以行政区域为司法区域，每一县设一地方法院，综计全国已设的审检厅外，大约不及2/10，其余有的正在筹办而中途停办的，有的完全没有筹办者，有的逐渐添设中。[①] 后来王宠惠也介绍，1912年法院编制法虽仍旧制，而各级法院则多有增设，这时计有高等、地方厅120所，初级厅179所，设立审检所的县达900余处。1914年发生反复，当局将初级厅及各县审检所均行裁撤，除大理院、总检厅外，仅保留高等审检厅及分厅26所，地方审检厅38所，基层附设简易庭，用以审理轻微案件，到1926年，除大理院总检厅外，计有高等、地方各级厅共130余所，实际取消了初级审判厅,[②] “终北京政府时代，全国兼理司法之县数恒在90%以上，可谓于第一审之司法机关，除设有少数地方法院外，十六年间全无若何改进”,[③] 未设审检厅的县级司法事务回转由县知事兼理，北京政府时期，县官的司法舞台在整个民国时期最为宽阔，其数量见表3－1。

① 参见《司法许总长司法计划书》，载《法政杂志》1913年第2卷第10号。

② 参见王宠惠：《二十五年中国之司法》，载《中华法学杂志》1930年第1卷第1号。

③ 王用宾：《二十五年来之司法行政》，载《现代司法》1936年第2卷第1期。

表3-1　1927年各类地方法院数量概括

单位：所

司法机构		数量
地方审判厅		66
地方审判分厅		23
过渡法院	县司法公署	46
	审判处	9
	司法筹备处	1
县知事兼理司法事务衙门		1800（约）

资料来源：参见刘昕杰：《民法典如何实现：民国新繁县司法实践中的权利与习惯(1935—1949)》，法律出版社2011年版，第95页。

南京国民政府初期，1927～1930年，计增加高等法院5所、分院6所、地方法院40所、分院县法院184所，共计235所，较之3年前各级法院之总数，增加一倍有余，① 但绝大多数县级司法舞台基本仍由县官占据。

1932年《法院组织法》有县或市应设地方法院的规定，但县官兼理司法的县有1000多个，正因如此，1932年《法院组织法》公布后，未敢立即施行。

再来看高等法院以下各级法院逐年增设数目，重点关注县法院(见表3-2)。

表3-2　地方各级法院逐年增设数目（1928年至1936年9月）

单位：个

院别	年份								
	1928	1929	1930	1931	1932	1933	1934	1935	1936
地方法院	59	88	90	95	76	83	108	214	222

① 参见王宠惠：《二十五年中国之司法》，载《中华法学杂志》1930年第1卷第1号。

续表

院别	年份								
	1928	1929	1930	1931	1932	1933	1934	1935	1936
地方法院分院	7	10	11	21	23	23	39	67	70
地方法院分庭	92	104	107	113	109	127	45	9	9
县法院	8	28	39	37	35	35	37		

资料来源：参见王用宾：《二十五年来之司法行政》，载《现代司法》1936 年第 2 卷第 1 期。

注：1. 本表 1932 年高等法院以下各级法院，因东北四省被日本非法侵占，故法院数较 1931 年为少；2. 本年内仍列有地方庭地方分庭、地方法院分院等名目，系因广东、广西、云南 3 省尚未施行新制，仍有此项组织。

由表 3 – 2 可见，1928 年正式的县法院 8 个，1929 年县法院 28 个，1930 年县法院 39 个，1931 年县法院 37 个，1932 年县法院 35 个，1933 年县法院 35 个，1934 年县法院 37 个。县法院增量不多，总量也不多。

1935 年 7 月 1 日至 1936 年年底，因全国次第施行新审级，为上诉人便利，须分区遍设第二审之高等分院，并将前设之县法院及地方法院分院分庭不合现行组织法者，悉予改组，司法行政当局一面通饬各省于讼案较多、经费可能之县，分年增设地方法院：1934 年 101 个，1935 年 124 个，1936 年 301 个。3 年内，增设了 200 所。1937 年设立或筹设者尚不在内，实际已超过此数。

（二）县官司法舞台的缩减

自《县司法处组织暂行条例》于 1936 年 4 月 9 日公布后，司法行政当局就通令各省高院采取渐进办法，先废除县长兼理审判制度，使审判权完全独立，未设地方法院的县，一律先设司法处（也称“小法院”），检察官则暂令县长兼之，作为过渡。筹备改设，以 6 个月为一期，分三期改设齐全。①

① 参见王用宾：《两年来努力推进司法之概况》，载《法学杂志》1938 年第 10 卷第 3 期。

1. 第一期改设司法处

1936 年 9 月曾对各省第一期改设司法处进行了统计，见表 3－3。

表 3－3　各省第一期改设县司法处（1936 年 9 月）

单位：个

省别	原兼理县司法县数	第一期改设县司法处县数	备考
山东	83	83	1936 年 7 月 1 日全数改设完竣
湖北	54	54	1936 年 7 月 1 日全数改设完竣
河南	100	28	
湖南	66	14	
福建	57	19	
甘肃	53	53	于本年 7 月 1 日全数改设完竣
陕西	88	28	已据报先筹设 19 县尚有 9 县，仍饬于 1936 年 12 月 30 日以前改设就绪
安徽	52	17	
山西	97	18	
江西	73	25	
浙江	43	8	
四川	141	28	
青海	13	6	
绥远	13	2	
宁夏	1	1	
江苏	51		免改设县司法处，即分期改设地方法院
河北	119		呈准第一批暂缓半年设立
察哈尔	14		呈准第一批暂缓半年设立
贵州	78		经费尚未与省政府商定

续表

省别	原兼理县司法县数	第一期改设县司法处县数	备考
广西	77		尚未据报唯该省各县原设审判官与县司法处略似
云南	106		尚未据报
新疆	57		尚未据报
广东	无		
合计	1436	384	第一期改设县数至迟应于 1936 年 12 月 30 日以前办理完竣

资料来源：参见王用宾：《二十五年来之司法行政》，载《现代司法》1936 年第 2 卷第 1 期。

1936 年 9 月全国改设县司法处的地方有 384 个，原有县长兼理司法的县有 1436 个，仍有 1052 个县由县长兼理司法，司法处约占总数的 27%。

2. 第二期改组司法处

1936 年 7 月 1 日至 1937 年 1 月，进入第二期，改设的县司法处共计有 900 余处，约占各县总数的 63%，比第一期翻了一倍多。其中如山东、湖北、湖南、浙江、甘肃、宁夏、绥远、广西 8 省，均于 1937 年 7 月前一律成立县司法处，无一县兼理司法，司法当局主官预计到 1937 年年底，除云南、青海、新疆等极边远省份，兼理之制差不多可以绝迹。

3. 分三期改设地方法院

自 1938 年 1 月 1 日起，又计划分三期改设地方法院，也以 1 年半为时间单元，预计 1939 年 7 月前完成。其时当局也意识到，普遍改设地院，“关键全在经费有无，有经费即能办到”。[①] 但经费的问题，受制于多重原因，非司法行政当局独自能解决，只能边布局，边观望。

至此，可以将时段稍加伸长，即以 1926 年为参照，至 1937 年 10

① 参见王用宾：《两年来努力推进司法之概况》，载《法学杂志》1938 年第 10 卷第 3 期。

年，县级司法的改进取得较大进展（见表3－4）。

表3－4　1926～1937年一审法院设立

院别	1926年		1937年（东4省除外）	
	数目/个	百分比/%	数目/个	百分比/%
县长兼理司法	1800	92	856	48
县司法处	0	0	582	33
新式第一审法院	89	5	298	17
其他	0	3	—	2
合计	1889	100	1736	100

资料来源：参见居正：《十年来之司法建设——为国府成立十周年纪念》，载《中华法学杂志》（新编·第1卷第5、6号合刊），正中书局1937年版。

1926年全国县市总数为1889个，1937年为1736个。全国各县县长兼理司法呈现下降趋势，县司法处呈现绝对上升趋势。1926年至1937年，全国各县县长兼理司法数由92%下降至48%；1926年，设司法处的县为零，1937年，设司法处的县占比上升到33%。新式第一审法院也由1926年的5%上升到1937年的17%。10年间的进步比较明显，但距普设新式法院，远未实现。1937年全国第一审法院加上县司法处，合计占50%，仍有50%的地方由县知事（县长）兼理司法。不过与10年前相比，县官兼理司法的舞台大为减少。

顶层的计划是1939年6月底，完成县司法处向正式法院的过渡。1938年后，由于全民族抗战的影响，原计划截至1939年7月的第三期改设，未能如期进行。

（三）撤销县官司法舞台的迟缓

抗战结束，政府还都，司法改进的相关统计数据得以正常搜集统计。至1947年6月底，根据司法行政部统计，全国兼理司法的县政府、设治局还有36个，其中辽北12个，新疆24个。[①] 至同年10月底，在司法行政部统计中，已见不到县官兼理司法的县份，县级的司法机构

① 司法行政部统计处根据司法行政部之材料编制。参见《中华民国实录·文献统计（1912.1—1949.9）》（第5卷·下），吉林人民出版社1997年版，第5662～5663页。

只剩下县法院与司法处两类，具体数字见表3-5。

表3-5 1947年10月底各省已设、未设地方法院县数

（专设地方法院之松江、合江、黑龙江、嫩江、兴安5省未列入）

省别	县数/个	已设地方法院县数/个	未设地方法院县数/个	已设地方法院百分比/%	未设地方法院百分比/%
江苏	61	23	38	38	62
浙江	77	37	40	48	52
安徽	63	15	48	24	76
江西	81	17	64	21	79
湖北	70	28	42	40	60
湖南	77	10	67	13	87
四川	144	64	80	44	56
西康	48	10	38	21	79
河北	132	8	124	6	94
山东	107	21	86	20	80
山西	105	8	97	8	92
河南	111	15	96	14	86
陕西	93	18	74	20	80
甘肃	71	28	43	39	61
青海	20	7	13	35	65
福建	67	10	57	15	85
台湾	8	7	1	88	12
广东	98	95	3	97	3
广西	99	18	81	18	82
云南	128	16	112	13	87
贵州	79	23	56	29	71

续表

省别	县数/个	已设地方法院县数/个	未设地方法院县数/个	已设地方法院百分比/%	未设地方法院百分比/%
辽宁	22	17	5	77	23
辽北	24	9	15	38	62
安东	18	11	7	61	39
吉林	19	9	10	47	53
热河	18	10	8	56	44
察哈尔	19	2	17	11	89
绥远	20	4	16	20	80
宁夏	15	4	11	27	73
新疆	70	13	57	19	71
总计或平均	1964	557	1407	34	66

注：司法行政部统计处根据司法行政部及各级法院报告之材料编制。专设地方法院之松江、合江、黑龙江、嫩江及兴安5省未列入，参见《中华民国实录·文献统计(1912.1—1949.9)》(第5卷·下)，吉林人民出版社1997年版，第5664页。

其时全国1964个县，未设立地方法院的地方占66%，其余多设有县司法处。县长兼理司法的县治局就剩下36个，占总数的0.2%不到，县长兼理审判职能时代基本结束。

民初以降，当局一直为设立正式的地方法院或县法院而努力。自司法处起设以来，县官不再兼理审判，但检察官的角色一直保留，直到1947年10月，尚有6成以上的县未设置正式的法院，也就是说，仍有6成以上的县官仍兼检察。近半个世纪以来，县官的司法角色一直或多或少地出现在司法舞台上，顶层规划、法律规制及舞台布局的总体目标，就是消弭县官的司法角色，敦促县官从司法舞台上谢幕，实现司法与行政的彻底分离。由于受诸多因素牵掣，无法彻底“拆台”，县官的司法角色也就无法终结，以致整个民国时期，县官一直在以不同的方式充任司法角色。

三、县官司法角色的展示

自有新式司法体制之后，县官理应退出司法舞台。实际上，清末、民初及南京国民政府近40年中，却一直没有停止县官司法角色的塑造。那么县官的司法角色在司法舞台上的展示效果如何呢？一言以蔽之：誉少谤多，几乎是在诟病中被不断塑造、被调配的。

（一）清末县官威权司法角色的余续

传统中国县级司法一向由行政兼理，“表面虽设专职，事实则为行政官兼理”，[①] 延及清末，县官既是行政官，也是兼理刑名案件的司法官，“诉讼事宜，俱由地方行政官兼辖；审判之法，随刑之轻重而异”。[②] 与新式法官相比，传统司法官员有不少优点，诸如：一人法庭之下，片言即可折狱，责罚足资取证，引经据典亦能案结事了，情理之浸润，司法效率之高等，也素为史家称道。樊增祥堪为清末此类基层官员的代表。他曾对清末立宪、倡导轻刑、严格程序等提出过批评，对依照一人法庭的审理方式大加赞许，认为对户婚田土、诈伪欺愚之类案件的审断，贵在酌理准情，片言立断，不但不能照西法，亦并不必用中律；鼓励表扬县令对凶恶棍徒私刑罚惩，长期监禁，无须遵循严格程序，声称这样是在“为民造福，实获我心；未收禁以前，须痛加笞责，俾知痛楚而快人心……”樊增祥对于传统州县官的断案方式充满自信，在批审一些州县的案件后，曾发出系列感慨：新程序的效率低于旧程序，传统法官审案更具优势，在自我矜夸之际，还不忘拿上海律师、外国人办案低效开涮了一番，认为陕西县中问案好手高出他们律师万倍，所以没有必要谦虚说，我们的县官不如西方；习惯所致，新法一时难以适应，只能用传统中法；中国民智未开，“强欲仿行西法，明白者十二三，胡涂者十七八”。[③] 樊增祥对传统州县司法模式情有独钟，对近代司法理路不屑一顾，却并没有对行政司法不分的威

---

① 王宠惠：《二十五年中国之司法》，载《中华法学杂志》1930年第1卷第1号。

② 董康：《前清司法制度》，载《法学杂志》1935年第8卷第4期。

③ 樊增祥：《樊山政书》卷18“批泾阳县蔡令宝善禀”、卷13“批雒南县丁令词讼册”、卷20“批拣选知县马象雍等禀”“批淮安府禀”“批扬州府禀”，那思陆、孙家红点校，中华书局2007年版，第512～513页、第594～595页、第605页、第355页、第571页、第603页。

权司法可能带来的弊端作任何反思，是传统基层司法官的典型代表。

视角转向民初，樊增祥的自信底气并非全无凭据。清末及延至民初的四级三审制不能不算良美，尤其是初级审判厅的构划，一扫数千年基层无独立审判机构的阴霾。但计划赶不上变化，受制于新式人才及经费的不足，县级审判厅的设置无法得到充分保障，由此引发诸多问题，给知县（知事）及当事人均带来难以确定的预期。一些地方省级主官即向政府反映，新制固然不错，但“以无学识、无经验之法官，据不合人民风俗习惯之法律，治不受法律之人民”。进入民初，其情形“较前清曾无稍异”，如江苏政府也拨出经费筹设各县审检厅成立达140多处，但“问其官吏，则法律速成人才殆已搜索罄尽；问其经费，则议案有其名而实际无着，大多向县知事挪借以度日；惩其成绩，则人民之不服裁判及呼冤控诉者，踵相迎而趾相接；而一般剧匪巨盗，翻且欣欣然有喜色而相告曰：‘某处审判厅成立，吾侪永无就戮之日矣；某处审检厅成立，吾侪永无就逮之日矣。’”[①] 虽有审检厅设置之名，却无正常运转之实，违法犯科者近乎“无法无天”。

而未设审检厅的一些地方，县官大权独揽，根本无视司法程序，恣意执法。1913年2月24日，司法总长许世英曾经批令各省司法筹备处中就提到，河南未设审检各州县，“有擅行枪毙人犯，赦令延不查办，刑讯尚未废除，及积案不理等情，深为诧异”。为此特通令该处，转饬各该州县，“务须遵照法令，执行职务，毋怠毋荒，免受惩戒处分”。[②] 县官专权也近乎“无法无天”。民初司法人才匮乏，经费无法专用于审检，造成人民不服裁判、真犯无人管束的“三不管”状态，或县官无视规则、滥施权力，这才有了其后初级审检厅的裁撤及县官司法角色的重塑。

但这并不能用“存在即为合理”的逻辑，证成行政兼理司法的合理性，在官方司法档案及私人记述中，当然以规范的程序性的文书记录及自我溢美的判决选摘为主，但一人法庭式的司法衙门，刑讯逼供、夤缘生事、胥吏勒索及枉法裁判等现象不绝于书，这充其量只能说是

① 《江苏程德全呈大总统文》，载《法政杂志》1913年第3卷第1号，“记事·本国之部”。

② 《北洋政府公报·命令》（第11册），1913年3月2日，第294号，第43~44页。

基层司法的条件不够充分，解决的办法是创造条件，推动司法与行政的分离，而不是相反。

（二）县官司法责任的承担

1914 年 5 月 1 日以后，县官兼理司法重新获得法律上的认可。所谓“兼理”司法，核心在于：撤销或未设审判厅的县，一审民刑事诉讼均委任县知事审理；县知事可以根据具体需要，设立承审员来辅助处理司法事务；承审员由县知事提请高等审判厅任命，进行具体的案件审理，但接受县知事监督，对县知事负责。审判事务县官与承审员共同负责，但因为司法人员、审判结果及司法行政等，县官均有决定权，在此意义上，县官执掌司法是全方位的。该制度主要是为了弥补县知事缺乏法律知识的缺陷，而仿照清政府县级机构中的刑幕制度，由承审员来辅佐县令处理司法事务。① 其间，曾有县司法公署的设立及承审员任命机构的细微变化，但并未实质改变县官兼理司法的角色，直到 1936 年司法处的设置为止。

县官的司法的角色是被当局因时势塑造的，是被动的。县官既然被赋予司法权，相应就要承担司法责任，将司法权的行使贯穿于侦查、起诉、审判及执行全过程，上级主管部门对其有功则赏，有过则罚。如县知事办理命盗案件，依限缉获真实凶犯的，一般由各省行政长官咨请内务、司法两部共同呈请，给予奖赏，颁发奖章，以资鼓励。如 1925 年，内政、司法两部曾拟定：直隶、山东、浙江、安徽等各省各县知事计 7 员，系 5 日内拿获盗犯，准以进级注册；山东、浙江、安徽、江西等县知事 13 员，系 3 日内拿获盗犯，准以进级注册；直隶、河南、浙江、湖北等县知事 26 员，均给予银质棠阴章；直隶、山东、山西县知事 18 员晋给金质棠阴章，② 足见政府对基层司法予以较高程度的重视。反之亦然，未能履行司法职责的县官，则难逃责任追究。如 1914 年 12 月 1 日大总统曾发布批令，因句容县监犯脱逃多名，且迭出抢劫巨案，该知事唐受潘“办事废弛，实难辞旧，着交高等文官惩

---

① 参见刘昕杰：《民法典如何实现：民国新繁县司法实践中的权利与习惯（1935—1949）》，法律出版社 2011 年版，第 95 页。

② 《法律评论》第 3 卷第 5 期总第 110 期，1925 年 8 月 9 日。

戒委员会议处”,[1] 对县官功过的赏罚相当。

（三）县官兼掌司法的两难

清末民初制定颁布相关法规后，民刑案件的审理得以依规而行，地方审检厅以上、直到大理院推事，均基本能按照司法程序审理相关案件，并没有因为县官兼理司法辄致案件审转的大规模停滞、四级三审制系统的崩盘，大理院推事一如既往地制作判例或判例要旨，定期汇总，颁布全国。然而，法界对县官兼理司法角色的批评一直没有停止，只是批评的对象并不局限于具体某个县官，而多针对整个体制，亦即整个县官兼理司法角色的形象。

1. 传统州县官角色的再现

有法界人士将兼理司法县官直接与传统州县官比拟，指出，县长兼理司法“已积有久远历史，收发之剥削、侵渔胥吏之贪赃枉法，监狱之暗无天日，土豪劣绅之请托要挟，沦肌浃腑，痼习已深，积弊万千，指不胜屈”，如欲改革司法制度，必须从这几方面着手：(1) 确保司法官职权之独立；(2) 铲除差役制度；(3) 改建旧式监狱；(4) 铲除科房制度；(5) 整理卷宗；(6) 改良收发制度。直指兼理司法的县官为旧社会贪官污吏、科房差役之化身及庇护。

尽管县官有承审员一角儿辅助审判，但承审员的呈请任命、事务监督都取决于县知事，是否设置承审员，也由县知事决定，其事简者，可不设置。因此，“承审员直县知事之掾属耳，实际不及清末刑幕之尊，名义不如汉代法曹之正，县知事每不通法律，颐指气使，颠倒案情，承审如不从命，一朝难安于其位，弊端百出，为世诟病”。[2] 承审员的身份也较为复杂，多数未经正规考试任用选拔，本身法律素养难以保证。如河北各县承审员：

> 向由县知事任意委派，其素未研习法政而亦滥膺斯职者，比比皆是。除多数系用承审官员名义外，其余有曰司法委员会者，有曰司法主任员或科员者，称号歧异，实堪怪诧；所办案件，则

---

① 《政府公报・命令》（第45册），1914年12月2日，第926号，第46页。

② 王用宾：《二十五年来之司法行政》，载《现代司法》1936年第2卷第1期。

谬误百出，不待究诘；对于民事被告，每不由分说，滥行拘押或发交差带，甚有扑责被告手掌，以示恐吓者；堂判仅廖廖数语，不具理由；其于大理院终审确定之案，亦往往以一语推翻之。①

即使经过考试程序，也多流于形式，审核不严格，各省对于承审员之任用，“每每忽视，其先经考试，方行委任者，固不乏其人，而以获一纸八行书，即予录用者，当在多数……拿这样一般人来管理一县司法，叫他怎样办得好？”② 承审员录用把关不严，直接导致司法不公。如天津《大公报》揭载：邳县农民杨如兰，富有田产，因嫌隙被诬系狱，开庭9次，原告均不到庭，县府也不加拘传，从1931年1月27日被押看守所以来，历时36个月，递诉状至17次之多，请求依法审讯。历5任县长，11任承审员，均批以“候传集讯明核夺”。杨之财产大粮田1600百亩，未经判决，即被土劣诬为匪产，无形充公，家中16口，冻馁待毙。该案经苏省高等法院催审6次，历任县长承审员均置不理，土劣声言，如将该财产发还，则将纠合流氓，捣毁县府，一面贿买主管胥吏，无期延宕。过去县长1人，承审员3人，因该案受贿嫌疑撤职。此稿刊发时，杨尚卧病邳县看守所中。③ 一桩田产纠纷，诉讼3年，县长5人，承审员11任，均未能定案。媒体指责承审员“无法无天，万恶不赦”，实使人们“痛心而疾首”，于是时人提出，“于承审员的取才严格些，也未尝不可使县司法改善些”。④ 1927年以前，承审员由县知事呈请本省高等审判厅加委，与县长同进退；1927年以后，承审员始由各省高等法院直接委任，不再与县长同进退。但承审员“究为县府人员之一，而非独立之资格之司法官”，⑤ 相当于县政府的科长、秘书，与县官在同署办公，又从县长处领取俸给，在县长面前只能

① 翁赞年：《上河北高等法院条陈》，载《法律评论》1930年第7卷第32期。

② 郑天锡：《视察闽浙两省司法后对于改良司法之意见》（二），载《法律评论》1933年第10卷第25号总第493期；郑天锡：《对于改良司法之意见》，载《法令杂谈》1933年第145期。

③ 《大公报》1933年1月26日“邳县特讯”。

④ 孙晓楼：《改进我国司法的根本问题》，载《法学杂志》1935年第8卷第4期。

⑤ 阮毅成：《所企望于全国司法会议者》，载《东方杂志》1935年第32卷第10号；阮毅成：《司法与行政之调整》，载《法律评论》1932年第10卷第3号。

“甘受驱策”。[①]

2. 外行处理专业事务

民国初期，应归初级法院审理的民刑案件，“其数至多，其情至复，决非无专门法律训练之县知事及另有专责之地审推事审理或兼理、而能办理完善者”，[②] 可是县知事多非研习法律出身；限于预算，承审员待遇较差，无法专心办事，司法实践中错误常出，甚至将审判与执行程序混合不分，“致案件永无确定之时者”。[③] 即使上级法院可以任免承审员和命令县长，县官仍有兼理司法之实。正因为县官非专业，承审员难专心，往往导致案件积压。

（四）县官对检察权的忽视

民初县官兼理司法，理应负责审判和检察，检察权却常常被忽略。即便实行司法公署、专门推行检察制度的区域，相较于兼理司法的知县公署“不过什一”，兼理司法的县公署仍盛行纠问式与个人弹劾式，[④] 检察权遭到严重忽视，如东三省共139县，关于民刑事件的审判权，就完全由县知事兼理。检察、缉捕、勘验、调节和刑事执行责任，是县知事最重要的职责，但县知事大多只行使审判权，轻视行使检察权。县知事也常忽略控辩权，涉及知事衙门审判的程序，依1923年3月30日大总统命令公布的《修正县知事审理诉讼暂行章程》及《民刑诉讼条例》的规定：律师只可提出辩论书，不得出庭，所以县知事对于其应执行的检察官职务必须执行，以保证原告的利益，而补律师所不及；律师的职责应由县知事承担，但县知事在执行检察控辩职务方面并不到位。[⑤]

1936年后，成立县司法，县官不兼审判，只兼检察及司法行政，但检察职权也未能得到很好履行。主要表现有：第一，县长公务繁多，又不熟悉法律，多为办理党务、军事出身，名义兼理检察权，实际全

① 吴宪仁：《对于整理司法方针之商榷》，载《法律评论》1924年第55期。

② 杨翰元：《改良东北司法之意见》，载《法学新报》东北法学研究会三周年纪念号第138～142期合订本，1930年版。

③ 参见李浩儒：《司法制度的过去和将来》，载《平等杂志》1931年第1卷第3期。

④ 胡长清：《论审监对立》，载《法律评论》1929年第6卷第20号。

⑤ 参见杨翰元：《改良东北司法之意见》，载《法学新报》东北法学研究会三周年纪念号第138～142期合订本，1930年版。

由审判官代理：司法处收到的案件，能作自诉的，一律按自诉处理；不能自诉的，酌情处理；可以起诉的，法院填写起诉移送片；不能起诉的，以批谕代处分；司法处将填好的函片或批谕送给县长签名盖章，县长认为某案与他有关，往往收回自办，由军法承审员或其他部属代为侦讯；检验执行等工作也由审判官办理。第二，刑事案件县长可不出庭。刑事审理时，如县长不能莅庭，审判官依法不能代理，也不能派他人代理，只好把该程序改为县长得不莅庭。县长对刑事判决不行使上诉权，准许被告向上级法院检察官申请上诉，由上级检察官代行上诉权。为防止司法处办理刑事案件不当，对于刑事判决确定未经上诉的案件，另据《县司法处刑事覆判条例》，应将案卷送上级法院覆判，上级法院分别情况，另作核准、更正、更审、莅审、提审，以资纠正。但县官办理案件时，不依照规程，或交给秘书、科长执行，导致县长手里案件积压，司法处审判官无案可审。民国法界对县官兼理司法角色的热议主要聚焦在司法、行政的分、合上，比较一致的观点就是：合则弊，分则利；合则受贬，分则受褒。

四、县官司法角色的期待

传统中国的县官，属于体制最底层的“芝麻官”小角色，但他们的职能地位并不低，所拥有的全能“父母官”的桂冠足以为证。而且在一审司法过程中，他们所受的干预较少，小角色能够说了算，是可以为升斗小民“作主”的群体。民国县官司法角色的塑造取决于司法当局的设计意图及相关规则，身不由己，缺乏自主性。即便如此，在司法角色的扮演中，县官还是拥有临场发挥的空间，他们的道德素养、职业精神及法治信仰等，可以左右案件的审理走向。然而，由于县官的司法角色摇摆不定，各方对他们的司法预期众口不一，职权行使中掣肘因素各异，县官难以在舞台上挥洒自如，纵情发挥。后人常以施行《县知事兼理司法暂行条例》和《易笞条例》等，作为司法复辟的例证攻击袁世凯当局，袁当局固然对民初司法改革步履蹒跚负有一定责任，但循诸史实，袁世凯对司法近代化的推进功不可没，将司法复辟的一切过错均归诸袁，颇显不公。1936 年，时任司法行政部部长的王用宾就曾如此陈述：

考县知事兼理司法，其规定于暂行条例者，不过一时苟且之制作，论者辄归咎于袁氏作俑，袁死多年，而此制何以犹未铲除？一暂行性质之条例，二十余年依然有效，致吾国司法基础之第一审，终不脱离地方行政官掌握，为人民痛苦，受世界非议，历来司法行政当局，均不能不负相当之责也。非特地方法院未能增设，即县法院亦改设无几，并有改设未久，复反于兼理制者，六年期满，全部落空。1932 年法院组织法制定，第九条规定，县或市各设地方法院，理论上自应如此，而兼理司法之一千数百县，何年何月改设成功，诚大难题，因之，《法院组织法》公布而不敢施行者数年，三级三审之新制，亦几为此顿挫。①

王用宾指出，自 1916 年袁世凯去世到 1936 年的 20 年，仍有地方未设立正式的法院，县法院设立也寥寥无几，且有设置了县法院后又采用兼理司法的情况，这已跟袁当局无丝毫关系。王用宾是袁世凯离世之后为数不多的为其“伸冤”的司法行政主官。相对于袁世凯这样的超级“头牌”，县官只是微不足道的末角，可他们在司法舞台上所博得的均是嘘声多，喝彩少，司法近代化的功簿上，县官似乎并未贡献应有的亮丽彩绘，无法满足各种社会期待。各种情形可大致归结如下。

（一）县官司法角色的外部期待

中国司法近代化大致经历了 1902 年撤废领事裁判权的动议、民初收回治外法权运动的兴起、国际《调查法权委员会报告书》的触动以及南京国民政府收回治外法权的强硬举措等。列强获取的司法特权，无疑给国人心理带来侮辱性伤害，另外，也催逼中国政府遵循近代司法规则，启动司法改革，尽可能地实现程序正当和实体正义。从这个意义上来说，司法改革运动与其是迫于列强的压力，毋宁是要让国民的权利受近代司法保障。县官司法角色的不断塑造和调配，从外部看，很大程度上就是为了迎合列强的观瞻。

西方列强势力进入中国，发生司法纠纷的地区首先在开埠城市或租界地，一些有争议的大案要案，如“沈荩案”“苏报案”等，也多在

① 王用宾：《二十五年来之司法行政》，载《现代司法》1936 年第 2 卷第 1 期。

北京、上海等地发生。所以清末司法改革宣称要与世界接轨，符合列强要求，好在外交谈判桌上增加筹码，首先得在列强代表看得见的视域展开，故而“清末改组独立司法机关，未自最下级着手，但先成立中央及各省都会法院，以歆外观；民初三权分立之说甚盛，于是各省乃先后普设地方审判机关，以期司法与行政绝对独立”。县级司法虽有初级审判厅或简易庭的制度构划，实际运作动静不大，县官司法角色在四级三审制层面上存在感不强。县官重新作为司法角色盛装登场，吸引社会目光，得益于：一是民初旧式官僚声称新式法院不如旧日州县便民；二是1913年内阁大政方针宣言书，宣称人民不感到新式司法独立的便利，新制反不如旧制，县知事恢复兼理司法，撤销地方审检所；三是省官制第九条巡按使监督司法的规定，除中央及各省都会外，所有司法审判，仍由县行政官兼理，而各省的高等审判厅，又须受省行政长官之监督，[①] 从县官开始，司法行政由分趋合。

从巴黎和会到华盛顿会议，中国政府正式开始以外交形式与西方谈判交涉，提出撤废领事裁判权的声索。1926年国际社会提出全面考察中国司法改进状况、再作是否放弃在华司法特权的决定后，政府才真正重视县级司法改进及县官司法角色的重新定位。为了“迎评”的需要，对县官司法角色的讨论骤然增多，对县官兼理司法弊端的批评越来越多，淡化县官司法角色的呼声越来越强，提出了诸多改造县官司法角色方案。法政媒体如《政法月刊》就发文指出：

> 际此收回领事裁判权之预备中，各国考察司法委员会行将来华，迫不及待之司法改善岂容缓延耶？而其改善，又当先责成于兼理司法各县知事处，毫无疑义。为期已缺初级审判厅之设置，行政司法业犯混杂，如其再无真改善之成绩，跪审刑讯仍旧沿用时，岂不贻人口实，为国之羞哉？不但领事裁判权难望撤回，即国体共和名亦将扫地，为害非渺……故对于被告人、嫌疑人或关系人等，禁止沿用刑讯跪审，以及其他强暴凌虐之非法情事，以

① 参见阮毅成：《司法与行政之调整》，载《法律评论》1932年第10卷第3号。

重人道，而昭刑章云云，实为必要之急务。①

可见，法界学人意识到，此时县长兼理司法，刑讯跪审、强暴凌虐之事并未消除，如果让国际考察团知悉，等于贻人口实，是国家之耻，必须先行禁止。《调查法权委员会报告书》第三编果然出现类似的指陈：中国新式法庭为数寥寥，全国已设立的新式法院尚未超过136所，平均计算每440万人有一新式法庭；即以县法庭而言，亦3万人只有新式法庭一处；经过训练的法官人数也为数不多，且薪俸绝微；县知事作为行政官兼检察官，又是审判官；承审员没有新式法院推事的训练和地位，考试及格后，仍由县知事遴选充任，且不准律师代理诉讼，民事被告常被羁押；县知事在初级厅判决案件时，若判处5年徒刑，可口头判决，无须书面裁判；县知事可凭行政官的身份进行判决，判处罚金60元以下，拘役30天以下，不准上诉，若要上诉，只能以行政诉讼程序诉至上级行政官员。调查法权委员会呼吁，“现在中国诉讼之大部分仍受此等县知事公署之管辖，故此种现状，亟待改良”。② 后继当局也意识到，“近代文明国家，实无有行政兼理司法者”。③ 在这前后，政府也成立了以张耀曾为委员长的法权讨论委员会，专门对各地司法状况进行摸底调查，形成《考查司法报告》，了解县级司法的种种不足，其中就包括县官兼理司法问题，提出了结束县官司法角色的建议。

南京国民政府时期，收回治外法权仍是促进县官司法角色改进的重要动力。法界要提出改革司法中的疑难问题，动辄祭出收回治外法权的大旗。1934年9月，居正回顾总结一年来司法工作时说：领事裁判权未能撤销，致法权完整未能办到，这是司法上的“第一个缺憾”，本来1929年12月28日，国民政府已经下令宣布撤销各国领事裁判权，1931年5月4日，又公布《管辖在华外人实施条例》12条，定于1932

① 温子明：《兼理司法之各县急应改善者》，载《政法月刊》1924年第3卷第8期。

② 参见吴祥麟：《改进中国司法制度的具体方案》，载《中华法学杂志》（新编·第1卷第5、6号合刊）；《调查法权委员会报告书》，载《法律评论》1926年第182期增刊。

③ 王用宾：《两年来努力推进司法之概况》，载《法学杂志》1938年第10卷第3期。

年1月1日施行，以向世界展示中国司法改机的新面貌，“当时似乎未尝不欲雷厉风行，藉此打破不平等条约之束缚，而一雪八十年来之耻辱”,① 实现司法独立，增加与列强谈判的筹码，早日收回治外法权，这是民国塑造县官司法角色的主要外部期待。

（二）县官司法角色的内部期待

民国时期县官迟迟无法淡出司法舞台，并非县官恋栈不舍，取决于诸多难以克服的内因，这是司法改革动议的内在愿景。

1. 缓解司法经费的短绌

经费问题从一开始，几乎就成为消除县官司法兼理司法角色的瓶颈，不得不需要县官在不同程度上扮演司法角色。在议定县官司法角色的各种方案中，财政问题被屡屡提及，而且一提到经费，理由就显得十分充分，难以辩驳。其实所有问题都会遇到财政问题，但县级司法方面总是被特别强调。

民国伊始，就有人以经费问题为由头，提出废除审检。1914年3月，热河督统姜桂题会同各省都督民政长电呈袁世凯，建议“地方初级审检两厅，及各县审检所帮审员，均宜暂行停办，应有司法事件，胥归各县知事管理，以节经费”，如热河财政枯竭，辖县不过14个，司法经费一年20万余元；江西尚未遍设法庭，岁费10余万元；其他各省，概可类推。以热河论，中央每月协济银员9.5万元，若减去此项司法经费，每月即减少1.7万余元。② 意思指，减去地方初级审检厅费用，每月可以少花1.7万元，换言之，审检厅没有存在的必要。经费问题一直成为缓建新式法院、保留县官兼理司法的客观理由，而且越往后，越严重。各县解决司法经费，几乎变成了县官自己的负担，上层允许县官自己征收各种名目，各种解决司法经费问题的方案也纷纷出现。如有的地方民刑案件受理伊始，“类多沿红、白禀旧制，吏胥剥蚀，豆剖瓜分，固无所谓讼费状纸费者；迨诉讼人上诉之后，隐蔽为

① 居正：《一年来司法之回顾与前瞻》，载《中华法学杂志》1934年第5卷·第8、9号合刊。

② 《分别裁留各省司法机关》，载许指严：《民国十周年纪事本末》，交通图书馆1922年版，第23~28页。转引自刘昕杰：《民法典如何实现：民国新繁县司法实践中的权利与习惯（1935—1949）》，法律出版社2011年版，第92~93页。

术已穷，文卷督催又至，于是补用诉状，补贴印纸，以图塞责”，且知事“多半恃有奥援，故法院绝少加之以纠劾”，有人建议整理司法收入，简而易行的办法就是将各县（全国计1700余个县）司法收入，划归高等厅派员管理，以资整饬。[①]

司法收入收回省厅后，有些省财政也无法全额拨付，于是默认县官附加杂税，加以贴补，南京国民政府司法行政部次长郑天锡曾率团调查闽浙司法，发现龙溪地方法院经常预算虽经司法院核准，月支6100余元，而实际财厅仅允许月支1300余元，由龙溪杂税项下附加2100余元，合计为3400余元；附加来源大半出自松桐、干果、屠宰、柴把、叶竹、碳木、喜轿、红料、宴席、牲畜、纸币、废报、冥镪、金箔等30余类，他在报告中不无痛心地说：“庄严神圣的司法机关，而所需经费，竟出于苛捐杂税，有时尚需乞灵于贩夫走卒，引起社会之轻视与商民之反感。政之不善，莫此为甚。”拟请令饬该省高院，取消杂税附加捐，而该院应支经费由省库负担。在同线路调查的福建各法院，郑天锡发现，当地的通译及执达员，其薪水还不如工役，甚至执达员中有每月仅发给五六元的，对照当时各地的生活状况，自身都难以保障，更谈不上养家活口。[②]

顶层对县官司法舞台的设计不可为不用心、不合理，一遇到经费问题，也都能提出一些解决方案，到了实际中，则往往无法兑现。1929年南京国民政府颁布《训政时期司法工作六年计划》，原定于两年间（至1931年）应设县法院1367所，第三年（至1932年）后改为地方法院；六年间（至1935年）应增设地方法院1773所。因为国家财政困难，所以许多计划不能按期举办。“九·一八”事变发生以后，民族矛盾加剧，财政日渐困难，一切关于撤销领事裁判权必备事项，均无力举办，为之搁浅。1934年水旱频仍，政府救死扶伤尚且无暇周到，对于撤废领事裁判权目标，虽然期望迫切，也不得不往后推延。[③] 1934年

① 参见吴宪仁：《对于整理司法方针之商榷》，载《法律评论》1924年第55期。

② 参见郑天锡：《视察闽浙两省司法后对于改良司法之意见》（二），载《法律评论》1933年第10卷第25号。

③ 居正：《一年来司法之回顾与前瞻》，载《中华法学杂志》1934年第5卷·第8、9号合刊。

9 月至 1934 年年底，现有县法院 37 所，地方法院 129 所，比较原来计划相差太大。司法院院长居正谈到这些问题时，又巧妙推诿说，这是属于司法行政的事，在 10 月改隶（改隶前，司法行政部隶属行政院；1935 年 10 月改隶后，隶属于司法院）以前，不属于司法院方面的职责，“甩锅”可谓彻底。①

司法经费无论由县官自筹，还是省厅拨付，都持续引发争议，尤其是倡导基层司法独立之心急切者，终于促使国民政府 1941 年宣布，全国司法经费由司法行政部统一拨付，由各级法院再二次、三次乃至四次分配，无论是地区差价、还是时间先后，也都没解决基层司法经费不足的问题。抗战结束后又发生了国内战争，通货膨胀严重，以 1948 年的“八·一九”金银券的发行为里程碑，南京国民政府金融体系宣告崩溃。② 从司法舞台的搭建效果看，一直到 1947 年年底，全国还有 66% 的县由县长兼掌检察，也就是说还有 66% 左右的县等经费去建立正式法院，把县官从司法中解放出来。在这种情况下，县官即便自身想摆脱司法角色，亦非易事：没钱，建不了新法院；建不成新法院，就得保留县官司法角色；保留县官司法角色，行政就会干涉司法，司法弊端自然增多。这几乎成为民国县级司法改革的死结。

2. 弥补司法人才储备的不足

司法人才储备不足问题一直严重，那些接受全新法科教育的新锐以及留学归来的“海归”，基本都聚集在首都或者一些大城市，他们对司法改革方案的建议及实践运作贡献良多，令人敬佩，可是放眼基层乡下，触及经济不发达地区，则很难找到像样的专业司法人才，基层司法人员的待遇也是随当地的财政状况而定，难有保障。

民初沿用《法院编制法》，但实际建设中遇到诸多问题。如江苏都督程德全曾建议，最好在各地取消检察厅，“除繁要处所仍旧设立外，其余各县暂以县知事兼检察厅长之任，则经费可省泰半，人才不致滥求。至于各地方剧盗巨匪谋乱治安者，拟仍归入军事范围，由都督交

---

① 阮毅成：《所企望于全国司法会议者》，载《东方杂志》1935 年第 32 卷第 10 号；居正：《一年来司法之回顾与前瞻》，载《中华法学杂志》1934 年第 5 卷 · 第 8、9 号合刊。

② 参见张仁善：《论南京国民政府时期司法经费的筹划管理对司法改革的影响》，载《法学评论》2003 年第 5 期。

军法科审办，以靖地方而维现状"。[①] 一些在华外国记者或观察员根据实际调查指出，当时县法院的组织方式与清末君主制时期相同，只是由于近年来事态杂乱无章，其管理出现了倒退，如福建等地的县政府一直变化不断，这对完善的法院产生了不利影响；有人尝试建立所谓的"模范法院"，广泛宣传公正司法、严格执法，燃起了地区许多资深法官的希望，然而，模范法院终告失败，原因无非是缺少"模范法官"来执行法律，法官们似乎均受训于传统制度，因其处理相关案件的方法，仍一味固守陈年俗套，多年蒙冤者涌向法庭，却失望地发现，公正之轮必须照旧加油（wheels of justice had to be oiled as formerly），给法官贿礼至丰者，方可得到判决。[②] 实行县知事兼理司法，专业司法人才的匮乏，乃其重要原因之一。

南京国民政府时期，县级司法人才问题依然严峻，王用宾 1935 年夏考察北方七省司法时发现，到处法院积案甚多，到处看守所押犯甚多，原因出在可以任用的正式考试训练法官太少。根据王用宾统计：正式考试的法官，自 1933 年高等考试录取 32 人始，1935 年高等考试又录取 60 人，1936 年临时高等考试又录取 33 人；此外，中央党务人员从事司法工作考试，司法行政部司法官临时考试，共取 135 人；除临时高等考试录取者尚在学习期间，其余均经再试，已以正缺或候补派用，合之不过 220 余人，不足现有推、检人数十分之一；依此这种二三年而得 200 余人的进度，则非到 20 年后，不能实现所有法官出自考试。为了应急改进，当局采取短期调训现任法官办法，1935 ~ 1937 年调训了 5 期，每期百余人，计划两年后调训完毕，希望这些考试出身及调训法官返回法院之后，专心办案，解决积案问题。[③]

就这些所谓正式法官，也只是集中正式法院工作，没有正式法院的县，基本轮不到这些人就任，于是只能就司法处承审官选拔任用提出更高的要求。1937 年年初，有法界人士指出，现在全国还有 1400 县

① 《法政杂志》1913 年第 3 卷第 1 号，"记事 · 本国之部"。

② See Eloc, *The County Courts and the Administration of Justice in Fukien Province*, Special Number on Extraterritoriality, *The China Weekly Review*, Issued as a Supplement of *The China Weekly Review* For June 19, 1926, p. 41 – 42.

③ 参见王用宾：《两年来努力推进司法之概况》，载《法学杂志》1938 年第 10 卷第 3 期。

上下未设地方法院，在此过渡期间，只能依靠县司法处以资调剂，但审判官的资格，仍应酌量提高，尤其在组织简单的县司法处，仅设一名承审官，兼理民事刑及非讼案件，“故其责任尤较普遍推事为重也”。① 与之对应是这些县检察及司法行政事务均由县官执掌，责任也相应重要。

民国法科人才的培养达到了一个相当的高度，学贯中西的法学名家辈出，但精英式的人才培养模式，近乎苛刻的推事、法官的选拔培训和任用，使得地方审检厅、地方法院以上的司法机构成为法律人才麇集的高地，目光转向未设法院的县属，正规法律人才稀缺，县长兼理司法或兼掌部分司法的角色就变得理所当然，在节约国家司法资源甚至某种程度上可便民的同时，引发的司法弊端也在所难免。正如有学者指出的那样：

> 无论于监狱方面，法院方面，承审制方面，诉讼手续方面，一切制度的病根，还在人才的缺乏。当然制度的改善和司法经济的充实有密切的关系，不过在中国司法的现状中，只侧重于制度的改善，经济的充实，而不注重到人才的训练，那么虽是有好的制度，充实的经费，然而不公正，不迅速，贪赃，枉法，注重形式，没有精神，种种的流弊仍免不掉的。②

民国时期，县官迟迟没有褪去司法角色的光环，与基层法律人才匮乏关系紧密。人们固然可以在大理院、最高法院、地方审判厅及地方法院等高级司法机构，看到法界名流穿梭的身影，欣赏传颂美文似的判决书，援用其言简意赅的判决要旨，未设法院的县级司法呈现的则是另一道风景。

3. 填补司法舞台布局的不均

我国地理区域复杂，自然资源分布差异大，经济发展不平衡，在县级司法改革上反映同样明显，存在多层面的“空间度”。民国县官的

① 参见马君硕：《英法审级与我国三审制》，载《中华法学杂志》（新编·第1卷第5、6号合刊），正中书局1937年版。

② 孙晓楼：《改进我国司法的根本问题》，载《法学杂志》1935年第8卷第4期。

司法舞台在通都大邑或经济相对发达地区相对较少，在偏僻内地或欠发达地区相对较多；同理，县官的司法角色及作用与之恰成反比，越是发达地区，其角色及作用越是淡化，越是欠发达或不发达地区越是凸显。如北京政府时期，就连设置司法公署这样的过渡机构，在云南等边远内地也被视为没有必要，认为在边远县份及特别行政区域，“生殖尚未蕃昌，诉讼亦甚简单，每月仅有数案或并无一案者，筹设此项公署，可略从缓，而不同时成立”。[①] 即便进入南京国民政府时期，这种状况尚未发生质的改观，当局也承认，我国司法制度推行了几十年，“而法院仅设于首都、省会、通商大埠，至内地多数之县，全不闻问，任以行政兼理司法，直到二十四年，尚有一千四五百县，然则数十年司法行政，不过推进全国司法百分之十几，其腐败颓废，真非意想可到”。[②] 另外还涉及“东三省”的问题（有时称“东四省”或“东五省”），在 1931 年以后，它们已经不归南京中央政府所控制，到满洲国成立后更是完全脱离。此外，20 世纪三四十年代中的一段，从华北到东南这一片区域又是汪伪政权的辖区，超出南京国民政府有效控制范围；民国新成立的西康省，地域偏僻，民族复杂，县级司法基本有县长和土司兼理；辽北、新疆等地的一些县，直至 1948 年前后还是县长在兼任司法。

（三）时代大舞台与县官司法小角色

民国政局不靖，平、战起伏不定，地方各种权力交错，县官的司法角色也在不断变换，结果：既要承担司法责任，又无法专心扮演司法角色，在时代的大舞台上，县官的司法小角色一直在复杂的场景中徘徊挣扎。

县官既是一方行政主管，又兼有司法或者检察职能，还可能是一个战区军法的主任法官，受各方面因素的制约，谁都可以对他们的一些司法活动提出挑战或者进行干涉。多重权力关系并未理顺，如审检关系，在全国范围之内也一直是司法改革的难点，重审判、轻检察的问题一直存在，更不用说是在县官一层。

---

① 《云南司法行政大纲》，载《法律评论》1924 年第 32 ~ 37 期合刊。

② 参见王用宾：《两年来努力推进司法之概况》，载《法学杂志》1938 年第 10 卷第 3 期。

时间度上看，多事之秋，政局动荡，1912年至1927年，这一阶段换了40余任内阁。1912年至1949年，能称得上所谓“国家元首”或“准元首”的，从孙中山、袁世凯开始到蒋介石、李宗仁等达20多个，尤其是北京政府时期，司法顶层班子随内阁组合轮番进退，难以持久，司法当局没有足够的精力和时间去关注县级司法机构。一些县官也是“走马灯”似的替换：县长几个月一换，被移交的未结的案子来不及处理。[①] 每个省的情况不尽相同，县官司法功能的发挥也多有差异，如所谓“剿匪”区县官与非“剿匪”区县官职司的范围就有差别。安徽省高等法院院长陈福民1932年谈到辖下各县积案由来时，总结出3条原因：“一因县长数月一易，席不暇暖，以致对于移交未结案件无暇清理；二因过往军队寄押人犯，县长无权审理；三因当地指控之盗匪案犯，判则供证欠缺，释则招怨地方，职此之由，遂致愈积愈多，漫无权考。另外还有安徽省各县县长均兼任豫、鄂、皖三省剿匪总司令部军法官，关于赤匪、盗匪及非军人犯军事上法令之规定，地方奸宄扰乱治安各项案件，遵照军法官暂行条例，由县长直接呈总司令部核准办理，本院无案可稽。”[②] 在这些特殊区域，高等法院院长无法监督县官的全部司法活动，县官的司法活动实际分为军民两部分，普通地区的县官则无须兼理军法官性质的司法事务。

行政与司法本应互相协调、相互配合，县官职责内，行政司法合一，可以便宜行事，即便有失偏颇，也可自负其责；一旦超出辖区范围，也需要行政配合协调，否则无法顺利承担司法角色。民初曾有都督建议将各地方剧盗、巨匪、谋乱治安者，仍归入军事范围，由都督交军法科审办，“以靖地方而维现状”，无须县知事出面处理，[③] 但县知事的检察权与军法科的管制权之间界限不清，军法干预司法的事时有发生。又如，传统社会，县官一般都畏惧刑事案件人犯上诉，上诉就得审转，审转就得押解人犯，押解转递过境的费用多由一审承担；一

① 参见张仁善：《南京国民政府时期县级司法体制改革缺陷及其对司法信誉的影响》，载《华东政法学院学报》2002年第6期。

② 陈福民：《安徽高等法院工作概况》（一），载《法律评论》1933年第10卷第22号。

③ 参见《江苏程德全呈大总统文》，载《法政杂志》1913年第3卷第1号，“记事·本国之部”。

旦发生冤情，则要被上级追究责任。民国时期，此类现象依然存在，兼理司法或兼掌检察的县官仍怕人犯上诉，但有了新型程序法保障监督之后，无须担心发生冤狱，承担责任，“所惧者即在解押费用耳”，各省人犯解押费用计划拨付很少，刑事上诉案件关于人犯解押，“应解押费用大而无从取赏，为县长者莫不视为畏事，非左催右逼，不得起解”，故而有时人慨叹道：“一省之内，不独行政、司法两类机关失调整，欠联络，即行政与行政机关亦然。”①

民国县官司法角色的塑造一直摇摆不定，几乎从1910年《法院编制法》开始，最高当局就念兹在兹地通过建立正式法院，实行司法与行政的独立，终结县官的司法角色。可在此后将近40年的改革中，又对这一角色眷念有加，迟迟不让县官撤出司法舞台，并且适时予以配套的舞台布局，指望县官发挥程度不等的司法功能。在这过程中，县官缺乏主体性，基本处于被动塑造的地位。设计及评论者对这一角色的扮演总有诸多不满，需要保留这一角色，则搬出司法独立、国际观瞻、人才奇缺及经费短绌之类的理由；要废弃这一角色，几乎也是列举同样的理由。

民国政府及司法当局对于县官的司法角色几乎是爱之切，恨之切，责之亦切。县官也在不断地被苛责、批判声中，勉力行事，恪尽职守者，能联合、监督或配合承审员、承审官审理案件，躬行检察职能，支持侦捕起诉。因此，民国不少未设正式法院的县仍保持正常的司法运行，而今仍可检索翻阅的一些县的司法文书档案亦堪称规范。而在记录在案的合规司法文书之外，县官的司法角色则被畸形描绘，有关其负效能的记载不绝于书，招致的诟病也经久未息。法律学人孙晓楼曾对此评述道：1926年《调查法权委员会报告书》中指摘中国司法有4大缺点，包括县官兼理司法、行政司法不分等；从1929年王宠惠《改良中国司法的计划》中所列举的各点来看，对于调查法权委员会指摘的几个缺点还没有得到改正；1935年司法院参事吴昆吾在《中国今日司法不良之最大原因》一文中又列举8点问题，新式法院过少、县长多兼理司法问题仍在其中，外国人在15年前指摘中国司法的4大缺

① 阮毅成：《司法与行政之调整》，载《法律评论》1932年第10卷第3号。

点，还少于吴昆吾所列举的8大缺点。就此，孙晓楼发问道，这“岂非反证中国司法的愈办愈糟，现在的缺点，比外国人在8年前看到的还多么?”① 说明中国司法问题的根子在国内。

1926年1月15日，美国关税会议及调查法权委员会委员兼主席的司注恩，在清华学堂发表了题为《中国的问题在内不在外》的演讲，直接指出：如果中国有一个稳定的政府，可以保护外国公民的生命和财产，美国人是想放弃在条约获得的在华领事裁判权，一切治外法权问题就迎刃而解；今天中国的问题在内部，不在外部，太多的战争以及若干杂税需要财政支付；不平等条约、治外法权、关税自治和帝国主义，是鼓动者用作政治宣传的口号，却使中国人民陷入了狂热的批评和动荡之中。② 司注恩谈论领事裁判权问题，固然基于西方列强立场，但不得不承认，他一再强调的中国问题“在内不在外”，与中国学者的自我认知及司法实情形相符。一位在山东行医的传教士也介绍说，当地民众对不平等条约的问题兴奋异常，任何出现在印刷品上的东西几乎都来自这个城市；废除条约的呼声甚高，但他们几乎完全不了解法院应以何种方式运作；他本人赞同废除司法特权，但希望结束军阀专政。③ 受高涨民族情绪的遮蔽，不少人无法或不愿正视国内司法顽疾，以致1935年9月全国司法会议以及1947年的全国司法行政检讨会议，还在为结束县官兼理司法和县官兼掌检察问题争论不休。国际组织的调查报告虽基于实情，毕竟许多素材是中国代表提供的，王宠惠、吴昆吾、孙晓楼及央地司法官员，对于本国司法弊端才真正切肤自知，洞察深刻，概括全面。民国时期，废除县官司法角色的呼声此起彼伏，塑造司法角色的初衷与实际成效则不完全成正比，导致县官司法角色的身影自觉、不自觉地长期留驻司法舞台，他们固然有维系政府司法体系运转的正面功能，其带来的负面效能，也在很大程度上

① 孙晓楼：《改进我国司法的根本问题》，载《法学杂志》1935年第8卷第4期。

② Silas H. Strawn, *China's Problems Internal, Not External*, Special Number on Extraterritoriality, *The China Weekly Review*, Issued as a Supplement of *The China Weekly Review* For June 19, 1926, p. 53.

③ See *The Chinese Courts and The Administration of Justice In the Interior of China*, Special Number on Extraterritoriality, *The China Weekly Review*, Issued as a Supplement of *The China Weekly Review* For June 19, 1926, p. 30.

消减了司法改革的成就，拉低了司法近代化的水准，有损于司法声誉。

五、结语

近代基层司法改革是在国际压力下起步的，但外国人遇到的纠纷和进行的调查一般不会延伸到农村基层，无论是供国际调查团参观的线路，还是繁华都邑及发达地带，都是政府司法改革的首选之地，基层或边远区域是易于被遗忘的角落。司法改革的重点主要集中在中高层以上，司法总舞台的顶层设计大致循着大理院（最高法院）——高等审检厅（高等法院、首席检察官）——地方审检厅（地方法院）3个层级，由上向下展开，再下沉到那些无法建立新式法院的底层司法基站则问题多多，即使有精美的顶层设计，但施工现场的烂尾，也会导致司法总台与基站之间的脱节。总台建设完毕，可以对基站发出这样那样的指令，责成基站与总台同频共振，于是就有若干责任压向基站一边，“上有千把锤，下有一根钉”，上面的政策计划、法律法规周全详备，落实到基层，需要相应的人、财、物和安定的环境，需要多方的通力协助，而这些恰恰无法满足。总台的建立可以美轮美奂，足够恢宏，但总台所发出的指令信号，必须要有基站的接受或插转才能正常运转。缺乏基站的总台，中看不中用；没有普及的县法院，司法大厦的根基并不牢固。

民国社会纷乱不止，为了争取政治话语权，政党之间互相攻讦，也会促进基层司法有所改进，安抚笼络人心，不过在基层或偏远地区，法院建设或司法改进往往不是首选之项，那些地方的重中之重是对基层军政权力的掌控。举步维艰的县级司法基站常令司法总台得不到及时、全面的信息反馈，县官司法角色的扮演效果难以达到顶层设计者的预期，无法满足社会舆情的企望。评估民国司法近代化的成败，除关注司法制度文本及中上层的司法运行程式外，那些迟迟未设新式审检机构、县官兼理司法或兼掌检察的县区司法实态，才是水桶上最短的那根拼板，也是最重要的参照系。

南京国民政府时期，随着民法典亲属编、继承编的颁布，传统家族制度发生了剧烈变革。由于民法典诞生背景特殊，立法显得超前，社会相对滞后，于是司法主体在民法文本与社会实际之间自觉充当起缓冲角色，具体到亲属、继承具体案件的审理中，尽量做到：婚姻案件裁判坚持男女平等；身份案件裁判呼应社会实际；抚养案件裁判兼顾情理；家族案件裁判尊重习惯；法律与社会效果尽可能切合。无论是民法典阙如的北京政府时期，还是民法典业已颁行的南京国民政府时期，司法主体均尽可能地根据社会实际，遵循法条、习惯与条理斟酌运作的程序，灵活把握情、理、法尺度，适时做出司法解释，尽可能地顺应时代精神，兼顾社会发展，弥补立法过于刚性或超前的不足，实质保护弱势群体的权益，力求法律效果和社会效果的最大化。民国民法典的颁行，并不排斥司法实践中情、理、法的兼顾，至今不失其借鉴价值。

第四章　南京国民政府时期亲属、继承案件裁判中情理法的交汇

情理法可以兼用，民国民法典虽有明文载定，但司法实践中究竟如何运作，运作效应如何，从中可以引发哪些现实思考？诸多问题以往学界关注不够。作者曾在《寻求法律与社会的平衡——论民国时期亲属法、继承法对家族制度的变革》一文中提及司法层面的家族制度的变革，提出“司法调和新旧”的功用，但并未展开讨论；[1] 利用国民政府裁判文书尤其是最高法院裁判文书研究亲属法、继承法实施效果

① 参见《中国法学》2009 年第 3 期。

的著述迄今尚不多见。[①] 基于前期观点，主要以中国第二历史档案馆馆藏南京国民政府最高法院裁判文书等为主要素材，集中讨论民国民事审判中的情理法交融原则，揭示民法典的制度表达与司法实践之间的互动关系，探求法律效果与社会效果尽量切合的必要性。

一、权宜程序升格为实体规范

实现情理法的结合，是传统中国司法主体追求的最高境界，在“细故”（民事）案件审理中尤为如此，这在很大程度上归因于传统中国始终没有近代意义上的“民法典”，基层司法官拥有绝对的词讼“自理”权。清末民初，随着西方“民法”概念的引进及民法草案的颁行，司法官审理民事案件开始有了法定依据。由于政权更迭剧烈，政局动荡不安，民法典多停留在“草案”层面，未能形诸“法典”。正式“民法典”的阙如，倒为民初法官——主要是大理院“推事”，提供了施展司法智慧的舞台，他们从清末的《大清现行刑律》中的民事有效部分、社会习惯及生活常理的推演中凝练裁判依据，形成了“判断民事案件，应先依法律所规定，法律无明文者，依习惯法；无习惯法者，依条理”

① 早在民国民法颁行不久，学界就有不少研究专著相继问世。涉及亲属法的主要有李谟的《民法亲属新论》（上海大东书局1934年版）、赵凤喈编的《民法亲属编》（正中书局1945年版）、阮毅成的《中国亲属法概论》（上海世界法政学社1933年版）、林鼎章的《亲属法》（重庆商务印书馆1946年版）等；涉及继承法的主要有罗鼎的《民法继承论》（上海法学编译社1934年版）、李宜琛的《现行继承法论》（重庆商务印书馆1944年版）、胡长清的《中国民法继承论》（上海商务印书馆1936年版、台湾商务印书馆1977年版）等。当下学者关于民国民法亲属、继承方面的代表性专著有张生的《中国近代民法法典化研究（1901—1949）》（中国政法大学出版社2004年版）、金眉的《中国亲属法的近现代转型》（法律出版社2010年版）等；论文有张生的《民国民法典的制定：复合立法机构的组织与运作》（《比较法研究》2015年第3期）、罗旭南的《改造主义与南京国民政府时期的亲属立法》（《海南大学学报》2010年第1期）、周子良等的《中国近现代亲属法的历史考察及当代启示》（《山西大学学报》2005年第6期）；另有数篇相关博士学位论文，如2002年栗明辉的《中国近代亲属法、继承法发展初探》（中国政法大学2002年博士学位论文）、许莉的《〈中华民国民法·亲属〉研究》（华东政法大学2007年博士学位论文）、李文军的《社会本位与民国民法》（南京大学2011年博士学位论文）等。上述成果多集中讨论立法背景、立法原则和立法过程，或关注于法律解释和制度变迁。

的权宜审判程序。[①] 其时大理院推事基本保持独立审判的立场，又多具有深厚的传统法文化功底，多数人的留洋“海归”经历则厚实了自身近代法治修为，推事们恪守法律、习惯、条理并用的三位一体原则，实为统一民法典处于真空状态下的司法权宜之举，故而所创判例既可对成文法典原则与规则进行具体解释、价值补充和漏洞填补，具备“事实”平等基础上合法性特征，还能“由案件的内容推知法律与社会的呼应实况”,[②] 它们虽不具有成文法典或“判例法”性质，却广为下级审判厅所援用，为司法共同体认可，国际声誉亦佳，在外国人把持的英美租界法院，“每逢适用中国法律而无明文可引用时，亦采用我国判例”,[③] 实际起到法律规范作用。

南京国民政府建立后，全面开始创建成文法运动。自 1929 年 1 月 29 日民法起草委员会成立，至 1930 年 12 月 22 日民法公布完毕，整部民法典仅用 23 个月的时间就完成了起草、审议和颁布的全部工序，并被誉为南京国民政府时期最为成功的立法。其中，民法《亲属编》经国民政府于 1930 年 12 月 6 日公布，《继承编》于 12 月 22 日公布，两编均自 1931 年 5 月 5 日同时开始施行。[④] 至此，民法体系的近代化基本告成，与其他诸多法典一起，组合而成的“六法全书”，也成为中国法制近代化基本完成的标志。

由于民法典创制背景特殊，即对外要废除不平等条约，撤废列强在华领事裁判权，收回司法主权，开展民族革命；对内要打破传统法系，实行民主革命。在“革命”大潮的推动下，民法典创制的节奏之快，成果之丰，体系之详备，连诸多西方法律发达国家都难望项背。

民法典的仿制、移植过程可以简短，适用于本土过程则相对漫长，因为立法与司法容易产生脱节，两者的实效存在严重的“时间差”。民

---

① 民国二年上字第 64 号判例采撷该条的法意，有关该判例的详细内容，参见黄源盛纂辑:《大理院民事判例辑存·总则编》，台北，元照出版有限公司 2012 年版，第 7 ~ 12 页；黄源盛:《中国法史导论》，广西师范大学出版社 2014 年版，第 409 页。

② 参见黄源盛:《中国法史导论》，广西师范大学出版社 2014 年版，第 419 ~ 420 页。

③ 参见郑天锡:《大理院判例之研究》，载《法律评论》第 32 ~ 37 号合刊，第 35 ~ 36 页。

④ 参见张生:《民国民法典的制定：复合立法机构的组织与运作》，载《比较法研究》2015 年第 3 期。

法典的颁行，并不等于民事审判一夜进入大陆法系式的“成文法”时段。因为法律传统无法一刀两断，法律制度又要与时俱变，消弭此等间隔差距，故一面通过社会变迁，筛汰不合国风、民情或时宜的法条；一面通过司法主体的高超智慧及巧妙运作，将传统司法与近代司法原则相融合，调整法律对社会生活的适应性，也使社会生活尽量与现代法律导向趋同。如此，方能保持先进法律与实际生活之间的适度张力，弥合其间的隔阂，推进社会平稳变迁。因此，当刚性法条无法穷尽规范对象时，情理的补充就不可或缺。鉴于此，立法先驱们匠心独具，做出了区别与德法瑞民法典的艺术性设计：在《中华民国民法》（以下简称为《民法》）开篇第 1 条、第 2 条，分别设定：“民事法律所未规定者，依习惯，无习惯者，依法理”；“民事所适用之习惯，以不背于公共秩序或善良风俗者为限”，把善良风俗和公共秩序这两个标准并提双举。善良风俗就是民族道德生活的结晶，足见道德为民事责任的一个重要渊源。[①] 换言之，民法的渊源除明文规定之外,还有习惯与法理，而且善良风俗与公共秩序并列，同为民事行为的最高判准。这样民法将“法”“情”“理”三个要素，可说是兼容并蓄了。[②] 虽然民法典已经颁布，对情理法的倚重，不但没有削弱，反由北京政府时期过渡性、权宜性的程序依据，升格到实体上的确认，这在中外民法文本上极为罕见，也为南京国民政府时期司法裁判中情理法原则的交汇提供了程序和实体上的双重法定确认。

近代中国法律基本上是外来法律的移植物，吴经熊在民法典公布不久就发现：“就新《民法》从第一条到第一二二五条仔细研究一遍，再和《德意志民法》及《瑞士法》和‘债编’逐条对校一下，倒有百分之九十五是有来历的，不是照账誊录，便是改头换面！”[③] 民法学者梅仲协曾这样评价民国民法典：“采德国立法例者，十之六七，瑞士立法例者，十之三四，而法、日、苏联之成规，亦尝撷取一二，集现代各国民法之精英，而弃其糟粕，诚巨制也。”[④] 也就是说，民法内容多

① 参见吴经熊：《法律哲学研究》，清华大学出版社 2005 年版，第 24 页。
② 参见吴经熊：《法律哲学研究》，清华大学出版社 2005 年版，第 69 页。
③ 吴经熊：《法律哲学研究》，清华大学出版社 2005 年版，第 172 页。
④ 梅仲协：《民法要义》，中国政法大学出版社 1998 年版，“序”。

为模仿，本土因素所含要素仅为个位数，又主要集中于“亲属”“继承”两编，这两编也最具“中国特色”：内容主要体现在男女原则之确认、适用习惯以补法律不足以涉及社会法益强制事项之规定上；技术层面则有“习惯之采用”“婚姻上男女互相平等”及宗祧继承之废止等。①

二、婚姻案件裁判坚持男女平等

男女性别差异，历来为传统礼法所确定。民国初年，民法典尚未颁布，司法主体只能通过前清遗留的部分法律、司法解释或判例法的创制，在新旧司法理念之间处理家族制度下夫妇婚姻纠纷。大理院推事在创制判例、衔接新旧司法程序和实体审判方面倾注心血，效应显著。如关于离婚案件，旧律旧俗讲求父母之命，当时舆论界则提倡自由婚恋。在离婚案件日渐增多的情形下，大理院一味遵从旧律旧俗，势必与时势相悖；完全按照新式思想审断，未必与社会实际完全相符，只得采取“父母代订之婚姻不能离异，但非经由本人同意者，可不履行婚约”的方法，审理离婚案件，② 可谓新旧兼顾，煞费苦心，也充分展示了大理院推事们的司法睿智。

南京国民政府时期，随着《民法》亲属编和《民法》继承编的颁布施行，司法官在审理男女婚姻案件中有法可依，成文法的客观性日益凸显。新民法倡导男女平等地位的导向，自由婚恋者多，申请离婚者也日多。如社会上一个奇特现象就是，经过法庭审判的离婚，女方提出离婚的越来越多。如据 1933 年南京离婚案件的统计，在 86 件中，女子主动提出离婚的 60 件。其中因意见不合及经济压迫的最多。根据江宁地方法院的审理的 86 件案例中，男子主动提出离婚的 25 件，女子提出的 60 件，双方同意的 1 件，③ 说明因为获得了法律上的保障，男女平等，已是大势所趋，女性权利日益得到彰显。司法主体适应形势，

---

① 参见吴经熊：《十年来之中国法律》，载《法律哲学研究》，清华大学出版社 2005 年版，第 90～92 页。

② 参见余棨昌：《民国以来新司法制度——施行之状况及其利弊》，载《法律评论》1928 年总第 244 期。

③ 《一年来京市离婚案统计》，载《法律评论》1934 年第 11 卷第 12 期。

在婚姻案件的裁判中，秉持公正立场，以维系婚姻稳定为前提，以保证男女婚恋自由为导向，充当起其男女平等的守护者。

（一）认定婚约效力

自古以来，婚约是否作为婚姻缔结的法定条件，法律一直没有明示规定，只有元代，曾将其作为婚姻的法定条件，其他各代均无明确要求。新《民法》强调婚约须有当事人自行订立，第 972 条规定“婚约应由男女当事人自行订立”，自由订立的婚约的婚约关系，自然受到法律保护。法官审理此类案件，坚持法定主义原则，如最高法院曾对贺玉兰及其法定代理人贺善儒要求确认与被上诉人万子恒的婚约不存在一案驳回上诉人的上诉请求，确认婚约效力。理由是：本案上诉人主张，她与被上诉人之婚约，系其母代为订立，违反《民法》第 972 条之规定，应为无效，请求确认婚约关系不存在；被上诉人则以婚约系上诉人自行订立为抗辩。经过法庭调查，原媒证人张子荣、岳仓海在第一审及二审到场，一致证称两造在公园认识，订婚时上诉人在场叩头，并给被上诉人手巾一条等语。法庭判定，被上诉人就其抗辩事实的存在有相当证明，原审据此维持第一审，驳回上诉人之诉之判决，驳回其上诉“殊难谓为违法”。尽管民法上列有婚约解除的法定条款，上诉人在原审并未依法主张，无法判断。上诉人上诉为无理由，上诉驳回。(民国三十四年九月六日)①

本案的焦点是婚约关系是否成立。上诉人女方要求与男方解除婚约的意思表达清晰，诉讼请求是要求法庭认定婚约无效。二审、终审均认定，婚约成立，符合自行订立的法定要件，依法驳回女方上诉，实系依法裁定，恪守法定主义，保护当事意思自治下达成的协议。《民法》第 975 条规定：“婚约不得请求为强迫履行”，似乎可以用来作为上诉人的抗辩理由，但本案中，上诉人只提出婚约是否成立，未及婚约的强迫履行及其他法定解约条件的诉求，法庭依法认定了婚约“契约”有效性。

（二）维持事实婚姻

劝和不劝离，是中国民间传统，也常为司法主体所遵循。南京国

① 中国第二历史档案馆馆藏档案，全宗号十六，案卷号 189，“婚约”。

民政府时期，司法官员也在实践中也注意兼顾这一传统，处理婚姻案件时，十分注重维护家庭稳定，尽可能在平等基础上，维护婚姻双方当事人权益。本案系女方提出解除婚约，被法院驳回。下案中系男方提出解除婚约关系，也被法院判决驳回。

父母之命，媒妁之言，本是中国传统婚姻的成立要件之一。民国以来，破除旧制，锐意革新，以婚姻当事人意思自治为主，并不将父母之命作为法定婚姻条件，只有未成年人结婚，需得法定代理人之同意。《民法》第980条规定："男未满十八岁、女未满十六岁不得结婚。"第981条规定："未成年人结婚应得法定代理人之同意。"第982条规定："结婚应有公开之仪式及二人以上之证人。"夏郑富英与夏柏祥婚姻关系的缔结，在夏柏祥不在场时，由男方父母作主，且得到当事人的来信同意，结婚时有证婚人作证，男方父母也将夏郑富英视同儿媳。当事一方人夏柏祥事后不承认此桩婚姻，提出解除同居关系。理由是：自己前妻死后，其与郑富英的婚约并非由自己自行订定，且结婚未有公开之仪式及二人以上之证人，不符合为《民法》第982条的规定明定，还有姨甥尊卑之嫌，故认为婚姻无效。对夏郑富英因诉求同居事件，不服淳安县司法处判决，提起上诉："既无婚姻关系，当然不负法律上之同居义务，原审判准同居之不当云云。"新时代，新婚姻，当事人婚恋自由权应受法律上的优先保护，司法裁定基于法律事实认定。本案的焦点是既有婚姻关系是否符合法定要件。被上诉人夏郑富英呈浙江高等法院第二分院民庭的答辩词中则提出：所有结婚程序与民间习俗及法定要件均已履行，尊卑服制也无违法制，且被上诉人之翁夏树根于调查户口时，已将被上诉人列于长媳，翁夏树根曾将田地三十九亩四分七厘及店屋一座，赠予被上诉人所有，在卅三年间淳安县政府办理土地陈报时，用夏郑富英名字而为业主之陈报，故上诉人与被上诉人确系正式夫妇，毫无疑义。上诉法院浙江省高等法院第二分院根据证人证词证言，民国三十六年八月五日作出裁定：本案为无理由上诉，维持原判，禁止解除同居关系。[①] 本案中，无论是婚约，还是婚姻，两级法院均认定首先符合法定要件；加之事实婚姻存

① 中国第二历史档案馆馆藏档案，全宗号十六，案卷号930，"请求同居"。

续期间，上诉人并未提出异议，因此，依法确认事实夫妇关系，驳回上诉人的请求。

（三）谨慎认定“不堪同居”之虐待

翁媳间发生冲突，媳妇殴打翁姑，传统社会属于以卑犯上罪行，依律必须重惩。如唐律规定：妻、妾殴打丈夫的祖父母、父母，处以绞刑；殴打致伤的，处斩。清律则加重处罚，规定：妻、妾殴打丈夫的祖父母、父母，皆处以斩刑。[①] 也就是说，只要有妻妾对翁姑只要殴打行为，即构成犯罪，处以绞、斩，是否造成伤害结果，只作为加重处罚的依据。南京国民政府时期新民法颁布后，服制定罪原则已经作古，实体法上倡导的平等意识，在婚姻家庭中案件中得到体现，即便是媳殴翁姑案件，法院排除等级伦理情节，基于人格平等原则，做出判决。民妇曹桂芳有殴打公公的行为，丈夫孙志万以妻子虐待公公为由，提出离婚诉讼请求，一审、二审均予驳回上诉人不服上海高等法院第二审判决，上诉至最高法院，最高法院仍维持一审、二审判决。《民法》第1052条规定了法定离婚的十款条件，其中第4款规定：“妻对于夫之直系尊亲属为虐待，或受夫之直系尊亲属之虐待，致不堪为共同生活者”，得向法院请求离婚。本案焦点在于，虐待的程度是否导致无法共同生活。三审法院根据事及一审、二审判决，认为所谓虐待，“必其事实在客观上足以让其确有不能共同生活之情形，方得准许离婚”。经原审斟酌全部辩论意旨，认为翁媳之间偶因细故口角，将上诉人之父殴有微伤，尚未达于不堪为共同生活之程度。即与民法相应条款之规定不合，裁定“本件上诉为无理由”。（民国三十六年十月二十五日）[②] 本案中，媳妇与公公只是因细故口角，偶然将翁殴成微伤，尚未达到不堪共同生活的地步，所以维护一审、二审判决，驳回上诉，完全区别于传统伦纪以卑犯尊定罪，依法对女权平等进行保护，维系家庭稳定。

《民法》第1052条第3款对夫妇之间虐待得请求离婚条件是：“夫妻一方受他方不堪同居之虐待。”与上案类似，下案受虐的对象换成了

① 参见《唐律疏议》卷第二十二，《斗讼·妻妾詈殴夫之父祖及殴子孙之妇妾至废疾》；《大清律例》卷二十八，《刑律·斗殴下·殴祖父母父母》。

② 中国第二历史档案馆馆藏档案，全宗号十六，案卷号158，“离婚”。

妇女：妻子受虐要求分居，丈夫不同意，法院依法审断。甘肃司陈氏请求与丈夫即被上诉人司七娃同居，一审、二审法院均获支持。司七娃不服民国三十六年三月二十五日甘肃高等法院第五分院第二审判决，上诉至最高法院，最高法院驳回其上诉。理由："……被上诉人于该判决确定后，以伊并无虐待上诉人情事，对之请求同居，自难谓为不当。"（民国三十六年十二月十七日）[①] 本案中，被上诉人偶有虐待之行为，但在一审判决之后，已不再有虐待情节，为偶犯，故不支持妻子请求分居的申请。是否构成法律上的"不堪同居"，是法庭认定的关键依据，上案经审理，夫妇尚未达到"不堪同居"地步，故不支持上诉人请求。

与此案类似，下案为最高法院审理一则经福建高院审理过的上诉案件：丈夫请求与妻子同居，妻子拒绝，理由不堪虐待，要求分居。本案中，上诉人妻子丁清娘（妻子）提出不堪丈夫虐待，提出与被上诉人林荣富（丈夫）分居请求。其主张之理由不外三点：（1）生活不能维持；（2）谓受被上诉人殴打成伤，业经刑事处罚有案（据上诉人在原审供称，曾判处被上诉人拘役三十日）；（3）谓被上诉人在第一审曾谓上诉人虽因殴伤，上诉人经科处有案。该上诉被最高法院驳回，并阐明关键理由为："'夫妻互负同居之义务，但有不能同居之正当理由者不在此限'，固为民法第一千零一条所明定，本件上诉人对于被上诉人提起别居之诉，而此种偶然发生之事，均难认为不能同居之正当理由，原判已均经详予阐明"，其余上诉事项，均未得到原审法院查实认定。据上论结，"本件上诉为无理由"。（民国三十四年九月六日）[②] 属于"家暴"性质的虐待，固为法律禁止，亦为司法支持，司法的原则基于男女地位的对等性及婚姻的稳定性，如果所谓"虐待"为婚姻存续期间的轻微殴伤或偶然发生，无论男女，法院依法维持。

（四）拒绝严重家暴

现行《婚姻家庭法》规定，夫妻双方"如感情确已破裂，调解无效，应准予离婚"。（第 32 条）但对"感情不和"或"感情破裂"标

---

① 中国第二历史档案馆馆藏档案，全宗号十六，案卷号 188，"同居"。

② 中国第二历史档案馆馆藏档案，全宗号十六，案卷号 3694（1），"妻子请求别居"。

准没有定性或量化标准，虽然该条有五款，作为："调解无效的，应准予离婚"情形，其中第2款为"实施家庭暴力或虐待、遗弃家庭成员的"，但此款并非感情破裂的必然要件，与正条"如感情确已破裂，调解无效，应准予离婚"应为并列关系，而非附属关系。民国民法无感情"不和"或"破裂"条款，但有法定离婚法条款，感情是否"不和"或"破裂"，取决于法庭的认定。婚姻关系中"不堪同居之虐待"为法定依据之一，也是认定夫妻感情破裂的最重要证据，一旦法院认为有明显虐待证据导致"不堪同居"之事实成立，确定感情确已破裂，方依法判决夫妻离婚。如浙江高等法院第一分院曾作出一则民事判决为例：上诉人为吴德寿（丈夫），被上诉人为陈佳翠（妻子），丈夫不同意妻子别居诉求，妻子则提出屡屡受到严重虐待、不堪同居的证据链："（被上诉人）遭上诉人父子共同殴打成伤；上诉人父子余怠未平，寻又藉端殴打；竟又遭其翁吴岩清无故痛殴，致使遍体受伤，而上诉人亦竟坐视不理等情；检察官验填之伤单，则被上诉人之迭受其夫与翁之共同虐待惯施殴打，实已不容上诉人之空言掩饰；更参以上诉人于本年2月12日登报，指被上诉人为卷物潜逃及其当庭空言攻击被上诉人与他人有染，尤属含有一种重大侮辱之恶意。"上诉法院鉴于"夫妻感情之破裂显已达于极点，诚难望其有完好之日"，作出裁定："综观上述种种虐待情形，要亦不得谓未达于不堪同居之程度，依照《民法》第1052条第3、4款两款规定，被上诉人诉请离婚自应认为有理由，原审据此以准予离婚，委无不当，上诉意旨仍凭空言饰不辩，殊不足采。"（民国三十六年十一月六日，三十六年度上字第110号）[①] 本案为妻子因不堪丈夫家暴，请求离婚，而夫家以种种理由，拒绝离婚，并编造理由，意图归责妻子。当被上诉方提供虐待并非偶犯、受虐程度严重以及检方鉴定验伤报告后，符合法定离婚条件，法院依法支持妻子的离婚请求，维护妻子的权益。

民国民法规定，夫妻双方应有忠贞之义务，配偶一方"与人通奸"，即可构成民法上法定离婚条件之一。在司法实践中，司法主体对通奸行为的认定比较慎重，一般不轻易以通奸行为而判夫妻离婚，除

---

① 中国第二历史档案馆馆藏档案，全宗号十六，案卷号931（1），"离婚"。

非证据确凿，方予判离。如浙江嵊县地方法院民庭曾经受理过一桩案件：原告钱孟群起诉，要求妻子钱刘杨仙离婚。经该法院审理，判决离婚。理由："按夫妻一方与人通奸后得向法院请求离婚，民法第一千零五十二条第二款写有明文，本件被告女刘杨仙于其夫钱孟群外出从军之际，与人通奸，业经本院亲赴长乐镇向该保保甲长及邻居调查属实，证明笔录附卷可稽，并经长乐镇公所具书证明无异……据上论结，原告之诉为有理由，应予批准。"（民国三十六年八月二十三日，三十六年度诉字第447号）① 此案前后经过多次法庭质证，证明被告确实存在通奸行为，因此判离。

从阅读的大量典型婚姻案件来看，有丈夫提出离婚的，有妻子提出离婚的，民国终审或上诉法院基本依据男女平等原则依法裁判，很少有所谓"同情弱者或弱势"群体的情理裁判，符合男女平等、婚恋自由的大趋势。

三、身份案件裁判呼应社会

新型民法典正式颁布后，面临全新法律规则与新旧社会生活、社会结构之间的适应问题。身份案件的裁判，是新民法颁布后时常面临的挑战。妾的身份地位如何进行法律定位和保护，就是对司法主体裁判实践的严峻考验。

妾制度的流行，以生子为重要原因，尽管不是唯一原因，但传统法律上曾有规定，男子四十无子，可以纳妾，即为明证，导致纳妾之风盛行。法律上把无子作为男子休妻的重要理由之一，兼祧者可以并娶，助长了纳妾之风，损害婚姻制度，"紊乱婚制，莫此为甚"；至于无子立嗣，其遗产通常属于嗣子，嗣子一方为宗祧继承人，一方为遗产继承人，"兄弟阋墙，骨肉寇仇，兴词构讼，累年不休，彼无子者，又奚必立嗣，以启亲属间不情之纷争哉？"② 随着近代化的不断加深，我国的女权运动不断发展，废除纳妾之呼声不绝于耳。因此，国民政府在民法亲属编的起草中，对待妾的态度就尤为关键。然而，对于这

---

① 中国第二历史档案馆馆藏档案，全宗号十六，案卷号927，"离婚"。

② 参见胡长清：《中国民法继承论》，台北，商务印书馆1977年版，第275～276页。

一历史悠久的社会病态现象，法律出人意料地保持沉默，民法中并未规定妾的制度，没有规定，纳妾行为会受到何等法律制裁，法律对于纳妾只是消极的不保护规定，这就“反使一般非正式结合之男女，得以逍遥法外，不受刑事上之制裁。非惟废妾目的不能有实现之一日，而于重婚奸非各罪之处罚，亦未免出入悬殊。方今纳妾之风，不下往昔，每遇其事，宾朋交庆，循俗酬酢，恬不知耻，违法背义，莫此为甚”，有人甚至主张另订违反废妾的科条法令，惩治纳妾。① 因此，民法对于妾的制度并无防范与惩治功效。

何以有此立法动议？国民政府法制局在将亲属法草案、继承法草案移付立法院核议呈文中阐述较为明晰：“纳妾之制，不独违反社会正谊，抑实危害家庭和平；衡以现代思潮及本党党义，应予废除，盖无疑义。故本案不设容忍妾制之明文，以免一般社会妄疑此制之可以久存或暂存，惟以明文禁止纳妾，似亦宜俟诸单行法令，而不能仅假手于亲属法；缘废妾之律，为贯达其目的起见，势不能不设置诸种关于纳妾之刑事制裁及行政处分故也。至于既存之妾及其子女，于废妾之单行法令未颁行以前，究居如何地位，则拟由法院斟酌社会情形，为之解释，以补律文暂时之阙。”② 立法机构无法在相对时段内做出立法决定，就直接把它们交给司法机关“斟酌社会情形，为之解释”，以补律文暂时之阙，赋予法院司法解释权。1930 年“中央执行委员会政治会议”提出的亲属编九条原则之一中进一步讨论了妾的问题：“妾之制度亟应废止，虽事实上尚有存在者，而法律上不容承认其存在，其地位如何，无庸以法典及单行法特为规定。”③

可见，对妾的认识，当局一方面承认它为社会不良现象，如果明文规定，予以承认，则难登大雅之堂，将为世界各国所嘲笑；另一方面考虑到它事关历史遗留问题、社会上现存大量妾身妇女群体生活问题等，法律应付困难，不宜遂行以刚性法律加以规制；参与立法的法

---

① 参见高维浚：《废妾法草案（附说明书）》，载《法律评论》1930 年第 7 卷第 52 号。

② 《亲属法草案》（附说明），民国十七年十月国民政府法制局纂拟。转引自《中华民国民法制定史料汇编》，我国台湾地区“司法行政部”1976 年 6 月刊行，第 345 页。

③ 参见谢振民：《中华民国立法史》（下册），中国政法大学出版社 2000 年版，第 787 页。

律精英之间，对妾在法律上的存废也有分歧。[①] 故而，南京国民政府的刑法和民法上，都未出现“妾”的字样，立法者基本持不纵容但也不强烈反对态度，这样就把这一棘手问题推给司法去处理。

社会生活中，有关妾的纠纷依然普遍。有的女性之于男性，虽无“妾”之名，却有“妾”之实，或至少是事实上的重婚。不但社会底层如此，在文化精英乃至革命家群体中也屡见不鲜。“官从正法，民依契约。”因为妾不受法律保护，一味按照新型民法刚性原则，处理妾的问题，在司法主体方面应该不值问题；以重婚罪名，完全取消妾，会不会导致大量妾身妇女流离失所，无所依靠，是否会造成新的社会问题，形成新的社会不公，进而引发社会秩序的混乱，则难以逆料。这就向司法主体提出新的挑战，要求他们在传统司法原则与近代司法原则之间寻找最佳结合点，小心谨慎地对待相关问题。于是，来自司法实务一线的司法解释不断出现：“娶妾不为重婚，妻子不得以丈夫娶妾为离婚理由。”民国二十年院字第647号解释：“娶妾非婚姻，自无所谓重婚，如妻请求离异，祇得依其他理由，不得援用民法第1052条第一款之规定。不能为离婚之原因。”[②]

妾可以自由离开家。民国二十年上字第1437号法院判例要旨：“妾之制度虽为从前习惯所有，然究与男女平等之原则不符，基于此原则，如该女不愿作妾时，即应许其随时与家长脱离关系，不以有不得已之事由为限。”妾应为家属成员。民国二十一年院字第735号解释，“妾虽为现行民法所不规定，惟妾与家长既以永久共同生活为目的同居一家，依民法第1123条第三项之规定，应视为家属”；妾的子女有财产继承权。民国二十一年院字第735号解释：“其遗腹子女，即受胎在妾与家长之关系存续中者，应认为与生父扶育者同；妾对己身所出之子系直系血亲，若其所生之子亡故，自可为第二顺序之遗产继承人。”[③]

新《民法》颁布后，丈夫未得妻子同意而纳妾，构成离婚原因；

---

① 参见刘凤翰等整理：《马俊超、傅秉常口述自传》，中国大百科全书出版社2009年版，第57页。

② 赵凤喈编著：《民法亲属编》，正中书局1945年版，第259页。

③ 民国二十年九月八日，院字58号之二，法条967，参见赵凤喈编著：《民法亲属编》，正中书局1945年版，第259页。

妻子同意的除外；妻子要求别居，无力谋生，丈夫必须支付费用。民国二十二年上字第5号规定："凡纳妾在民法亲属编施行后，而未得妻之明认或默认，均构成离婚之原因"；二十二年上字第636号规定："至民法亲属编施行后，自不得更以纳妾为缔结契约之目的，如有类此行为，即属与人通奸，其妻自得依民法第1052条第二款请求离婚……或在该编施行后，得妻之明认或默认而为纳妾之行为，其妻即不得据为离婚之请求。但因此而有不能同居之正当理由，仍得请求别居，至妻别居之生活费用，若妻无财产或财产而无民法第1026条、1037条、1047条第二项、第1048条之情形，均由夫支付之。倘按时支付而有窒碍时，妻得就夫之财产收益中，请求置顶其一部以充支付。"① 也就是说，妾作为家属成员的传统地位不变；新法律禁止重婚，但纳妾例外，妾的地位合法与否，不是契约成立的必然要件，而在于是否为正妻所承认，正妻态度决定妾的身份合法性与否。以上均为新旧司法原则融合的产物。

而对于社会现实中无法回避的因纳妾而产生的纠纷，南京国民政府通过司法解释和最高法院的判例来确立妾的法律地位。例如，针对纳妾是否构成重婚，根据上述解释、判例来看，纳妾不属于结婚，也不能构成离婚的原因。当然，如果纳妾行为满足了结婚的要件（尤其是公开仪式），则构成重婚。此类规定实质上与承认纳妾无疑，可见妻、妾身份平等的实现，在当时阻力较大。不过，身份平等是近代社会的必然趋势，妾的存在，无疑与近代法律文明相悖，但作为历史发展的产物，这一不良现象又具有某种存在的相对合理性。法律规则本身的产生，也是各种社会力量之间妥协的产物；相对于社会实际，法律规则的有效施行时常需要备有一定的"过渡带"，先由司法居间调节，一旦条件成熟，则可程序与实体并轨，实现整齐划一的规范。

鉴于妾在整个丈夫群体面前，总体处于弱势地位，司法主体对其权益救济直接关系到她们的现实处境。对于夫与妾发生纠纷时，最高法院一般都在极力地支持妾的诉讼请求。如最高法院民国二十一年

---

① 民国二十一年六月十日院字770号，法条第1001条、第1026条、第1037条、第1047条、第1048条、第1052条，参见赵凤喈编著：《民法亲属编》，正中书局1945年版，第261页。

(1933年) 6月高惠贞与阎友生请求脱离家属关系案：

第一审中，上告人阎友生要求与其妾高惠贞脱离家属关系，第一审中法院认为家长亦可任意令其妾离异，据此，支持阎友生的脱离家属关系的诉讼请求。高惠贞不服判决，上诉到河北高等法院。而河北高等法院考虑到高惠贞在第一审中曾称，“我现在不能与他离婚，那两案解决后再离。”“要等重婚罪判决证明身份再与他谈脱离”，据以询问高惠贞：“第一审判决结果究竟错不错?”答曰：“错是不错的，但总须成立重婚罪名，只好根据此项事实请求赔偿损害。”依据高惠贞这种表述，河北高等法院未支持高的诉讼要求。最终，高惠贞上诉到最高法院。最高法院审理后认为，第一审“与法殊有未合”，而第二审“以上诉人称日后与被上告人总是脱离，又称第一审判令脱离关系，其结果并无错误，遂未就第一审判所持法律上之见解是否正道及被上诉人请求脱离有无正当理由，予以置议，寻将上诉人之上诉驳回”。且“上告人虽有将来与被上诉人离异之意思，究未认若被上诉人立即脱离关系之主张，原判决摘取上诉人之一二语认为已有认诺。据以驳回上诉人之上诉未免违法，上诉人声明废弃判决，不得谓无理由”。[①] 最高法院对河北法院在这一案子审理过程中，使用了诸如“予以置议”“未免违法”的语汇，措辞严厉，表达了对二审结果的不满。其保护作为妾的高惠贞权益的意向溢于言表，最高法院以判例形式救济在对妾实施司法救济。

纳妾未为新民法所规范，但对新民法颁布前，妾的身份仍予以司法确认，并加以法律保护，即便当事人犯有重婚罪，也不能否定妾的身份。最高法院曾特颁“判例要旨”。据民国十九年上字第251号规定，“有妻更娶者，不得由其夫之一造任意请求脱离关系”。该解释显然没有涉及有妻更娶，是否触犯刑律中的“重婚罪”问题，而仅关乎妾的地位保障。司法实践中，司法主体一般会根据妾的实际处境，酌情审理，在最大程度上对这一特殊身份群体利益予以保障。

---

① 上述案例参见郭卫、周定枚编：《最高法院民事判例汇刊》(第8期)，上海法学书局1934年版。转引自李刚：《南京国民政府时期“妾”的法律地位与司法裁判》，载《山东社会科学》2010年第4期。

四、抚养案件裁判顺应情理

传统礼法意义上的家长，不仅对家庭财产有绝对处分权，对家属成员言行也有绝对控制权，家中事无巨细，均须家长同意、决定，而子女后方可实行。《民法》亲属编对家长的概念、职权、义务等作了全新规定。第1122条，“称家者，谓以永久共同生活为目的而同居之亲属团体”；第1123条，“家置家长。同家之人，除家长外，均为家属。虽非亲属，而以永久共同生活为目的同居一家者，视为家属”；第1124条，“家长由亲属团体中推定之；无推定时，以家中之最尊辈者为之；尊辈同者，以年长者为之；最尊或最长者不能或不愿管理家务时，由其指定家属一人代理之”；第1125条，“家务由家长管理。但家长得以家务之一部，委托家属处理”；第1126条，“家长管理家务，应注意于家属全体之利益”；第1127条，“家属已成年或虽未成年而已结婚者，得请求由家分离”；第1128条，“家长对于已成年或虽未成年而已结婚之家属，得令其由家分离。但以有正当理由时为限”。

亲属编规定了家长无男女之分，家长可推选、也可由尊长担任。这就结束了历来以男系血缘关系确认家长地位的规定，体现了男女平等，废除了父（夫）家长身份制度。至于职权，也基本实现了由传统的统治家属成员向管理家属成员职能的转变。统治，无异于控制、惩戒；管理，则重在协调、监护，权力属性有根本差异。

不过，对家长职权的限制也有变通性，保留传统家长的特权。亲属编第1125条规定，“家务由家长管理，但家长得以家务之一部分委托家属管理”，但“家务”过于宽泛，哪些“家务”没有界定。第1126条规定，“家长管理家务，应注意于家属全体之利益”。其注意之程度，没有明示。若果有过失，作为家长，除有亲权或监护权应依有关条文负责外，依此条文，至多仅负道德上之责任，受损害的家属，只可请求由家分离，而无诉权之可言；又所谓家属全体之利益，只可理解为给予个人利益均等之机会，而不必使个人得同一或同等之利益。① 这只是一种弹性规定，关键在于司法实践中，如何保证家长职权

① 赵凤喈编著：《民法亲属编》，正中书局1945年版，第42页。

的行使、义务的履行，即如何突出家长管理家务的功能。

传统社会，家长（尤其是父家长）对子女结婚、分家析产及别籍异财等，具有绝对主导权，未经家长同意或主持，擅自结婚或别籍异财的子女，将受到刑事处罚。新型司法原则中，赋予已婚子女可以不附带任何理由自由分家之权利。民国三十一年上字第 1494 号规定：家属已成年或虽未成年而已结婚者,依《民法》第 1127 条之规定，即得请求由家分离，不必别有正当理由。司法解释中，又对家长对子女的管理权做了特殊保护。如民国二十九年上字第 527 号就规定：家属已成年或虽未成年而已结婚者,依《民法》第 1127 条之规定，虽得请求由家分离，但该家属与家长间别有不得请求由家分离之法律关系者，仍不在此限；夫妻如无不同居之正当理由，互负同居之义务，为《民法》第 1001 条之所规定，故夫为家长时，除离婚及撤销婚姻时，其妻当然由家分离外，妻不得援引《民法》第 1127 条之规定“家属已成年或虽未成年而已结婚者得请求由家分离，对于其夫请求由家分离”，即妻子不享受与家属成员一样的离家请求权。因而，父家长和夫家长的权力得以扩大，他们对家属成员的分家行为拥有决定权，妻子基本没有被考虑在“家长”权力范围。

尽管立法上一再淡化家长对家庭事务的绝对统治权，但作为男性一家之长，在财产分割上依然拥有事实上的决定权，司法实践中，家长这一权力可以对抗家属成员的其他权利。如下案：浙江朱帼英患神经错乱症状，丈夫陈祖尧提出离婚。监护人朱震动提出起诉及上诉，婚虽可离，然而必须给予相当的赡养费。陈祖尧有田有房，可将应继分提出一间，作为赡养费用。陈祖尧答辩中提出，自己并未持有分田（庭供可稽），“且家有房地均属父产（所有田产证明清单已于浙江高院辩论时呈缴在案），继承既未开始，被上诉人事实上绝不可擅自取出以为给付赡养费之用”，此项作为陈的重要答辩理由之一，在临安县司法处、浙江高院民事二庭都得到法庭支持。[①] 因为财产属于父亲，未经分割，即使儿子负有赡养义务，也无法马上从“父产”中分割，男性家

① 中国第二历史档案馆馆藏档案，全宗号十六，案卷号 90（1），“离婚请求给付赡养上诉”。

长对家庭财产的具有绝对处分权。

家长作为子女等的监护人或抚养人，对被监护人、被抚养人义务应尽其监护、抚养义务，抚养费用、抚养时间，立法上未做明确规定，司法院解释例则有比较灵活的规定："陷于生活困难为赡养之所由生，其给与是否相当，当视赡养之经济能力及被赡养者需要状况，权衡认定；至赡养以何时为准，须于请求赡养时，斟酌双方现状定之。"① 如夫妇离婚，对于子女抚养义务事先一般都有合同字据，该合同字据为双方真实意思表达，拘束力自然生效，一旦发生诉讼纠纷，则可作为有效法律证据出示，并会被法庭作为主要裁判依据。但三级法院之间，对合同效力及情势变更原则的把握，有时存在分歧：一审、二审的判决，可以依据合同字据为基础，而三审则可能根据情理及情势变更，做出变更裁判。如最高法院浙赣闽分庭 1943 年 12 月 23 日曾受理一份上诉案件：上诉人卢月华、卢月媚未成年姊妹，法定代理人戴双凤（母亲），与被上诉人卢得琰（父亲）离婚，儿女归母亲监护，原合同和约定卢得琰离婚时，一次给付抚养费，对二女抚养关系即行终结，不得因日后社会情事变更请求增加。后上诉人提起要求被上诉人追加提供二女抚养费诉讼，却不愿将儿女由前夫领回，均被一审、二审法院依初始合同约定具有法定效力为由，裁定驳回。终审法院受理后，认为上诉有理由，判决如下："原判决废弃，发回浙江高等法院第一分院。"（民国三十二年十二月三十日）对于本案，一审、二审法院依据夫妻双方离婚时签订的合同约定判决上诉人败诉，可谓"依法裁判"。本案焦点在于司法裁判中，初始合同约定的拘束力是否可以变更？是否要兼顾到情理因素，重新调整原合同字据的效力？最高法院裁判中，将"上诉人之母究竟有无抚养上诉人之资力""因物价胜贵，不能继续负求"及儿女监护权是否可以通过和解由被上诉人领回等，作为裁判理由，② 显然向二女权益保护的最大化方面倾斜，而非拘泥于合同约定效力，情理兼顾色彩更浓。

法律赋予家长管理家属成员的权力，家长的义务也相应有所增加。

---

① 民国二十一年六月七日院字 744 号、法条第 1057 条。转引自赵凤喈编著：《民法亲属编》，国立编译馆出版，正中书局 1945 年版，第 260 页。

② 中国第二历史档案馆馆藏档案，全宗号十六，案卷号 3632，"给付抚养费"。

在新型民法施行过程中，司法主体注重增加家长的义务，甚至常常不惜以较为偏激的判决，强制家长履行对家属成员的义务，如抚养等，力求实行权利与义务的对等。这在很大程度上颠覆了传统意义上家长对家属成员的单方面统治权威。①

家属成员之间理应承担抚养义务也受民法保护。但庶母与庶子，或养父母与养子女的抚养关系如何确定。经常给司法主体带来新的挑战。各级审判机关之间，有的侧重于合法性审理，有的侧重于合情理性审理。由于对情理法的理解上有所差异，案件的审理结果大不一样。如下述一桩庶母与庶子关于抚养费案例就是这样：庶母请求变更抚养人，一审江都地方法院驳回，二审首都高等法院改判，三审最高法院维持一审判决。三审受理案件，上诉人张亮安，被上诉人张陈氏。基本事实为：被上诉人张陈氏为已故张锡五之次妾，张锡五因无子嗣，遗命立亮安为应继，淞民为爱继（中略），纪、陈两庶母，纪氏由亮安领养，陈氏（上诉人张陈氏）由淞民领养，并于同年张陈氏与张淞民订立分产合同。张亮安、张淞民与纪、陈二庶母有事实上的“母子关系”。一审认为，二庶母的抚养关系已有遗嘱确定，且已分家析产，不再同居，判定张亮安对张陈氏无抚养义务。二审则根据《民法》第1121条当事人得因情事之变更请求变更抚养关系之规定，判定张淞民无力抚养、张亮安应按月给付张陈氏扶养费1000元。依据情势变更，重定抚养关系，不能说不符合情理。三审法院则根据《民法》第1122条、第1123条“以永久共同生活之同居为目的者”才称“家”或“家属”的规定，认定业已分居的张陈氏与张亮安不存在“家属”关系，不应承担抚养义务。不过是否是“家属”，尚不是抚养关系的法定依据，不足以对抗抚养关系可以变更的法定条件，于是最高法院又把“第一审本列张淞民为共同被告，嗣经和解，张淞民请求撤回，则上诉人张陈氏之扶养，已由张淞民负其责任，更无疑义，否则何能和解撤回?”作为说理佐证，做出判决：“本件上诉人张亮安之上诉为有理由，张陈氏之上诉为无理由。”（民国三十四年二月七日，三十四年度上字

① 中国第二历史档案馆馆藏档案，全宗号十六，案卷号2822，“抚养”。

第48号)① 本案似乎涉及“母子关系”“永远共同生活之同居关系”及“情势变更”等要素，张淞民的态度才是终审法院裁量的最主要依据，因他尚非绝对无力抚养，撤回上诉，也可视为愿意继续抚养庶母，最高法院其实在遗嘱继承和当事人意思之间寻找平衡。

与抚养类似的监护关系，上下级法院之间有时认识不一致，不一定是对法律本身理解的偏差，而是对事实认定及法律适用上存在分歧，特别是在家属、家长等概念上的理解不同，做出的判决就不一样，有时甚至完全相反。兹有一则最高法院受理的案件，就涉及确认家长监护义务问题。上诉人邹文芳（法定代理人：曹春和），被上诉人邹坤璞。被上诉人系上诉人之祖父，上诉人之母邹曹氏于上诉人之父故世后，携带上诉人前往上诉人舅父曹春和家居住约有10年，所有被上诉人赠予上诉人故父的田地由曹春和代为管理。民国三十三年邹曹氏死亡，上诉人尚未成年，邹曹氏未依民法以遗嘱指定监护人。那么，舅舅与爷爷，谁应承担监护义务。

本案焦点在于与外甥同居10年的舅舅，是否是可以成为当然的“家长”，承担外甥的监护义务。一审、二审法院认为，按照自然家属关系属性，上诉人之监护自应依《民法》第1094条规定顺序定之（父母均不能行使负担对于未成年子女之权利义务，或父母死亡而无遗嘱指定监护人时依左列顺序指定监护人：一、与未成年人同居之祖父母；二、家长；三、不与未成年人同居之祖父母……）：爷爷监护，符合法定抚养顺序，是依法审理，法律依据充分。三审认为爷爷可以免于无监护义务，主要理由是：外甥已经与舅舅生活10年，上诉人居住其舅父曹春和家已有10年之久，为同居共餐，符合民法上的永久共同生活为目的家属关系；既然有家属，必有家长，舅舅即为家长；既有家长，被上诉人系上诉人异居之祖父，依同法条所定顺序，尚在家长之后；倘若曹春和系上诉人之家长，依法定顺序应为其监护人。二审法院据以驳回上诉人之上诉，殊嫌率断。据此判决：上诉人请求废弃原判决，为有理由；废弃二审判决，发回安徽高等法院第四分院。（民国三十五

① 中国第二历史档案馆馆藏档案，全宗号十六，案卷号103，“抚养费”。

年上字第1209号)[1] 本案一审、二审的判决在法理上当无问题，异居时间长短，并不能改变自然亲属属性。况且，依《民法》第1138条规定的遗产继承人顺序反推，一审、二审判决也可成立：遗产继承人除配偶外，依次为直系血亲卑亲属、父母、兄弟姐妹、祖父母。祖父母既然有遗产继承权，同样应承担监护孙辈之义务，符合权利与义务的对等原则，一审、二审法院裁判，偏重于法理。终审法院则更多注重了事实上的“家长”之于“家属”的权利和义务，只要事实上的“家长”身份成立，则对家属的监护义务自然存在，更偏重于情理。

五、家族案件裁判尊重习俗

近代法治主义强调个人本位或尊重个体独立前提下的社会本位，传统中国则盛行家族本位，家庭或家族成员缺乏严格意义上的个体独立，如人身、财产及婚姻等。新旧交替之际的司法实践中，势必面临个人本位与家族本位的冲突问题，司法主体在处理相关案件时，既不能一味高张法治主义旗帜，一概否定传统，又不宜墨守成规，无视近代法治精神，应力求调和传统与现代，实现个人本位与家族本位原则的融合。

1. 尊重传统族规

对于防止异姓乱宗问题，维系宗族稳定，民初大理院做过系列司法解释：大清现行律例有异姓不得乱宗之文明文，故从前旧谱，若将异姓之子于血统之子显为者，自不得轻改其例紊乱（民国四年上字第1271号）；族谱牒系记载族人之身份，除异姓乱宗，主修谱牒之人得以拒绝记载（但谱例有特别订定者仍不在此限）外，其他族人之身份取得是否合法，要无审查之余地。盖此种身份取得之违法，其告争之权，祇属之与有利害关系之人，非尽人所能干涉（民国五年上字第292号）；查异姓乱宗主修谱牒之人固得拒绝其记载，然谱例已有特别准许之修订者，亦无拒绝之权，而其他族人尤无藉辞干涉之余地（民国九年上字第916号）。[2]

---

[1] 中国第二历史档案馆馆藏档案，全宗号十六，案卷号307，“监护”。

[2] 《大理院判例解释：民法汇览》，上海世界书局1924年版，第1页。

南京国民政府时期，民法典无相关硬性规定，但司法主体遵循传统惯例，支持相沿已久的这一民间传统习惯。如在一则异姓名养子归谱案件中，上诉人陈大本，被上诉人陈大廷。陈大本要求本家陈大廷修谱时，将自己异姓养子增江归入陈家谱系，被陈大廷拒绝。该案一审即驳回上诉人请求，经二审，直至三审最高法院，最高法院判决："原审以第一审判决驳回上诉人对于被上诉人请求更正宗谱，将增江记载为上诉人亲子之诉为无不当，予以维持，于法并无违背。上诉人请求废弃原判决非有理由。据上论结，本件上诉为无理由。"（民国二十九年十一月十九日）① 异姓乱宗，历来为民间谱例所禁，历代政府一般多予以支持。民初司法解释在尊重族规的前提下，稍有变通，即一般情况下，主修谱牒之人对异姓乱宗得以拒绝记载，但做了附加解释，及"谱例有特别订定者仍不再此限"。本案上诉人三审诉愿所提理由中，并没有发现陈氏谱例有"特别订定"，法院遵循民初的"先例"，并按照民间习惯，判决驳回上诉人请求。

另有一桩螟蛉子是否可以入谱的案例，也反映了司法主体对家族同宗血脉延续的保护。兹以最高法院民事判决书为例。上诉人郑钿钿，被上诉人郑荣耀。郑钿钿要求郑荣耀将自己列入郑氏族谱，遭到郑荣耀拒绝，乃提出诉讼，直至最高法院。经最高法院认定：上诉人祖母吴氏始嫁郑选清，生子郑永裕后，因夫故子幼，复招姚姓为赘夫，生子姚炳良（姚明刚），上诉人系姚炳良亲生子，而非郑永裕之子，即本姓姚，而非姓郑；虽郑姓宗谱仅有螟蛉子不得人祠之例，并无异姓子不得入谱之例，然宗祠与宗谱同因一族公同之关系而成立，在性质上既无差异，而异姓子未受螟蛉者，其地位较已受螟蛉之人为劣；上诉人并非郑姓子，其不得登入郑姓宗谱自不待言；第一审以上诉人请求入谱，系与郑姓谱例违背，驳回其诉，原判予以维持，均无不合。上诉论旨非有理由。判决："本件上诉为无理由。"（民国三十一年度上字第196号）② 本案审理中，法官一方面尊重谱例"螟蛉子不得入祠之例"规定，同时又兼采传统司法中的"类推原则"进行裁判：郑氏谱

① 中国第二历史档案馆馆藏档案，全宗号十六，案卷号1137，"更正宗谱"。

② 中国第二历史档案馆馆藏档案，全宗号十六，案卷号1136，"登谱上诉"。

例虽未规定异姓不得入谱，但有螟蛉子不得入祠之例规；家族中异姓养子地位比螟蛉之子的地位还低一阶；以此类推，螟蛉子既然不得入祠，异姓之子更不得入谱。因而做出上述判决。

对于族约，司法机关也采取尊重态度，不会轻易做出司法变更。如："家族中之祭祀共产，以男系子孙轮管或分息，系本于从前习惯为家族团体之公共规约，在女子向无此权，苟非另行约定，自不得与男系同论""女子出嫁后，可否请领母族升学租谷，应解释族中规约定之，族中规约之解释，须斟酌立约本旨，及其它立约时一切情事，未便悬断"① 等，都体现传统与近代的融合。

2. 确认谱例的效力

民初通过大理院、最高法院的解释例和判例，固定下来成为法律。例如关于族规谱例的法律效力，如"谱例既于族人公共议立，事后如仍以公议修改，或就特定事项不予援照。或追溯既往，除去由该谱例所生之关系者，其公议既不害于公益，即属有效"（民国七年上字第531号）；"身份关系本由于血统或其他法定之原因而发生，至于族谱之作则，则所以明世系而别亲疏，其于法律上身份关系之得丧，究属无涉"（民国七年上字第1号）；大理院判决例八年上字第940号就规定："谱例乃合族关于谱牒之规则，实即团体之一种规约。于不背强行法规，不害公安良俗之范围内，自应有拘束其族人之权力。"②

南京国民政府时期，立法层面上虽然比较彻底地改变了传统家族制度，但家族制度存续历史悠久，关系错综复杂，刚性法条无法全面周延规范，于是司法机关充分利用民间习惯作为司法资源，弥补律条规范的不足。如谱例对族人的拘束力问题，民法并未做出明确的规定，司法主体对具体案例的处理上，尊重传统，心存歉抑，妥善裁决。兹引（民国三十年度上字渝第455号）最高法院民事判决书为例：上诉人蔡重甫等，被上诉人蔡昌洪等。上诉人请求拒绝被上诉人入谱，一审、二审裁定，上诉人为无理由诉讼，予以驳回。最高法院判决为："原判决废弃，发回浙江高等法院第二分院更为审判。"理由："谱例为

① 民国二十年一月十四日院字606号，参见赵凤喈编著：《民法亲属编》，正中书局1945年版，第259页。

② 郭卫：《大理院判决例全书》，上海会文堂新记书局1931年版，第206页。

一族修订族谱之公约，不论系旧有、抑系新增，凡由族众或与有权代表族众之人所议决而无背于公共秩序善良风俗者，即具拘束族众之效力。”本件上诉人援用民国二十八年新增谱例所载，以年限典妇（笔者按：盖系长期居家之女佣）所生子女不准入谱等语，拒绝被上诉人蔡成华入谱，曾提出民国二十八年废历六月十三日会议录，以为此项谱例系由各派选推代表所议决之证明。被上诉人辩称：因出席此次会议之人数少于撰修谱例之职事人员，应推定其为无效，获得一审、二审支持。最高法院认为，新增之谱例是否有拘束两造族众之效力，应以出席该会议之十六人是否确有代表各房派之权为断，不应以出席此次会议之人数少于撰修谱例之职事人员，推定其为无效，“原审未及就此注意审认，遽行推定新增谱例为无效，将上诉人之上诉驳回，自嫌疏略”。(民国三十年四月十九日)[①] 本案中，最高法院判决的关键理由在于认定二审法院对谱例生效条件判断不当，只依据参与修谱的职事人员之人数是否足够为据，而不是依据参会的 16 人是否确有代表各房派之权为准，不符合公族多数人意愿原则。最高法院的判决，体现对于族众及多数人意见的重视，把近代民主意识中的多数人原则与传统族众的意愿实现了有效嫁接，又兼顾到近代民法倡导的民事行为不得违背公共秩序、善良风俗的立法旨意。

宗族存续时间一般较长，近代法律奉行“法不溯及既往”的原则，但宗族案件比较例外。司法部门在审理相关案件中，非常注意尊重历史事实，维系家族成员根据谱系应该享有的权利。如最高法院曾经审理过这样一桩案例：上诉人王怀敬拒绝将被上诉人王怀曾列入谱系，改正谱碑。理由是原始谱碑上有王登嶅名字，被上诉人的祖父名登陛，与原名不符，不应入谱。被上诉人主张，登陛别名登嶅，系同宗同支，应该入谱。经一审、二审审理，均判上诉人败诉。又上诉至最高法院，根据谱碑录载，主审法官依然做出驳回上诉判决。

为窥本案原委，兹将完整判决理由引述如下：“按咸丰六年谱碑，在第九世一行，虽仅刊魁云子登瀛、登陛，第十世一行亦仅刊登瀛子殿英，对于登陛之子则未刊入，惟殿英之胞叔仅有登陛一人，其于光

① 中国第二历史档案馆馆藏档案，全宗号十六，案卷号 1138（1），“入谱”。

绪二十年出卖宅基等项契约内既载明，买主为胞叔王登鳌，又该契约载之代笔人王廷瑜，据被上诉人指称，即上诉人王怀敬之胞伯，实际系由上诉人王怀敬代为书写，亦经原审核对该上诉人之笔迹，认为相符，则被上诉人主张登鳌即登陛之别名，自非无据；至咸丰六年，谱碑内第十世一行对于登陛之子，即被上诉人之父宗美，虽未刊入，据被上诉人主张，由民国二十六年上溯其父出生之年，仅七十年，而上诉该谱碑刊立之年，则有八十一年，是刊立谱碑之时，被上诉人之父尚未出生，亦不能借口该谱碑未经刊入，即可谓登陛为无后；上诉人徒以传闻登鳌之生父系名来新，即谓登鳌与登陛并非同一人，在其所镌谱碑上竟将登鳌另列他支之后，显有未合。据上论结，本件上诉为无理由。”（民国二十九年四月一日）① 最高法院对本案的审理无异于对王氏家族谱牒史的梳理，所涉谱系之确切时间为咸丰六年（1856年）至民国二十六年（1937年），年代久远，经三审法院审理，基于对谱碑原始名录人员可能有后代的合理推定、房屋买卖中主人名字的变更，以及入碑之人的一人两姓的确认，认定被上诉人应该入谱；获得谱系的上确认，自然可以享有谱系规定的应有权利。三审法院均判决上诉人之上诉为无理由，是对民间传统谱牒记载具有法定证据效力的认同。

3. 国法与族规灵活适用

“继嗣承祧，礼之所重”一直是我国传统立法中秉承的保护宗法制度的重要原则之一，使宗法制度得以延续。但它在法律上以男系为宗，不包括女子继承权，违背了近代男女平等原则；立嗣之人只要为嗣之人同宗，而尊卑相当，即符合立嗣条件，情感如何，在所不问，在生之日毫无善感可言，死后则竞相为之披麻戴孝，立嗣之人本身即系独子，则产生多亲共子之恶制，“不但伤自然之理，又大背自然人情”，② 与情理不合。

南京国民政府时期，对家族制度作了变革。1930年7月23日“中央执行委员会政治会议”在“继承法先决各点审查意见书”中建议，

① 中国第二历史档案馆馆藏档案，全宗号十六，案卷号9，“立谱”。
② 参见胡长清：《中国民法继承论》，台北，商务印书馆1977年版，第275页。

立法院制定新民法时，宗祧继承毋庸规定；遗产继承不以宗祧为前提。[①] 立法当局最终决定废除宗祧继承，其理由主要有：首先，“自封建废而宗法亡，社会之组织，以家为本位，而不以宗为本位……大宗小宗之名已无所附丽，而为大宗立后之说，久成虚语，此就制度上宗祧继承无继续存在之理由一也”；其次，在旧例中不问长房次房均应立后，而如今长房未必大宗，次房未必小宗，“与古人小宗可绝之义违之甚矣，徒袭其名”；另外，昔日宗祧继承，只限于男子，在当时立法极力倡导之男女平等原则下，“与现代潮流不能兼容”。[②] 宗祧继承无须法定，至于选立嗣子也是当事人的自由，也无须禁止。1930 年颁定新民法的亲属、继承编，其中不仅没有对宗族和族规谱例的明确定义和相关法条，而且不再采用宗祧继承，可独子兼祧在民间存在既久，民间谱例的修订一时也难以彻底废弃宗祧之制度。

司法机关处理相关案件，对宗族谱例法律效力的确认，也会受到现行民法挑战。宗祧继承未能进入制定法，只能说它不受法律保护，民间“约定”的规范性功能依然可以发挥作用。司法主体遇到此类案件时，注意兼顾国法与民间习惯的调和，灵活处置，坚持有约定则从约定，无约定则无宗祧继承的原则，力求在合法与合理之间保持平衡。

一些族谱将政府法律规定禁止“独子兼祧”的规定，作为修谱的重要依据之一，但又有所变通。如 1932 年龙泉季氏《增修谱例》对于出继、立嗣等行为，在现行民法基础上，增加了一些严格的限制，规定：“独子可得兼祧，但以同父周亲为限，在同祖周亲以上者均不许兼祧”；“抱子入谱，不许轮祭。旧有谱例，承爱子与抱同姓疏属子亦同”；“凡未成年死亡者，注明幼殇，已成年死绝者，注明附祖醮祭，以杜后人添注”；“谱系早已绝支及载明附祖醮祭者，永不得告争立嗣”；等等。在原有的宗祧继承的框架下，极大地限制宗祧继承的范围，既在某种程度上也呼应了新民法放弃宗祧继承的改变，又以宗祧制度更为严格化的方式予以来实现，在处理相关纠纷时，也获得官方

① 胡长清：《中国民法继承论》，台北，商务印书馆 1977 年版，第 261 页。
② 参见谢振民：《中华民国立法史》（下册），中国政法大学出版社 2000 年版，第 787 页。

司法机关的支持。①

至于家族成员间纠纷的和解，司法机关鼎力支持，鼓励家族成员之间和睦相处。如1941年最高法院书记厅曾发出通知书，函知甘肃省高等法院："为通知事，查蒋得福（德富）与蒋宜堂因请求确认继承权上诉事件，据上诉人蒋得福具状，撤回上诉到院，合将撤回状副本送达该上诉人知照。"并将"和解状"一并发还。（民国三十年民状第4155号）② 此案为家族成员确认遗产案件，也就是说，一审、二审阶段一直诉讼，终审阶段，家族乡间耆老在民事纠纷中的作用，并获得最高法院的支持，体现了司法充分尊重民间息讼、劝和的传统习惯。

六、法律与社会效果尽可能切合

传统中国，素重伦理法律化，法律伦理化，道德与法律无明显界限。而传统伦理中，多以家庭、家族、孝道、伦常为主干，于是男女、尊卑、长幼等，均成为身份等级的重要标志。法律对于伦理身份等级，备设礼法，予以维系。

近代中国在西方势力的入侵下，传统政治、道德、法律等均面临新的挑战，民族全面陷入困境，"法制有名无实，官吏腐败，民生痛苦万分，道德已部分的失其维系力。我们一面须接受新的文化，一面又须设法振兴旧的政教。我民族在近代所遇者的难关是双层的"。③ 新、旧嬗变之际，因为列强在华领事裁判权的获得，国人对撤废领事裁判权、收回司法主权的渴望与日俱增，法律变革自然被推到制度变革的前台。为了收回司法主权，清末在"以期与各西国律例改同一律"的动机之下，大规模地模仿、移植西方法律，大有推倒传统法系、重塑新型法系的气势。

民初以降，自由、平等、民主观点不断蔓延，身份等级之制屡遭社会诟病，人们期望通过法律变革尤其是在民事法律创制上，着意追

① 《季氏宗谱》卷一，1933年版，第68~70页。参见杜正贞：《论民国时期的族规谱例与国法——龙泉司法档案中的季氏修谱案研究》，载《"多元的法律文献：研究与整合"学术讨论会论文集》，中国政法大学古籍所2011年编，第221页、第235页。

② 中国第二历史档案馆馆藏档案，全宗号十六，案卷号184，"继承"。

③ 蒋廷黻：《中国近代史》，上海世纪出版集团2004年版，第62页。

求男女平等，消除身份等级差异。不过，中国社会固有形态发展缓慢，难以在短期内发生裂变，法律固然可以超前，引导社会发展，但过于超前，反易与实际社会生活脱节，造成法律的中看不中用局面。如中国家族制度由来已久，相沿不断，民国期间，不少乡村社会的宗族势力依然强大，许多民间纠纷还需在家族内部协调解决。考虑到中国实际，当局不得不在民法亲属、继承编中适当保存部分家族传统。家制的存在，由于社会制度所致，无法仓促废除，正如有学者分析的那样："法律能规范社会，不能产生社会……我国此次制定亲属法，立法原则，业经决定，已设专章，规定家制，一则因我国家族制为数千年社会组织之基础，一旦根本推翻，影响甚大，在事实上既已保留此种组织为宜，在法律上即应承认家族制之存在；而他之一因，则在我国之家长权，本与各国不同……故在今日之中国，家族制尚应存在，至将来应否继续，则一任社会之推迁，顺其自然之趋势可也。否则徒以某国有此制度，遂漫然移植中国，或以某国无此条文，既不惜一笔删去，削足适履，置我国数千年之国情不顾，是则浅陋如吾辈大惑不解者也。"① 立法院的立法本意，在于贯彻国民党之政纲及三民主义原则，但又不能即刻与传统决裂，难免陷入两难境地，"凡涉及社会组织，均以废弃封建制度，而代之以民治平等之规则为鹄的。如于民法继承编废除宗祧继承，并承认男女平等享有财产继承权，皆其显著之例；惟于亲属编中，又欲保持我国固有之习，如家制之类，则立法本身即自陷于矛盾地位，纵欲力求其折中，颇难得以适当之办法。无怪乎激进之士嫌其维新而不足，保守辈责其为忘本之立法"，究其原因，在于革命发生与社会变迁之间，难以同步，革命易于突变，社会趋于渐进，先后、缓急无法一致，存在时空错位："国民政府之立法，在乎北伐完成以后，革命高潮未退之时，论其趋势，自然站在一般社会意态之先。但中国社会上激进组织及中下层之风俗习惯，于革命后并未有根本或急剧之变更，革命时代之法律，在社会上未必能立时发生偌大之效果，必待社会环境改造以后，此项立法方能充分适用。"② 不少社会纠纷不

① 民隐：《家族制沿革之概略》，载《法学季刊》1936 年第 1 卷第 1 期。

② 赵凤喈：《中国妇女在法律上之地位》，载赵凤喈编著：《民法亲属编》，正中书局 1945 年版，"自序"。

能完全通过“革命时代”的法律加以规制，只能通过司法居间缓冲，充当传统法律与近代法律、法律与社会之间的润滑剂。这从男女、夫妇性别差异的逐步废除上，即可窥见一斑。

民国以来，倡议男女平等的呼声此起彼伏，由于历史及社会原因，实现夫妇权利的绝对平等尚有难度，夫权实际强势于妇权的现象依然严重，司法一定程度上偏向夫权保护。如关于夫妇的正当防卫权问题，北京政府时期，大理院五年上字第 51 号判例说：“当时既为防卫其夫权起见，纵有伤害之认识，自不能认为超过必要程度。”事实是，妻和人正在行奸时，被她的丈夫瞧见，用石击去，正中奸夫致伤，判例说，凡在侵害夫权时，夫对于其伤害行为，无论认识不认识，都不超过必要程度，不能因奸夫受伤而辩罪。反之，对于妻子，则无此项豁免权，此乃保护夫权的表现。①

南京国民政府时期，男女平等呼声日高，通过立法废除男女不平等陋习力度加大，1928～1930 年，无论在刑法还是民法的创制中，都力求体现男女平等原则。不过，由于男女平等问题过于敏感，相关法律条文甫一颁布，有关存在偏袒夫权倾向的规定就受到社会质疑。最受争议的莫过于 1928 年“旧刑法”第 256 条和《刑事诉讼法》第 215 条。第十六章妨害婚姻家庭罪第 256 条规定：“有夫之妇与人通奸者，处二年以下有期徒刑，其相奸亦同。”《刑事诉讼法》第 215 条规定，“犯刑法第 256 条之妨害婚姻家庭罪，非本夫不得告诉”。有学者认为：前者失之遗漏，违背男女不平等之原则；后者失之过偏。究其原因：第一，与立法本旨相反。立法旨在保护家庭和谐，维护夫妻感情，而此条设计，有夫之妇与人通奸，会妨害家庭，有妇之夫与人同奸，一样能破坏家庭，本法不能维护家庭幸福，反妨害家庭幸福；第二，与男女平等原则不符合，刑法通奸规定，对妻子采取严格主义，对丈夫采取放任主义，有背男女平等真谛；第三，奖励男子之非行。自古宗法社会道德伦理，对女子言行举止、贞操节守要求甚高，对男子则多网开一面，对其不端行为即使有法律限制，也无法限制，况且采放任主义，男子更可肆无忌惮。至于刑诉法关于和奸罪的告诉权，仅赋予

① 崔澍萍：《夫权和妻权的问题》，载《法律评论》1930 年第 7 卷第 50 期。

丈夫，与立法保护婚姻家庭宗旨也不符合。[①] 亲属法草案第27条第2项“犯奸者得提起离婚之诉”弥补了这一空缺。但未能解决刑法上的男女不平等问题。最高法院第110号解释，意指凡把有丈夫的妇女，诱拐离开她的丈夫，就是侵害夫权，即应成立诱拐罪，也是保障夫权的体现。[②]

女性对于1928年《刑法》关于“通奸罪”的处罚意见则更多体现了女性的诉求。如女立法委员蒋凤子指出，刑法公布前，无一女性参与其间，遂致男女平等之党纲，为一时疏忽所取消，如不急加修正，将使误会者并当局主张男女平等之盛意而亦误会之，其有关于党国前途者实大。特意提出针对性的修改意见，如“变更从来为男性而设之刑法，使其为人类而设之刑法；变更从来男性中心社会之宗法，使其为男女平等社会亲等法，分别男女全体血系之远近，使其为善种之预备；付予女性以其夫与人通奸之告诉权，使其为废娼废妾之明文；加重男性以其妻怀胎及产后期间之责任，使其为母性之保护……”该意见堪称“女性宣言”，触动男权神经，反映女性本位主义。[③] 其他女性法律人如郑毓秀等，也曾专门对此发表评论，以促使当局对妇女法律地位的重视。鉴于各方意见强烈，1935年“新刑法”中，将“有夫之妇”改成“有配偶之人与人通奸者，处二等有期徒刑”，终于实现了通奸罪上男女平等地位。南京国民政府时期，社会经济的发展也推进了男女地位接近平等，如“夫妇财产制确立及女子继承财产权的获得”结果，就是打破男女财产不平等的必然产物，[④] 说明法律文本与现实社会之间具有一定的适应性。

通过社会的呼吁及女性法律人的力争，男女平等在法律条文上似乎得以解决，实际社会中问题则依然不少。司法主体在处理现实男女纠纷中所面临的难题多多，它们不是仅凭几则法条辄可自然化解的。实现夫妻、男女地位的完全平等，还存在诸多困难。无论刑法，还是民法亲属编上，夫妻贞操义务皆趋于平等，实质上的平等却难以实现，

---

① 参见马明銮：《对于刑法和奸罪及刑诉法第215条之商榷》，载《法律评论》1930年第7卷第28期。

② 崔澍萍：《夫权和妻权的问题》，载《法律评论》1930年第7卷第50期。

③ 蒋凤子：《修正中华民国刑法意见书》，载《法律评论》1928年第6卷第4号。

④ 参见蔡枢衡：《修正新刑法通奸规定翻反覆修改之社会的意义》，载《法律评论》1935年第12卷第23期。

究其原因：从保障女权上看，立法者此意，在保障女权，实际上，我国现状，妻仍以依赖夫为主，年届迟暮，夫有外遇，如法不为罪，妻尚能安之，如能处刑，则妻子恃为要挟之具，甚至告至法院，夫妻感情破裂，家庭秩序紊乱；作为丈夫，情不能堪，必致虐待遗弃，使其离绝而后已；妻子晚景凄凉，嫁人苦难，独自为生，更为悲哀，法律保障女权之意义当然不不存；从立法效果上看，我国男子在法律上素不负贞操义务，纳妾之风由来已久，于今尤烈，卒然变革，公信未立，实效难起，如一般蓄妾者，如果允许其继续同居，则何以解释于有配偶之人与人通奸之禁例；处以刑法，“则今之拥威势、据权要者，类皆有妾，安能就范；且藏娇之地，触处均是，执法相绳，亦罚不胜罚”。[①]可见，法律创制是一回事，法律实施又是另一回事；法条可以周详，具体案件的处理则无法划一。当时女性获得与男性实质上的平等，还有诸多障碍，尚有许多处于弱势的女性权利需要实质上的救济，表面上看，“妇女在法律上已获得与男子平等之地位，自政府机构以至民意机构，无不有妇女参加之事实与机会，女权运动可谓已达圆满之目的，得扬眉而吐气矣”，然而，“环顾社会犹多可怜妇女，反受平等法律之害。盖由于社会环境及经济地位之关系，非平等所能维持，有赖乎超法律方能救济者：被男子始乱终弃之妇女；被丈夫故意弃置之妇女；与男子同居而不受法律保障之妇女”，[②] 法律与社会脱节现象依然严重。

鉴于此，无论是民法典阙如的北京政府时期，还是民法典业已颁行的南京国民政府时期，司法主体在亲属、继承具体案件裁判中，均尽可能地根据社会实际，遵循法条、习惯与条理斟酌运用的程序，灵活把握情、理、法尺度，适时做出司法解释，尽可能地顺应时代精神，兼顾社会发展，弥补立法过于刚性或超前的不足，缓冲法律与社会的张力，实质保护弱势群体的权益，力求法律效果和社会效果的最大化。民国成文民法典的颁行，并不排斥司法中情、理、法的兼顾，至今不失其借鉴价值。

---

① 参见郁嶷：《夫妻贞操义务与和奸罪》，载《法律评论》1934 年第 11 卷第 12 期。

② 郭卫：《法治庸言》四十四《为可怜妇女谋法律上之救济》，载《法令周刊》1947 年第 10 卷第 10 期。

清末至民国，肇始于西方的近代审计制度被移植到中国，并逐步获得法律上的定位。起初它只是为关税主权丧失后的舶来品，尔后发展为事后审计为主的监督体系，进而演化为突出事前审计、兼与事后审计及稽察联系的监督模式，近代“审计法”也应运而生。近代审计法文化具有追求审计机关独立、基于统科学的法律体系及促进与本土实际相结合等特征。近代审计在政府财政监督、整治吏治及规范财税等方面发挥了积极作用。不过由于诸多负面因素的影响，其功能的发挥受到严重窒碍，诸如，法律位阶下降，党权凌驾于审计权，行政权的干涉，财力人力缺乏保障，时局动乱制约审计工作的开展，等等。检视近代审计法文化的发展，庶几获得如下启示：必须对审计权进行明确的宪法层面上的定位，确保审计权的宪法地位；审计范围应予以扩大，由以财务审计为主拓展至政治审计等领域；审计程序力求细化，包括事前审计、期间审计及事后审计，全程参与国家、政府各项重大工程的过程之中；完善审计监督的问责机制。

第五章　近代审计法文化的发展及反思

一、近代审计法文化的发展轨迹

随着清末一系列政治经济领域的改革，肇始于西方的近代审计制度也被移植到中国，逐步取代传统审计模式，成为近代财政体系建立过程中的关键要素之一。从财政经济史角度讨论近代审计思想、审计制度，学界已有一些成果问世，① 从法文化角度考察近代审计的产生、发展及其功能，尚有较大研究空间。

（一）关税主权丧失后的舶来品（1864～1912年）

受殖民主义侵害的近代中国，历经诸多丧权辱国苦难，家仇国恨，令国人身心俱疲。历史的发展往往悖论：残暴与文明、动乱与秩序、战火与和平，常常如孪生兄弟般降临世间。西方列强的坚船利炮，让近代中国吃尽苦头，也输入了近代文明的成果，其中包括法律文化。近代科学意义上审计法律制度，无疑是诸多法律文化之一，中国硬是被拽上了法律近代化道路。

近代中国法律与近代中国审计概念的出现可以追溯到19世纪六七十年代的海关系统。第二次鸦片战争之后，列强取得管理中国海关的特权。海关是本国的，海关管理者则为外国人，堪为中外历史上的奇葩现象。以英国人赫德为代表的中国海关总税务司署，总税务司在其职位上“是既不接受何所、劝告，也不许可干涉的，它必须是它自身的卫士和它自身的主人”，在长逾半个世纪历史中，通过制度构建和严格管理，摒除了中国官场常见的陋规恶习，在攫取和维护列强在华利益的同时，也确保清政府应得关税份额，中国海关倒被打理得井井有条，这与海关税务司重视建章立制有很大关系，他们先后在1864年的《通商各口募用外国人帮办税务章程》（《海关衙门章程》）及1870年《中国海关管理章程》等规章中，率先设立了海关审计机构，确立专门审计人员，明确其职责、权限及追偿制度，从而将近代意义上的审计制度初次移入中国。②

预备立宪时期，作为官制改革的重要组成部分，建立近代财政审计制度成为朝野各界的一致共识。光绪三十二年（1906年）署京畿道、

① 代表性专著有：李金华主编的《中国审计史》（第2卷），中国时代经济出版社2004年版；主要论文有朱灵通等的《论民国时期政府审计思想的特点及其启示》（《审计研究》2012年第1期），邓建鹏等的《北洋政府时期预算权的宪法配置》（《南京大学法律评论》2014年秋季卷），史全生的《略论审计制度的建立和发展》（《民国档案》2003年第1期），柳立颖、郭必强的《1945—1949年南京国民政府审计制度述评》（《安徽史学》2003年第6期），等等。

② 参见卢汉超：《赫德传》，上海人民出版社1986年版，第65页、第70页、第308页；佘建明：《论中国近代海关的法治体系》，载《海关与经贸研究》2014年第4期。

掌辽沈道监察御史赵炳麟《组织内阁宜明定责任制度，确立监督机关以杜专权流弊》的奏折中主张实行责任制度，建立监督机关，并提出同时设立审计院及行政裁判院，监督“行政官之岁入、岁出”，以“坚国民之信服”“制行政之专横”。[①] 同年7月，出使各国考察政治大臣戴鸿慈等在《奏请改定全国官制以为立宪预备折》中，介绍了西方各国“宜于内阁之外增置而别为独立机关”的会计检查院，主张“宜仿普、日之制，设会计检查院”，“凡关于检查会计之事，各地方行政官皆受其监督指挥。”[②] 而光绪三十四年（1908年），赵炳麟更在《整理财政必先制定预算决算表以资考核》一折中指出：“盖东西各国之财务行政，必许国民以两种监察：一期前监察，承诺次年度之预算是也；一期后监察，审查经过年度之决算是也。”认为“设资政院以司预算，设审计院以掌检查，远符周礼，旁采列邦，用意至善”。力倡制定预决算列表，构建近代财政监察制度。[③] 由此可见，近代中国有识之士在研究西方财政制度的同时，已经关注到了独立的审计机关在财政监察中的重要地位，以及确立完备财政体系的必要性。

光绪三十四年（1908年）8月，清政府在《九年预备立宪逐年推行筹备事宜谕》中，首次明确了审计院的成立期限“第八年（1915年），设立审计院”。同时，会议政务处与宪政编查馆在筹办成立审计院的事务中，起草了我国第一部审计机构组织法规：《审计院官制草案》，详细规定了审计机关的组织构成及审计程序，审计权限等。[④]

光绪三十四年（1908年）以清理财政为契机，资政院等机关拟定了“第六年试办全国预算，第七年试办全国决算，颁布会计法”的改革清单，并在宣统三年（1911年）审议了第一份预算案，首开近代政府财政审计之先河。

---

① 《御史赵炳麟奏组织内阁宜明定责任制度，确立监督机关以杜专权流弊折》，载故宫博物院明清档案部：《清末筹备立宪档案史料》，中华书局1990年版，第511页。

② 《出使各国考察政治大臣戴鸿慈等奏请改定全国官制以为立宪预备折》，载故宫博物院明清档案部：《清末筹备立宪档案史料》，中华书局1990年版，第373页。

③ 《御史赵炳麟奏整理财政必先制定预算决算表以资考核折》，载故宫博物院明清档案部：《清末筹备立宪档案史料》，中华书局1990年版，第1016页。

④ 《审计院官制草案》，载刘陶福：《审计正要》，三民书局1978年版，第7~10页。

（二）事后审计为主的监督体系（1912～1927年）

1911年辛亥革命爆发后，设置独立的审计机关的构想在地方层面首先得以实现，江西、湖北等省建立了相对独立的审计机关，为后来地方审计机关的建立奠定了基础。[①] 1912年9月，北京政府国务院制定《审计处暂行章程》，设立审计处，直接隶属国务总理，掌理全国会计监督事务，分股审计中央各官署岁入岁出事项，并于地方设立审计分处。[②] 1914年3月，北京政府颁布《审计条例》29条，规定审计处和审计分处专门“审查国家岁入岁出，除政府机密费外均依本条例办理”。[③] 同年5月，《中华民国约法》公布，其中第57条规定：“国家岁入岁出之决算，每年经审计院审定后，由大总统提出报告书于立法院，请求承诺。”立法机关的审计权首次被宪法性文件确认。依照该约法所制定的《审计院编制法》，改审计处为审计院，直属于大总统，与国务院、平政院、大理院渐成并立之势。各省审计分处则被取消，代之以派出审计官实地审查。

与此同时，针对民国初期财政穷绌，外债累举的困局，北京政府为便于监督国债，“欲谋支付命令之合法”，开始施行国债事前审计制度。1914年北京政府制定了《审计法》《支出单据证明规则》等一系列法律规范，召请宝道、葛诺发等外国专家参与审计法律规范的修订，确立了“根据他国成例，采事后监督制度”的主要原则，“惟对于工程购置及国债等项，尚存事前审计之微意”。[④] 1912年，财政部正式确立预算制度，“全国预算之编制，于中央特开财政会议，令各省选派代表来京与会磋商编制预算办法，三年预算，因此成立，自是各省岁入岁出始有一定之标准”。[⑤] 以1914年《会计条例》为基础，设计出较为完整的预算决算编制制度。

---

① 夏寒、蒋大鸣：《制度移植视角下的近代政府审计制度检讨》，载《审计与经济研究》2011年第4期。

② 郭华平：《论中国近代社会转型下的北京政府时期审计》，载《中国经济史研究》2007年第4期。

③ 《审计条例》，1914年3月，审计部档案，中国第二历史档案馆藏。

④ 夏寒、蒋大鸣：《制度移植视角下的近代政府审计制度检讨》，载《审计与经济研究》2011年第4期。

⑤ 财政部统计科编：《民国财政纪要》（1916年），载中国第二历史档案馆编：《中华民国史档案资料汇编》（第3辑），江苏古籍出版社1991年版，第138页。

在审计制度的运行模式上，外债审计无疑是北京政府在财政领域面临的首要问题，为落实1912年《审计条例》关于政府外债借偿的规定，北京政府专门颁布了《暂行审计外债用途规则》12条，规定中央审计处稽核外债用途，审查借款合同、分配计划及拨款命令等的事前审计模式。但到了《审计法》颁布时，除对国债继续实行事前监督外，审计院的主要职责转变为事后监督为主，从而放弃了事前审计模式。在审计方式上，则依照《实地调查规则》等法规，实行以送达审计与实地审计相结合，全面审计与抽样审计相结合的形式。

（三）突出事前审计、兼与事后审计及稽察联系的监督模式（1928～1949年）

南京国民政府建立后，1928年3月颁布中央政治会议修正通了《国民政府审计院组织法》，确立审计院为独立的最高财政监察机关。1928年10月8日，南京政府公布《中华民国国民政府组织法》，国民党中常会议决定推选蒋介石、谭延闿、胡汉民等16人为国民政府委员，蒋介石为国民政府主席兼海、陆、空军总司令，谭延闿、胡汉民、王宠惠、蔡元培、戴季陶分任行政院、立法院、司法院、监察院、考试院院长，10日宣布就职。五院中，监察院成立最晚。1928年，国民党中央任命蔡元培、陈果夫为监察院正、副院长，令其组织监察院，由于种种原因，终未实现。1929年8月29日，蔡元培辞职，国民党中央选派赵戴文继任。1930年，赵戴文因参见北平扩大会议，被革职。同年11月18日，国民党三届四中全会选任于右任为国民政府委员兼监察院院长。1931年2月14日，国民政府明令发表了23名监察委员会名单，2月16日，监察院宣告成立，23日，于右任偕监察委员在南京宣誓就职。至此，国民政府宣布五院制正式成立。

1929年10月，随着“五权宪法”体制的定型，财政监督权再次划归监察院，审计院也依《审计部组织法》，改为审计部，隶属监察院，专掌财政审计，地方亦设置审计处。1932年6月，南京国民政府公布《监察院组织法》，规定审计部有核定政府所属全国各机关收入命令的权力。至此，以监察院审计部为主导的审计体系最终形成。

这一时期，国民政府在继承并检讨前期审计制度运行的基础上，不断通过加强立法工作完善财政审计体系，确立了“稽察与事前审计及事后审计三分鼎立”① 的方针，在审计机关内部划定由不同部门分别负责事前审计和事后审计。1938 年《审计法》修订公布，全文由总则、事前审计、事后审计和稽查四章组成，为民国时期最完备的审计基本法。以此为主轴，包括《审计法实施细则》《预算法》《决算法》《财政收支基本法》等一系列法律规范所构成的一个相对完善的审计立法体系逐步奠定。

审计人员审计作弊要依法查出，也被作为惩治腐败的重要环节列入法律规章。1943 年 6 月 30 日公布的《惩治贪污条例》第 9 条规定：“办理审计、会计及其他人中，因执行职务，明知他人贪污有据，不为告发者，处三年以下有期徒刑或拘役。”② 明确了审计、会计人员的对于贪污行为的告发义务，换言之，审计人员的职务具有一定监察功能。

二、近代审计法文化特征及功能

中国近代审计制度的引入与演进是一个对外继受和自我消化同时进行的过程，源于西方的近代审计模式在与中国固有审计模式和社会实情的磨合中，逐步发展成为具有中国本土特质的审计体系。

（一）近代审计法文化特征

1. 追求审计机关独立

早在清末立宪引入审计概念之初，一些开明臣吏就敏锐注意到审计机关独立的重要性问题，正如时任出使德国大臣杨晟在《条陈官制大纲折》中所指出的“夫内外百司莫不有会计出入之事，政府监督势难遍及，且以行政官自相检查，亦恐流于瞻徇，故必有一司独立于政府之外以检定之”。③ 因此，树立与行政机关分立的审计体系成为贯穿整个审计制度近代化历程的主流。北京政府将原归于行政机关的审计处提升为直属于大总统的审计院，赋予其独立审核政府财政的权力。至南京国民政府时期，在“监审合一”思想下，审计权成为监察院的

① 蒋明祺：《政府审计原理》，立信会计图书用品社 1947 年版，第 194 页、第 351 页。

② 《民国法规集成》（第 39 册），黄山书社 1999 年版，第 104 ~ 105 页。

③ 《出使德国大臣杨晟奏条陈官制大纲折》，载故宫博物院明清档案部：《清末筹备立宪档案史料》，中华书局 1990 年版，第 402 页。

重要职权之一，《监察院组织法》及《审计部组织法》规定监察委员必须专职任事，审计机关独立履行职权，并通过监察院对不法财政行为进行追究弹劾，财政审计在监察弹劾权的保障下获得了延伸，形成了与行政型审计和司法型审计不同的独立型审计体制。[①]

2. 基于统科学的法律体系

与传统社会审计制度不同，无论是北京政府时期还是南京国民政府时期，审计制度都被作为国家政治制度的重要组成部分被载入根本大法当中，从《中华民国约法》到《天坛宪法草案》，再到《中华民国宪法》，均对审计机关的权限和职责作出了专门规定，政府在审计事务的立法上也可谓不遗余力，《审计法》《审计院编制法》《会计法》等一批旨在创立近代财政审计体制的基本法律共同构成了整个审计立法体系的基石，在此基础上，行政机关针对具体制度制定了如《审计法实施细则》《实地调查规则》等一系列相互衔接，相互配合的行政法规，为制度设计的具体执行提供了依据。包括《审计法》《会计法》在内的诸多审计立法，结构合理，条理清晰，虽几经修订，却仍能保持其连贯性，经久不废。

3. 促进与本土实际相结合

从清末首次编制国家预算开始，行之有效的审计模式就成为审计制度近代化的关键课题，民国初年颁布《审计法》，继承了我国传统上以事后监督为国内财政审计模式的原则，但迫于内乱外患的时局，事后审计往往付诸具文，于事无补。南京国民政府鉴于对国内财政困局，决定因应学界建议，开始将原本局限于国债领域的事前审计模式扩大到整个财政审计当中，以期“防患于未然”，在实际操作中，事前审计的作用日益凸显，审查对象也不断扩大，最终形成事前审计为主，事后审计与稽察有机结合的审计模式，时人赞称“如此完备与严密之事前审计制度，拟之近代各国，匪独仅为审核预算之英吉利，与夫仅为核签支付命令之比利时等国家望尘莫及而已”。[②]

审计立法体系在南京国民政府时期走向成熟，不仅推动了近代审

---

① 王世涛：《论宪法视域下审计体制的变革》，载《法治研究》2015 年第 4 期。

② 黄凤铨：《我国现行事前审计制度》，仁德印刷所 1934 年版，第 4 页。

计制度在中国的发展，也为保障国家财政的公开透明提供了法律保障。如历次修订《审计部组织法》都对审计人员资格及任用方式予以明确规定，1933年更引入了审计回避制度，规定与被审查机关人员如系配偶、七亲等内之血亲、五亲等内之血亲或其他因利害关系而影响独立性原则者，为确保审计独立，不得参与对该机关之审计、协审或稽察。①

（二）近代审计法文化功能

近代审计制度被引进后，经过清末、民初及南京国民政府时期的不断改进，日趋健全，在政府审计监督过程中，发挥积极作用，也为近代国家政权体系的构成及运行，提供了较好的模型。

清末初创审计不久，清朝迅疾灭亡。北京政府继续援用，并加以改进。民初财政监督体系在运行初期发挥了一定的作用，挽回了政府损失，促进了财政制度的常规化。如1912年10月至12月，审计处审理各机关呈送财政支出凭证共177件，总金额1070余万元，其中依法核准支出850余万元，因手续不齐全而及时补办而被准予的支出有130余万元，依法被驳回的支出有90余万元，凭证驳回率达8%，其中作出决议拒绝签字而被驳回的支出，后经国务会议允许，支出款项金额27万元，达到之前预计驳回金额的30%。② 1916年，署阳新县知事徐久绪亏短交代，延不清缴，审计院报请交付惩戒。③ 这说明在审计处时期，审计制度对于政府财政用度尚有所制约。其后历届政府虽逐步完善审计法规体系，建立预决算编制制度，但由于政权更迭频繁、军事开支日增、地方截留专款现象加剧，决算编制无从审查，预算审计也只在《会计法》实施后短短数年内有效施行，各机关往往将不法支出栖身于不受审计的“机密费”当中，整个审计体系的运行仅维持至1920年即告中断。

相较之下，1925年成立的广州国民政府更注重于对官员自身财务

① 1933年修正《审计法》，审计部档案，中国第二历史档案馆藏。

② 李金华主编：《中国审计史》（第2卷），中国时代经济出版社2004年版，第100页。

③ 郭华平：《论中国近代社会转型下的北京政府时期审计》，载《中国经济史研究》2007年第4期。

状况的监督。1925 年 7 月，国民政府撤销大本营审计处，设立监察院，由审计科与财政科组成，监视国库预算之事前编造，事后审计及公共产业和官厅产业。1926 年 1 月，《国民政府惩吏院组织法》颁布，掌控监察权与惩办权，专责审计官员的惩吏院成立，不久即并入监察院，根据 1926 年颁布的《修正监察院组织法》，监察院职权实现了财政审查权与监察处分权合二为一，这一制度被其后的南京国民政府所继承。

从整体架构上看，南京国民政府时期的审计体系中事前审计、事后审计、稽察三者相互联系，同时又突出了事前审计的核心地位。1928 年《审计法》首次明确规定政府财政部门支付命令须经审计机关事前核准，支付命令与预算不符时，审计机关有权拒签，未经审计机关核准签字的支付命令，国库不得付款，从而将事前审计由国债领域扩大到整个财政审计范畴。正如时人陶元琳所指出的："事前审计足以防患于未然，其效用当较既往之事后审计远为显著。"[①] 实行事前审计既可以对事后审计难以遏制浮滥支出，不足以惩前毖后的弊端进行弥补，又可以在相关事态未发生之前予以立即制止，避免出现更大的财政损失。[②]

1938 年《审计法》修订公布，与西方国家一般意义上事前审计仅审核政府财政支出不同，该法针对当时地方政府惯于法外肆意征收捐税、预算制度形同虚设的现况，赋予审计机关审核政府收入之权，监察政府合法征税，进一步推动了事前审计制度的发展。1939 年，作为关联立法的《公库法》更规定公库主管机关之支付书及收款机关收支凭证须经审计机关签核后，始能转账、发放或收付，扩大了审计机关收入审核方面的对象。在相对完善的立法体系下，一套借鉴西方又契合于中国实际的事前审计制度最终形成。

配合事前审计的运行，南京国民政府时期的事后审计与稽察制度也发挥了重要的辅助作用。事后审计部门负责审核政府每月收入支出，编制成相关计算书和对照表，并在年终依法审核岁入岁出的总决算。通过审核计算和审计总决算，事后审计部门对年度财政状况、国民经

---

① 陶元琳：《中国政府审计》，大时代书局 1942 年版，第 24 页。
② 夏寒：《民国事前审计制度思想研究》，载《财经问题研究》2006 年第 3 期。

济水平、收支平衡状况等进行评估，出具审查报告，呈送监察院，由国民政府予以公布。① 而稽察则更具有灵活性，可因时因地监察政府“稽察财政上之不法或不忠于职务之行为”，纠正事前、事后各环节中的不当行为，“审计机关为行使职权，得派员持审计部稽察证，向有关之公私团体或个人查询或调阅簿籍、凭证或其他档案，各该负责人不得隐匿或拒绝，遇有疑问，并应为详实之答复。行使前项职权，遇必要时，得知照司法或警察机关协助”。②

1938 年修订的《审计法》，在审计方式和程序设计方面实现了制度上的创新，首先是促进了审计方式的多元化，除了沿用送请审计形式外，还规定了包括随时派员抽查的就地审计、委托审计等，无论是事前审计还是事后审计都实行三审制，对疑难审计案件交付审计会议议行，授权审计机关随时复合收支计算书等，以确保审计质量。其次，通过制定《办事通则》《工作成绩计算办法》等内部部门规章，建立了奖惩、保密、考评等各类规则，加强对审计人员自身的管理。

为确保预算编制与财政会计的独立性，1930 年 11 月南京国民政府公布《主计处组织法》，设立直属于国民政府的主计处，综合执掌预算编制、统计与财政会计权，以“超然主计系统”积极的计政监督弥补“就地审计系统”消极的计政监督，1933 年《中央统一会计制度》施行，又要求各机关主计部门增订岁入预算分配表，交送审计机关审核备查，使主计与审计两系统实现了“联立综合，相互平衡，相互牵制”③。

把审计权列为“五权宪法”体制之下“监察权”的一部分，是对孙中山先生“五权”思想的继承和发挥。通过监察权的形式，以求“五权”之间的互相制衡和牵制，不但在中国审计史上的创举，也是世界审计史先例，提升了审计的法律位阶，增强了审计的强制性监督作用。

---

① 鄢定友：《南京国民政府事后审计制度考论》，载《长春师范学院学报》2008 年第 3 期。

② 1938 年修正《审计法》，审计部档案，中国第二历史档案馆藏。

③ 王逢辛：《我国主计制度之检讨》，载《财政评论》1940 年第 4 期。

三、近代审计法文化功能障碍及反思

毫无疑问，从法律移植的角度来说，审计制度在近代中国的确立和发展是成功的，它在替代中国传统审计模式的同时，能于较短的时间内建构起一套完备的法律制度体系，也能对政府财政事务发挥一定的监督和制约作用。但面对近代中国动荡的政治局势和腐败的官僚体制，这套看似系统科学的审计体制却未能挽救债台高筑、收支紊乱、贪污横行的国家财政体系，甚至最终也被带入腐坏崩溃的深渊，究其原因，主要有以下几点。

（一）法律位阶递降

清末民初以降，审计机构的法律位阶呈下降趋势。北京政府时期的审计院，直属于大总统，在根本法层面上与国务院、平政院及大理院渐并立。南京国民政府时期，尚有独立审计院。“一府五院”被付诸实践，监察院在五院中成立最晚，排名末席，而审计院则改为“审计部”，隶属于监察院，法律位阶差不多降低了两级。

监察院为国家公职人员的监督、弹劾机构，公务员惩戒委员会虽隶属于司法院，但一应惩戒程序，均应由监察院发起。公务员惩戒申请与审议机关分为两个层次：监察院认为公务员有违法失职情事者，应将弹劾案连同证据移送公务员惩戒委员会审议；各院部会长官，或地方行政长官，认为所属公务员有违法失职情事者，应备文声叙事由，连同证据，送请监察院审查。被付惩戒者，为荐任以上或相当于荐任以上的，由司法院转呈总统府或通知其主管长官执行。委任职或相当于委任职的记过与申诫，由司法院通知其主管长官执行。以上处理决定均应通知铨叙机关。

监察院对于国家公职人员的惩戒理应大权在握，威风八面；长须飘飘、才艺旷世的一代闻人——于右任先生，也成为监察院的标志性人物。不过，揆诸史实，受监察院弹劾、最终移交有关部门惩处且依罪科刑的，多为位卑职轻之辈，真正的“大鱼”即使被监委们的罗网罩住，最终也有办法破网而出，太平无事。如 1948 年币改期间，上海市市长吴国桢、警察局长俞叔平及执法机关长官均因扬子公司案件，被控“玩忽职务”；财政部长王云吾因属员泄露财政机密被控“失职”，被移送有关机关议处。结果多议而不处，或不议不处。[①] 更有甚者，监察委不但监察司法人员违法渎职，反而监守自盗，充担当司法舞弊的主角。京交行经理江祖岱侵占行款，经营公债，经总行追诉于江宁法院，原本罪有应得，无须姑息，竟有监察院参事高朔徇于私情，转托监察委员杨天骥，杨不仅不行检举，反致函法院首席检察官孙绍说情，且附上巨款支票行贿，幸好孙尚能守法，提出检举，而公诸社会，以致监察院院长因本人监督失察，曾一度向中央辞职。[②]

监察院成了装饰品。1931 年至 1937 年，送呈给这个院办理的贪污案，涉及 69,500 名官吏。在这些人中，这个院提出检查的只有 1800 人。更糟糕的是，监察院没有司法决定权，在 1800 个被检查有贪污行为人中，只有 268 人实际被查明按法律论是有罪的。而在这些人中，有 214 人没有受到任何惩罚，41 人受到轻微处罚，只有 13 个人被免职。同时，所有这五个院部都受以蒋介石为委员长的军事委员会的钳制。同时，这个委员会消耗了国民政府大部分的财源，而且本身构成一个事实上的政府。[③] 监察院移交惩戒、法办的案件，落实者本就无多，通过审计部审计申请监察院移转处理的案件，更是寥寥无几，审计部的监督作用由此可推见一般。

（二）党权凌驾于审计权

南京国民政府时期，国民党权力的急剧膨胀，审计部被置于监察院体制之下，党务部门经费无须审计，党内要员肆意阻挠财政收入，正如汪精卫所言："今日尚为训政时期，一切权力集中于党，无有一机关能独立于党外，不听从党之指挥监督者。监委虽有保障法，但若为党员，则党之纪律制裁，固仍可加诸其身，尚望郑重发言为要。"财政监察毫无权威可言，几为国民党的囊中之物。[④]

（三）行政权的干涉

审计制度的近代化是以实现审计独立，切实监督政府为目标的，

---

① 天津《大公报》1948 年 9 月 22 日，第 2 版。

② 风：《严惩贪污》，载《新建设》1935 年第 2 卷第 19 期。

③ 参见费正清：《伟大的中国革命（1800—1985）》，刘尊棋译，世界知识出版社 2000 年版，第 268 页。

④ 任湘波：《训政前期（1927—1937）国民党政府监察制度中的党政体制》，载《上饶师范学院学报》2005 年第 1 期。

但在实际运行中却不可避免地要受到来自行政机关的干涉与影响。北京政府时期，政府更迭频繁，军费肆意滥支，军人往往借口 1914 年《审计条例》中规定“政府机密费”不得审计而逃避事后监督，而同年颁布的《审计法》更将审计豁免范围扩大到“大总统、副总统岁费、暨政府机密费”，为官僚政客贪污腐败大开方便之门。

至南京国民政府时期，这一局面仍未得到根本改善。尽管《审计法》未明文规定，但实际上却将党费、机密费、官商合办企业财务至于审计豁免之外，且行政机关往往可以借助国民党内体制干涉财政审计流程，阻挠审计人员实施调查，甚至缩减审计机关人事员额，令公开独立的政府财政审计徒具虚文，官吏贪污浪费日益加剧，审计体制无形中濒于瓦解。① 作为独立审计机关的审计部，在财政监察上仅依赖于监察院的弹劾机制，实力相对弱势，在行政机关面前缺乏权威，不能发挥有效作用，例如，当时国防部和陆军总部等掌握大量财政资源的重要机构经常以“财务制度尚未厘订”为由，拒绝审计机关对其军费收支进行审核。② 故而拥有完备法律制度体系的审计机关，并不能切实地履行其“监督预算执行、核定收支命令、审核计算决算、稽察财政上之不法或不忠于职务之行为”的职责。

就政府审计而言，整个民国时期，只有中央审计机关长期存在，地方审计执行机关很不健全。1914 年北京政府撤销了辛亥革命后一度建立起来的各省审计机关，南京国民政府时期，虽然对地方执行体制有所恢复，但直到 1947 年，包括辽宁、黑龙江、北平在内的十余个省市仍实行地方审计建制，普通县市的审计工作更是付之阙如。③

（四）财力人力缺乏保障

审计经费独立是审计机关独立的保障，然而审计机关却始终困于经费奇缺的窘况。政府对审计工作投入不足，导致待遇不丰，人员匮乏。尤其是南京国民政府时期，由于政府财政支出规模扩大，中央审计人员最多时仅 300 人，难以应付如此庞大的工作量，而地方审计机关

---

① 刘鼎铭：《民国时期的中央审计机关与审计制度论述》，载《南京审计学院学报》2004 年第 2 期。

② 《审计部第 571 次审计会议议事日程》，审计部档案，中国第二历史档案馆藏。

③ 史全生：《略论民国审计制度的建立与发展》，载《民国档案》2003 年第 1 期。

甚至不得不以缺乏相关资质的临时雇员补充员额，1944 年贵州审计处雇员比重高达 66% 以上，广西审计处的雇员也达到 55.18%，审计效率与质量之低下可想而知。①

由于战事频仍，长期收支紊乱，国家财源枯竭，巨大的财政赤字使得预算编制几乎无法执行。北京政府时期，地方军阀混战，截留中央税款几成寻常，最典型的莫过于长芦盐税截留事件，1926 年至 1928 年，时任直隶督办褚玉璞为充军费，先后三次截留中央盐政税款，威胁盐务稽核总所，侵占盐税超过 100 万元。②

尽管审计规范体系细致入微，但在实际执行中，无论是审计机关还是被审计机关，都未能真正按照法律规范办理，以南京国民政府为例，自 1927 年开始预算编制仅维持四年，而中央审计工作流于形式，内战爆发后，国民政府一再追加军费，财政赤字连年增加，1929 年财政赤字 1 亿元，1930 年财政赤字 1.01 亿元，1931 年更达 2.17 亿元，各级政府视《审计法》若无物，审计机关亦难辞其责。③

中原大战爆发后，阎锡山以“兴师讨蒋，军费浩繁”为由，再次强令以长芦盐税抵充山西银行借款。④ 其后 1935 年，伪冀东自治政府主席殷汝耕又“强提税款”，致使审计部不得不“准以损失款注销”。⑤

综观南京国民政府统治时期整体财政状况，1928 年至 1937 年，南京国民政府只编出四个未能认真执行的年度预算，且无一年真正实现收支平衡；而抗战之后，战事迭起，临时性支出陡增，财政状况更趋恶化，审计机关自身又经费奇缺，人员不足，年度预算审计工作步履维艰。⑥ 凡此种种，不仅助长了本就十分猖獗的贪污腐败现象，更使审

① 《视察西南各省审计工作报告》（上），中国第二历史档案馆藏审计部档案，1944 年。

② 梁瑞敏、申玉山：《褚玉璞截留长芦盐税风波》，载《河北大学学报》2010 年第 155 期。

③ 史全生：《略论民国审计制度的建立与发展》，载《民国档案》2003 年第 1 期。

④ 南开大学经济研究所经济史研究室：《中国近代盐务史资料选辑》（第 1 卷），南开大学出版社 1985 年版，第 375 页。

⑤ 任学军：《曹锐、阎锡山、殷汝耕截留长芦盐税档案一览》，载《档案天地》2007 年第 6 期。

⑥ 鄢定友：《南京国民政府事前审计制度演变的路向分析》，载《广西社会科学》2008 年第 6 期。

计机关威信扫地，以致国民政府统治后期发生了江西省审计处长黄凤铨买卖监标，收受贿赂一案，① 足见此时审计机关自身也已陷于监守自盗的腐败境地。政治不稳，财政难以统一，地方势力肆意克扣、截留，全面的中央审计自然举步维艰。

① 《江西省审计处主任黄凤铨利用职权贪污案》，审计部档案，中国第二历史档案馆藏。

全面评价一个人的事功德行，不在乎身前，而在乎身后，所谓“盖棺定论”是也。在沈家本去世后的系列祭奠仪式上，朝野各界纷致祭辞，祭奠完毕，汇编成《志哀》一册，透过《志哀》祭辞，可见沈家本先生学深品正的风范，即学究古今历史，精研法律典籍；吸收西方思想，主创近代法律；协调清帝退位，勷赞共和建立；毕生笔耕不辍，著述嘉惠后人；致力法律教育，培养新式人才；国事家事兼顾，生活幸福和满。沈家本先生的道德文章，对后世来说，既是财富，也是激励。

第六章 《志哀》
——沈家本先生学深品正风范的缩影

一、缘起

俗语有云：“花无百日红，人无百日好”，意指每个人一生中，不可能做到时时好，事事对，都有可能犯错。准确完整评价一个人的是非、功过，得在其离世后方可定论。唐韩愈《同冠峡》诗曰“行矣且无然，盖棺事乃了”，人的一生事功，生命终止之时方可全面总结。宋陆游在《小舟游近村舍舟步归》中有“死后是非谁管得，满村听说蔡中郎”之句，慨叹身后无法左右别人对自己的评价。《明史·刘大夏传》记道：“人生盖棺论定，一日未死，即一日忧责未已。”言明人生之事，盖棺方可论定，正所谓“善恶在我，毁誉由人”。①

① 吕坤：《大明嘉议大夫刑部左侍郎新吾吕君墓志铭》。

“哀挽录”多为逝者生前供职机关、同僚、亲友等所致的祭文、诔辞、挽词及挽联的汇编。明代郎瑛《七修类稿诗文一各文之始》曾云：“诔辞、哀辞、祭文，亦一类也，皆生者悼惜死者之情，随作者起义而已。”易言之，祭文、诔辞、挽词、挽联等，所欲表达的意思相近只是形式有所差异。“哀挽录”很大程度上可以折射出逝者的业绩、声誉及人际交往层级。

近代中国公开编辑出版的颇为详尽的“哀挽录”，首推孙中山先生国葬纪念委员会编的《哀思录》。① 《哀思录》收录了孙中山先生的遗像、遗嘱、遗墨、自传、由粤往津纪事、病状经过、医生报告、治丧报告等，祭文、挽词、挽联等编入“治丧报告”部分。另外还有汪伯奇编的《汪汉溪先生哀挽录》，② 分序言、遗像、像赞、传、诔辞、哀词、祭文、纪念文、挽词、挽联、幛额、奠、祭、遗著等。

孙中山为民国始创者，其社会地位及影响力不言自明。汪汉溪先生系《国闻报》主持者，亦属一时闻人，颇受世人关注。其他公开出版的有影响的哀挽录并不多见。沈家本先生为清末法律大家，又是“媒介东西方几大法系成为眷属的一个冰人”（杨鸿烈语）在精研律学、修订新律以及勷赞共和等方面，居功至伟。1913 年 6 月 9 日，沈家本先生溘然长逝，7 月 13 日，北京法学界发起召开追悼会，约 200 人聚集于湖广会馆，悼念追思沈家本先生。追悼会由江庸主持，司法总长许世英、大理院院长章宗祥讲话。③ 会后沈氏家人、友朋或僚属编辑成《志哀》，汇集了拜灵及追悼会上衙署、同僚、门生及亲友的祭文、诔辞、挽词和挽联，少部分为沈家本灵前祭文。京师法律学堂全体学员所致挽联“律学溯真源即观法典成编伟绩直追萧相国，灵光推鲁殿际此盖棺定论清名应迈薛长安”中，曾用到“盖棺定论”一词，集众家评说的《志哀》，可视为对沈家本先生一生人品、事业的总体评价，或谓对沈家本先生“盖棺定论”。

---

① 沈云龙主编：《近代中国史料丛刊》（第 57 辑），台北，文海出版社有限公司 1998 年版。

② 沈云龙主编：《近代中国史料丛刊续编》（第 17 辑），台北，文海出版社有限公司 1992 年版。

③ 参见李贵连：《沈家本评传》，南京大学出版社 2005 年版，第 189 页。

基于《志哀》，本章拟对沈家本一生学品风范作缩影粗略勾勒。行文时，对哀挽词类型未做特别精细划分，多以祭文（诔辞）、挽词（联）概论，希请读者明鉴。

二、《志哀》基本结构

《志哀》正篇不分章节，按编辑内容顺序，依次为封面、扉页、扉二、临时大总统令、祭文（诔辞）及挽词、挽联等部分。

（一）封面及扉页

《志哀》一页两面，石印成册，装订印刷，48 双页、96 单页面，每页骑缝有“廊房三条丽华石印”坊标，无版权页，故无印刷时间、印刷册数及定价，盖为沈氏家人或亲友筹印，分赠相关人士保存，市面很少流行。据笔者向沈厚铎先生请教得知：中国社会科学院法学所藏有原书一册，是 20 世纪 60 年代沈家捐献出来的，他自己只有复印件，北京金井胡同 1 号“沈家本先生故居”展示的可让参观者触摸点击翻阅的《志哀》电子版，即据沈厚铎先生提供的复印件制作而成。笔者援用的《志哀》，即在参观沈家本故居时逐屏逐帧翻拍而来的。

封面题“志哀”，扉页为沈家本先生遗像。

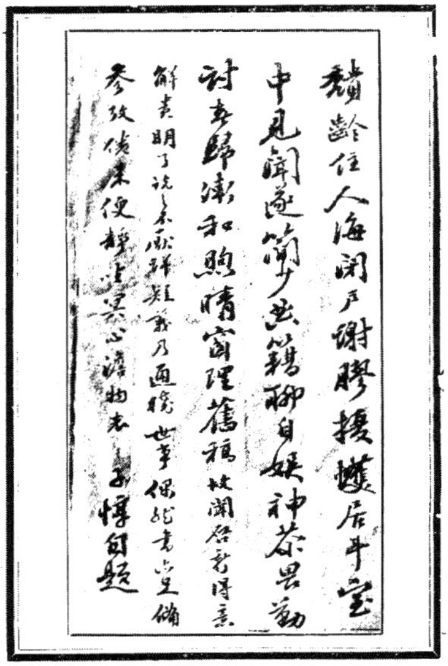

颓龄住人海，闭户谢胶扰。蠖居斗室中，见闻遂简少。
典籍聊自娱，神茶畏勤讨。春归渐和煦，晴窗理旧稿。
故闻启新得，意解贵明了。说之不厌详，疑意乃通晓。
世事偶然书，亦足备参考。倦来便静坐，冥心澹物表。

该诗未注明时间，据沈厚铎先生介绍，此诗为沈家本《癸丑（1913）日记自题》但《沈家本全集日记》部分，未收录《癸丑日记》。李贵连先生《沈家本评传》[①] 扉页二，收录了该自题诗的影印件。该诗首次正式印刷件，则出现于《玉骨冰心冷不摧——沈家本诗集》中。[②]

（二）临时大总统令

前法部正首领沈家本研精法律，夙擅专长，自政体改革以来，赞助共和，勤劳尤着，兹闻患病身故，凡我国民，同深惋惜，应由国务院核议给恤，以彰崇报。

此令

（铨叙局）：

为呈请事本月十三日奉大总统令："前法部正首领沈家本研精法律，夙擅专长，自政体改革以来，赞助共和，勤劳尤着。兹闻患病身故，凡我国民，同深惋惜，应由国务院核议给恤，以彰崇报，此令"等因，由国务院抄交到局。

提出六项请求：

第一，查文官恩给及抚恤法，现今尚未规定，该前法部正首领沈家本研究法律，夙擅专长，赞助共和，勤劳懋着，自应从优给恤，藉昭崇德报功之典；

第二，拟请由大总统遣员致祭；

第三，其灵柩回籍时，饬沿途地方官妥为照料；

第四，并饬其家属将该前首领生平详细事实呈报国务院，交

① 李贵连：《沈家本评传》，南京大学出版社 2005 年版。
② 沈厚铎主编、吴坚敏副主编：《玉骨冰心冷不摧——沈家本诗集》，浙江文艺出版社 2020 年版。

国史馆为之立传；

第五，吾国法学久湮，以吏为师，沟通新旧、贯彻中外，以转移风气而立法治国之基础者，实自该前正首领始。拟请由局撰拟碑文，呈由大总统核定，在司法部衙门为之建立碑碣，用垂纪念；

第六，至应否发给治丧营葬经费，或暂照陆军抚恤章程给予遗族恤金之处，出自大总统钧裁。

所有核议前法部正首领沈家本给恤缘由是否有当，付讫批示遵行。

谨呈。

批：据呈已悉，应如所拟办理，并加给治丧营葬费二千元，以昭优异。

此批

大总统令及铨叙局的批示，涵盖了对沈家本先生抚恤方法及标准、大总统派人致祭、国史馆立传、司法部衙门为之建立碑碣、灵柩归葬故里经费及其他事项等，体现了沈家本作为法界领袖所享受到的高等级哀荣。

（三）祭文、诔辞

祭文（诔辞）部分，分别有：临时大总统袁世凯遣派卫侍武官萧星垣所致祭文、（许）世英等祭文、王正廷等祭文、大理院长章宗祥暨全院同人等诔辞、学生俞致霈祭文、法学会全体会员诔辞，共计 7 篇。其中袁世凯、王正廷的祭文标明时间是 6 月应该是亲致沈家本旧居灵堂。其余 5 篇祭文，则是在 7 月 13 日，为追悼会当日致祭。

署名中，含“等”字或官署名称的，为组织或群体所祭祀，不含“等”的，则属于个人所祭祀。署名“世英等祭”与“许世英等祭”“王正廷等”“章宗祥暨大理院全院同人”“法学会”的，均为许世英领衔的司法部、章宗祥领衔的大理院、王正廷领衔的工商部（王 1913 年 4 月任北京政府工商部次长，5 月署理工商总长，7 月离职）及法学会组织行为。俞致霈仅以“学生”身份致祭，属个人行为。

至于“世英等”与“许世英等”，均为许世英一人领衔，都是 7 月

13 日致祭的，据笔者推测，因为追悼会现场许世英以司法总长身份代表司法部发表讲话，其中一篇祭文疑为现场宣读的诔辞，另一篇则为司法部祭文。因为司法总长居法部之魁，对于逝者生平经历和在法界业绩要有总体评价，具有悼词性质，故署名“世英”的祭文，偏重于生平业绩介绍，符合此等要求。

署名“许世英等”的，主要记述沈家本在清末民初法律转型中的作为，更偏向于司法部内部同人的集体致意。

7 篇祭文中，俞致霈的最长，700 余字，王正廷等的最短，不到 200 字，许世英等的两篇字数几乎等同，接近 400 字。

（四）挽词、挽联

挽词、挽联，多为参加追悼会来宾现场所题，也有提前题写，请人代送的。挽词挽联有题于组织者事先准备的《志哀》册上，也有书于追悼现场悬挂的幛额上，抑或题写于花圈花篮的挽带上，事后专人整理誊抄，编辑成《志哀录》或《哀挽录》传世。沈家本先生的《志哀》录上的挽词挽联当源于此。

挽词、挽联相似，细微区别就是挽词创作灵活，篇幅或短或长；挽联相对精练，比较讲究对仗工整。加上多为现场悬挂，供凭吊者公开默诵欣赏；这也是奇文争妍的绝佳场合，故题写要求更高。

《志哀》所录全部挽词、挽联 97 条，只有题名“门人周绍基”“年愚姪汪述祖”“门下士王祖纬、刘瑞琛”三则为五言或七言诗外，其余均以挽联的款式题写。其中最为后世耳熟能详的当属临时大总统袁世凯挽联：“法学匡时为国重，高名垂后以书传。”该联亦用作湖州沈家本先生之墓的石刻碑联。《志哀》所录署名，有单独落款者，有数人落款者，还有数十人集体落款者。

挽词、挽联占了《志哀》的大部分篇幅。据统计，在挽词挽联上署名者合计 232 人，单署者 168 人，二人合署者 26 人，三人以上合署者 129 人。也有既致祭文又送挽联的，如学生俞致霈等。

衙署落款者一个：步军统领衙门。

标明职务头衔的一人。

无任何前缀身份、单署姓名者 20 人；2 人合署者 3 对 6 人。

其余为有前缀身份者，分为：同僚旧属、受业门生、法校学生、同乡友朋、晚辈亲戚等。

三、《志哀》折射出沈家本的人际关系层级

题敬挽联者，均实名落款，且多标明自己的身份，故从落款中庶几可以了解逝者身前“朋友圈”的层次品级。

步军统领衙门的挽联，是唯一一副署名衙署的挽联。清代京师的卫戍、警备和治安保卫机构叫“提督九门步军巡捕五营统领衙门”，通称“步军统领衙门”。长官简称“步军统领”，俗称“九门提督”，创设于清初，后经历了数次变迁，承担维护京城治安的任务，兼有军、警之职，清末变革，军、警分离，步军统领衙门专司军职。辛亥革命后，北洋政权将其更名为“京师步军统领衙门”，辖左右翼总兵，区别于巡警，但可以凭警备身份协管京城社会治安，牵制警察办案，成为民国初期特殊的一处官署，1924 年 10 月 5 日被正式裁撤。这也可看作警备界对沈家本先生的崇敬表达。有职衔前缀的挽联，仅“大总统袁世凯”一副，凸显大总统（实为“临时大总统”）的最尊崇地位。

单署姓名者，通常与逝者的身份、级别平齐或相似，有的甚至位尊于逝者。如《志哀》单独署名者中的伍廷芳，与沈家本同为清末修律大臣，胡惟德乃与袁世凯、沈家本同在清帝退位诏书上附署的外务大臣；胡惟德、周自齐北洋时期，曾为政府“准元首”；伍廷芳、周自齐、王正廷、许世英、胡惟德等，均为民初内阁大臣。合署而无前缀身份者，也多为各界名流，如陆宗舆（民初为参议院议员及宪法起草委员）、陈其美（曾为沪军都督）。另外，陈迈、褚辅成、何基鸿、张孝移、吴昆吾等，也均为一时名流。

姓名前加前身份的，除袁世凯的“大总统”外，其余均以谦抑逊卑自名。主要有如下几类：

1. 同僚旧属。前缀“旧属”身份的，有二人，张璧田、董康，为沈家本职掌刑部或主持清末修订法律馆时的部属。

2. 受业门生。受业门生的范围较广，都是直接或间接得到过沈家本先生的学业或事业指导、奖掖的人，所用自称有“门人”“门下士”“后学”“受业”“乡后学”“门下问业生”等，有 80 余人。其中著名的有许受衡、江庸、潘恩培等。

3. 法校学生。前缀为“学生”或“学员”的，多为在法律学堂接受过沈家本教育或授课者，单署名者4人，2人合署者1组，4人合署者2组，5人合署者1组，7人合署者1组，“京师法律学堂全体学员”16人合署者1组。

4. 同乡友朋。同乡友朋，多前缀“乡晚”“愚晚”“世晚”谦称，计15人，其中2人合署1组，前署“无锡”地名的1人。

5. 晚辈亲属。亲属致祭的挽联最多，计95副，单署、合署者有百位略余。亲属关系相对复杂，所用前缀亦纷繁多变，诸如：年愚姪、姨甥壻、年姪、表姪壻、姻愚姪、世愚姪、姻姪、世姪、愚弟、姻再晚、愚表弟、表弟、宗愚弟、世愚弟、姻世愚弟、姻世愚姪、姻愚弟、年愚弟、年再姪、乡愚姪、表姪、宗姻世再姪、子壻、姪孙壻、再世姪、姻年再姪、世弟、世再姪、姪壻、外甥、姻年愚弟等。

亲属中，比较著名的人物如自称“年再姪”的章宗祥、“愚姪”的曹汝霖、“年愚姪”的胡嗣瑗、“世再愚姪”的许世英及汪守珍、“子壻”的汪大燮、“愚姪”的尚秉和等。

四、沈家本学深品正风范的缩影

通读《志哀》所录祭文、挽词，可见志哀者对沈家本先生学品的评价涉及他的学识、思想、眼界、著述、品行等诸多方面，现概括如下，聊作对其学深品正风范缩影的素描。

第一，学究古今历史，精研法律典籍。第二，吸收西方思想，主创近代法律。第三，协调清帝退位，勷赞共和建立。第四，毕生笔耕不辍，著述嘉惠后人。第五，致力法律教育，培养新式人才。第六，国事家事兼顾，生活幸福和满。

行文至此，再录精彩祭文、挽词数则，以与读者共赏。

1. 祭文

世英等祭文

维中华民国二年七月十三日世英等，谨以清酌之奠，致祭于沈先生子惇之灵，曰：

呜呼，笃生先生，志度渊英，飞辩摛藻，络绎纵横；旧文新艺，亦既有行，德之所届，宪流后昆。追惟先生，爰自髫龀，克岐克嶷，发彩流润，游目典坟，金声夙振。才通汉魏，文蕤班扬，钩深探赜，体微知章；昭哉仁孝，轩曜怀光，越登司官，刑辟端详；一麾出守，视民如伤，膺兹显秩，搢绅洋洋，居因业胜，规矩圆方。虚握灵珠，法流是杷，手不释文，丝纶允缉；纸落如云，无疑不质，国之宪章，献替尽职，悬法无闻，望古遥集。龙战未分，允迪大猷，人和天静，甄殷陶周；如彼竹柏，清节为秋，杜门不出，洞灵通幽；洽闻强记，博览旁搜，恭承嘉惠，玄化滂流。奕奕先生，学优则仕，仕优则学，是敦诗书，是悦礼乐；川渎含晖，挠之不浊，蔼蔼卿云，峨峨崇岳。听参皋吕，志绍孔姬，纵心儒术，庶狱兼资；善诱善导，复存于兹，成才千计，百僚攸师，昔闻大德，耄耋为期，瞻仰昊天，胡不慭遗，寝疾弥留，尚慎尔仪。心凄目泫，梁崩哲萎，命不可赎，来者曷追，神飨一觞，或慰涟洏。呜呼哀哉！

吴兴沈公子惇先生诔辞

民国建邦甫二载，吴兴沈子惇先生考终京师，既卒之三十有五日，都人士以泰山之颓、梁木之坏，莫由纾其景慕之忱也，墠地于湖广馆，为位而哭；在蜀汉武乡侯之薨，父老子弟知与不知，靡不流涕。先生之饷遗迪导于来兹者，既远且久，岂宗祥等所敢私其仰跂哉！院中诸君子以先生为海内宗仰，其所以肸蠁感洽畀人，人不克一日去诸怀者，固如水在地中，无所不际。而先生亦尝长大理，所创庸贻垂独为吾辈所诵法终身者，亦弗克一二数安可不循沿习之常，以致钦向之私乎？谨檃栝其旨而致辞曰：

春秋断狱，取义群经，天常地则，轨物斯民。暴秦师吏，嬴政焚书，绌儒信法，流径遂区。伟哉先生，铸两为一，伏胜抱经，萧何造律。先生之书，其种数十，易箦遗言，不忘著述。先生之文，其数万千，放弥六合，溥博渊泉。天胡不吊，丧我宗师，群生黟黮，昏垫奚之。功德在民，万方一概宁独吾辈，敢私藏爱。庶羞清酒，晋奠云播，告此哀衷，殿以一言。国人之痛，痛丧贤喆，吾人之惧，惧失圭臬。继承遗绪，畅宣微旨，就为之先，责在后死。

大理院长章宗祥暨全院同人等谨诔

沈子惇先生哀诔

民国二年六月九日吴兴沈子惇先生考终京师，先生精研法学，沟通中外，著述之富，耄期不倦，培植后进，成就尤多，觥觥巨行，举世所仰，固已无待扬推。庚戌之冬，本会甫议草创，先生即蠲金督促，本年杂志赓续发行，重赐弁言，其所以维持之者至矣，胡图龙蛇绝笔，哲人萎落，一瞑弗视，神归于穆。哀哉，同人不文，谨摅哀诔，其词曰：

茫茫宇宙，世运推移，欧风东渐，畴导先机。惟公宏达，审其精微，修订法典，熔铸东西。法以蕲治，策以驭时，万目睽睽，争相诃讥。公曰斯学，今甫树基，爰辟校舍，广取师资。灌输新理，渐息群疑，不为古囿，不畏俗嗤。巍然一老，后进之师，法家泰斗，非公而谁。范蠡铸金，平原绣丝，公神已往，公泽弗衰。谨杼豪素，以诏来兹。

法学会全体会员谨诔

2. 挽词

河岳英灵气，乾坤老病身，一纵辞组绶，便欲闭经纶，翰墨精神在，沧桑涕泪新，不堪吟薤露，白日黯车尘。久待休文坐，亲承肺腑言，救时儒术贵，治世法家尊。学岂分今古，人宜有本原，回思旧时事，凄怆动心魂。自具千秋想，由来万事空，门庭仍旧馆，松柏已新宫。异代源流合，殊方慨叹同，所嗟邦国瘁，吾道早知穷。驽马无羁勒，频劳顾盼深，惭非千里足，重负百年心。曳枝歌如昨，焦琴响易沉，孤根又安托，激楚自沾襟。

门人周绍基

秋官扬廿廿年余，律例精修及鲁鱼，独在城南筑庐舍，公余门外罕车舆。缓刑共重温舒议，却聘还闻谢子书，岂是欲归归未得，神灵长傍九华居。联翩雨代附通家，季父同看上苑花，何幸吾儿蒙教育，许居优等重袖嘉。儒林耆旧如公少（癸未年丈述所知者在旗在籍尚有寿子年尚书、朱古微侍郎、丁伯厚夫子、宁瑄香观察四年丈），世谊殷拳不我遐，惆怅云山迢递隔，未能哭奠到京华。

年愚姪汪述祖

晚年独以法家名，著作琳琅万卷盈；秋署桁杨根铲断，春风桃李荫争荣。望高山斗留芳躅，律酌中西集大成；同学齐来追悼会，凄凉薤露哭先生。

门下士：王祖纬、刘瑞琛

3. 挽联

法学匡时为国重，高名垂后以书传。

大总统袁世凯

集政事文学之长，硕德耆儒允推泰斗，况更钧稽名法陶铸生徒，十载久论交治律饫闻今古义；际革故鼎新之会，整纲饬纪端赖贤良，方期阐发民权修明国宪，一朝惊溘逝怆怀顿失老成人。

伍廷芳

律学溯真源即观法典成编伟绩直追萧相国，灵光推鲁殿际此盖棺定论清名应迈薛长安。

京师法律学堂全体学员

法学半门墙，忆昔泽溥春风，一派支流分蜀国；殊恩脱囹圄，忽听语传薤露，两行清泪哭先生。

受业孙镜清

学贯古今道宗孔孟，律精新旧名震中西。

受业陈鄂

铲除唐宋明清历代旧科条，著书千万言应首占法制革命史第一席；

精择卢孟伯落诸贤新学说，草律十余种洵无愧中华共和国大伟人。

门下士：曹埅、张明哲、刘瑞琛、苏兆祥、石秉铸

合古今中外法学家精粹，草律数万言保障民权功不在禹下；

以道德文章隐君子风仪，服官四十载苍茫人海我独为公悲。

世再愚侄许世英、汪守珍

当代经师兼法律名家学澈中西世并重，旧时僚佐读民刑草案感深今昔我尤悲。

愚侄曹汝霖

处立宪共和递嬗时期，望隆南北，为鲁国灵光畴范演明夷，

终古应传皇极义；

兼大陆英美双方派别，学贯东西，存汉廷律意皋苏同种德，只今长衍法家庆。

姻年愚弟朱福诜

是千秋史乘有数完人，何图天不慭遗凄绝噩音来海国；

忆念载恩私真同罔极，此后吾将安仰悲吟楚些泣端阳。

子壻汪大燮率子外孙维梁

保障人权孟德斯鸠同硕望，修明法律皋陶庭坚持正宗。

再世姪凌汝霖

大师已逝，风范犹存。沈家本先生的道德文章，堪为后世典范；其等身著述，值得仔细研读，用心领悟；其嘉言佳行，吾辈当默记于心，践行于体为国族法治目标的早日实现作出应有贡献。

20世纪前50年，中国法学界、外交界风云变幻，王宠惠先生以其深厚的法学功底、精湛的语言能力、娴熟的外交谋略和博学儒雅的个人涵养，一枝独秀，享誉海内外。近代中国法界历史上的不少个“第一”，都是由王宠惠创造的：第一个大学法学本科文凭的获得者；中华民国南京临时政府第一任外交总长；北京政府第一任司法总长；中国第一任驻海牙常设国际法庭正式法官；世界上第一部德国民法典的英文版翻译者；南京国民政府第一任司法部部长、司法院院长；中华民国第一部刑法典的主持制定者；中国第一批两名被海牙国际法院评选出国际50位著名法学家之一；南京国民政府第一届中央研究院法学科院士……以上显赫声名，足见王宠惠在近代中国法坛乃至世界法坛地位之高，是当之无愧的近代中国法律的“第一人”。

第七章　享誉近代中外法坛的法律人——王宠惠

王宠惠的法学研究是名副其实的学贯中西。青年时期，新式学堂的法律教育、东西各国的留学经历，奠定了他日后成为法学领域巨擘的基础。由于深厚的国文功底，加之精通英语、德语、法语等多门外文，熟知世界法律、法学发展大势，故在研究中，能融会东西法系，研究视野开阔，领域涉及宪法、刑法、民法、国际法、比较法、法律翻译、法学理论等，在近代中国法学界独树一帜，不仅堪称“开风气”者，也是推进近代法学发展的实践者。王宠惠是近代中国继沈家本之后，对中国法制近代化影响最大的人，清末以降，几乎每次重要法典的制定或修改，司法上的重大改革，都离不开王宠惠的亲自主持、参与或指导。在国际法坛上，王宠惠也凭其精湛的学术造诣和声望，赢得世人尊重。凭借对国际法的稔熟，王宠惠在近代中国外交舞台上，展示了娴熟的外交能力和技巧，为有效地维护国家主权作出了应有的贡献。在近世中国法界，像王宠惠这样，学、仕兼擅、国内国际声望俱崇者，尚无人能出其右。

王宠惠主要法学著述有《中华民国宪法刍议》《国际法庭》《五权宪法》及若干演讲，多收入《困学斋文存》（王宠惠著，谢瀛洲编，台北，中华丛书委员会 1957 年版），《王宠惠遗作》（台北，云天出版社 1970 年版）；《王宠惠先生文集》（中国国民党“党史委员会”编，1981 年版）。英文著述：博士学位论文《住所：一个比较法方面的研究》（*Domicil: A Study in Comparative Law*，Yale University，1905，Sanluise University 藏）；《德国民法典》德文英译本。另有《中国之命运》英译本，由中国第二历史档案馆藏有王宠惠档案保存。

一、简要经历

王宠惠，字亮畴，广东东莞官涌乡人，1881 年出生。兄弟中排行第四。祖父元琛时，率全家迁居香港，并作永久居住之计划。父亲王煜初，基督教传教士，担任布道工作。王宠惠童年在圣保罗学校学习英文，课余师从周松石在家补习汉文，后转入香港皇仁书院读书肄业。1895 年 10 月 2 日，我国第一所大学诞生于天津，这就是今天的天津大学，它的前身叫北洋大学。创始人为盛宣怀，初创名为“天津北洋西学学堂”，分为头等学堂和二等学堂，即大学本科和预科，学制各为四年，为后来全国高等学校的建立树立了规范和模式。王宠惠 1895 年由香港招考入北洋大学头等学堂，并于 1900 年元月（光绪二十六年正月），获得了“钦字第一号”大学毕业文凭。从此，我国有了第一批自己培养的大学法学本科毕业生。

1901 年，秦立山等在日本创办《国民报》月刊，邀请王宠惠担任英文部编辑，王宠惠应邀东渡日本。在日本会见孙中山及其他同道。当时日本媒体报道清廷欲割广东给法国的消息，王宠惠等发起组织“广东独立协会”，鼓吹民族大义，抨击清廷腐败，提倡民族主义。谈及广州起义，王宠惠慨叹道：“悲者悲壮士之牺牲，喜者喜革命事业之发动也。”在日期间，他继续研究法律。

1902 年，获南洋大臣资助赴美留学，先入加利福尼亚州立大学，继而转入耶鲁大学学习法律。1903 年，获耶鲁大学法学硕士学位（L. L. M.），并担任美国律师公会学报编辑。王宠惠领受法学硕士学位时，在毕业典礼上的讲话曾引起轰动。1904 年，与孙中山相晤于纽约。王宠惠帮助孙中山撰写并润色英文宣言稿"告欧美人宣言书"——《革命潮》（封面中文名称），又称《中国问题之真解决》（*The True Solution of Chinese Question*）。此乃孙中山第一次对外宣言，揭露清廷腐败情形，劝告外国人不要助纣为虐，阐明革命的意义。1905 年，获美国耶鲁大学民法学博士学位（D. C. L.）。1906 年，赴欧，在英、法、德诸国精研法律及国际公法。在英国，研究国际法学，取得英国律师资格。在德国，主攻民法，当选为柏林比较法学会会员。1907 年，翻译的《德国民法典》英译本出版，此为英语世界第一部德国民法典翻译本，为英美各大学通行采用的标准读本，获得广泛好评。1912 年，任中华民国南京临时政府第一任外交总长，获开国纪念章。北京政府时期，王宠惠成为北京政府首任司法总长。1913 年，发表《宪法平议》一文及《中华民国宪法刍议》，后篇为系统讨论中华民国宪法的第一篇专著。1916 年，广东国民政府军务院成立，被任命为外交副使，从事讨袁运动。1917 年，袁死后，黎元洪继任大总统，王宠惠赴北京，担任法律编查会会长(民国初年，修订法律馆改为法律编查会，司法总长章宗祥曾兼会长，聘请董康、汪有龄为副会长。张镕西执掌司法部时，改为独立机关，会长及副会长均为聘任)。1920 年，出任北京政府大理院院长，兼北京法官刑法委员会会长，法理讨论会会长。1921 年，被选为国际联合会盟约修订人之一（全球只有 10 人荣膺此席位），6 月，任我国出席国联首席代表，以全权代表身份出席华盛顿太平洋会议，专门分工负责收回外国租界、废除领事裁判权问题，会上临时提出废除日本《二十一条》。会上，委员会还决定将王宠惠有关中国对二十一条的声明列入备忘录，英日同盟及《蓝辛石井协定》也告取消。但对于收回治外法权之请求，列强未予决议，只答应会后成立调查法权委员会来华调查，而后再作决定。1926 年 1 月，由 13 个相关国家组成的调查法权委员会方组织成行。12 月，梁士诒组阁，王宠惠再度出任司法总长。

1922 年，颜惠庆组阁，王宠惠蝉联司法总长，兼代国务总理，临时组阁。5 月 13 日，与诸多学界名流联名发表《我们的政治主张》，发表于胡适主编的《努力》周报上，希望成立一个名副其实的宪制政府，决心以“好人政府”为目标，作为改革中国政治的最低限度的要求，同心协力，拿这个共同目标，向中国的恶势力开战，时人称之为“好人内阁”或“好人政府”。王宠惠内阁组成不久，国会与内阁之间就发生摩擦，国会与财政部之间亦有摩擦。王宠惠内阁不得不提出辞职，后被推选为出席荷兰海牙国际法庭会议代表，发表《太平洋会议之经过》，膺选为国际永久法庭候补法官（Deputy Judge）。1923 年，赴海牙，就任国际永久法庭候补法官。1921 年至 1923 年，为东吴大学兼职教授。[①] 1924 年，被东吴大学法学院授予博士学位。1925 年，当选为“国际联合会国际法革新编纂委员会”（A Member of the League Committee for the Progressive of International Law）委员之一；任关税特别会议中国代表，调查法权委员会名誉主席，修订法律馆总裁。

1926 年，当选为国民党中央监察委员。12 月 5 日，代表中国政府在北京《法权会议报告书》第四篇上签字。1918 年以后，王宠惠任职于北京政府，周旋于军阀之间，外界非议颇多。辩护者则说，王所以北上，乃受孙中山指派，因为当时革命势力仍不巩固，王在北方，不仅为南方革命势力通风报信，还可以掩护革命同志，方便开展工作。北伐成功后，该任务遂告完成，因即南下。南京国民政府成立，任第一任司法部长。在《刑法第二次修正案》基础上，编成《刑法草案》，提经国民政府、最高法院、法制局等相关部门审议。

1928 年，第二次北伐结束，全国统一。王宠惠与胡汉民、孙科、伍朝枢等在巴黎，认为全国既然统一，当务之急是依据孙中山的遗教，实行训政，建立五权政制，联名致信国民党中央，提出训政大纲提案，建议实行训政。提案为国民党中央接受，应邀回国，王与胡汉

① 参见石超用：《哭亮畴先生》，载《王故院长亮畴先生纪念集》，司法院王故院长亮畴先生治丧会编印 1958 年版，第 173 页。

民、戴季陶草拟《国民政府组织法》，提经国民党中央政治会议议决公布施行，五权政制自此开始。任南京国民政府首任司法院院长，积极为收回上海治外法权和废除列强在华领事裁判权而努力，饬令司法行政部转令上海临时法院，从 1930 年 1 月 1 日起，上海临时法院由江苏省高等法院所属改归司法院直辖，实行改组，使之成为完全的中国法院，经华洋多次交涉，达成协定 10 条，附件 8 项。改组完成后，发表《改组上海法院之感想》，陈述新协定内容：取消会审、观审旧制；中外民刑案件都由中国法官独立审判，不受干涉；书记官长及司法员警都由中国委派；刑事监狱充分适用中国监狱法，民事拘留所女监完全交还中国；由中国设立一个高等法院分院为上海法院的上诉机关，一切符合中国三审制度；民事、刑事诉讼的审判完全适用中国的民事、刑事诉讼法。这次虽没完全撤销列强在华领事裁判权，但此举为收回治外法权之最先的直接行动。王宠惠以《刑法草案》为蓝本的《中华民国刑法》颁布施行，这是近代以来中国第一部最为完备的刑法典。对中华民国民法典的制定，王也提供了诸多建议。

1929 年，被选为国民党中央监察委员会委员。1 月 29 日，立法院第十次会议，组织民法起草委员会，傅秉常委员为召集人，聘请王宠惠、考试院院长戴季陶、法国人宝道（Paodoux）为顾问。9 月 24 日，新民法总则草案公布，经国民党中央政治会议决议，交由王宠惠、胡汉民及戴传贤 3 人审查。民法的立法原则采纳王宠惠主张颇多，如民商合一、男女平等、注重社会利益等。1930 年，被国际联合会选为海牙国际法庭正式法官，任期为 1931 年至 1936 年。主审过“北欧各国之海事争议事件”及“温布勒顿（Wimbledon）轮船案”等著名案件。1931 年，国民政府召开国民会议，制定训政时期约法。王宠惠被推为 12 位起草委员之一，并与邵元冲、邵力子 2 人共同负责起草初稿。因为王精通法律，所以事实上由王起草。经一再修改，提经国民会议通过颁行。该约法与宪法有别，内容简略，但除规定五权政制外，也确立了人民有选举、罢免、创制、复决四项政权，确定了权能区分的政治制度。这一约法，实为五权宪法的雏形。4 月，再赴海牙，正式担任国际法庭法官。被国民党中央五中全会选为国府委员，兼司法院院长，推为《中华民国训政时期约法》起草委员会委员，起草约法。王未回国就任。该约法4月起草完毕，5月12日国民会议通过了《中华民国训政时期约法》，6月1日公布实施，至1947年“行宪”之日止。

1935年，任国民党第五届中央监察委员会委员，赴欧返海牙国际法庭任所。2月，途经日本东京，受蒋介石所托，两次会晤日本外相广田弘毅，以私人身份转达中国政府善邻意图，提出中日两国应从速解决东北四省问题，表明中国政府与人民希望日本实行两大原则：中日两国完全立于平等地位，互相尊重对方在国际间是完全独立的，日本应首先取消对华一切不平等条约，特别是在华领事裁判权；中日两国应互相维持真正友谊，一切非正常行为，如破坏统一、治安及妨害人民卫生等，都不得施之于对方。他希望中日外交方式应归入正轨，绝不用外交和平以外的压迫和暴力。在东京还分别会晤了日本外相、陆相、海相、前陆相、外务次官、前任驻美大使等。1936年，辞去海牙国际法庭法官一职回国，继任外交部部长，兼理行政院院务。1941年4月，任国防最高委员会秘书长。1942年2月，蒋介石访问印度，王宠惠随同，充任高级顾问。

1943年，随同蒋介石夫妇出席埃及开罗会议，会晤罗斯福、丘吉尔，负责会谈中的政治事宜，坚持将“满洲、台湾、澎湖当然归还中国”、朝鲜自由独立等写进宣言；坚持西藏为中国领土的一部分，西藏问题属于中国的内政，要求英国改变以往的错误观点。1945年，与首席代表宋子文，顾问施肇基，代表顾维钧、魏道明、董必武等，出席旧金山联合国大会，签署联合国宪章，顾维钧代表中方签字，联合国成立，取代先前的国际联盟。1946年11月15日，在国民党把持下，国民大会召开，王为宪草第三审查委员会的召集人，负责审议总统、行政及立法三章。经过45天的讨论，《中华民国宪法》得以通过。1948年，当选为第一届中央研究院院士。1949年，在香港治病。1950年，避居台北。1956年，再度当选“司法院”院长。1958年3月15日，因心脑血管阻塞及其他诸多疾病，在台北台湾大学附属医院去世，时在“司法院院长”任上，享年77岁。①

二、精深的法学造诣

1. 深厚的民法学功力

从近代“留学生之父”容闳策划早期中国留美幼童活动开始，近代中国就与美国耶鲁大学结下了不解之缘，而在耶鲁大学获得第一个法学博士学位的中国人则为王宠惠先生。《住所：一个比较法方面的研究》，是王宠惠1905年在美国耶鲁大学法学院攻读民法学博士所写的博士学位论文。在这篇论文中，作者主要运用比较的方法，以罗马法和当时各国法律（主要是德国、法国、英国和美国）关于住所的规定为比较对象，对各国的住所法律制度进行比较研究，从而发现彼此在住所法律制度上的异同，并在此基础上进一步揭示从该论文的研究中可能得出的结论和主要原则。

首先，作者从住所的定义入手列举了罗马、英国、美国、法国、德国、意大利和西班牙各国法典和学者关于住所的定义，并一一进行了评述，指出各种观点从不同的角度给出住所的定义，有不少可取之处，但同时各观点或是将住所与住所所在地混淆，或是仅对住所的种类进行机械罗列，或只是对住所进行描述，都未能真正揭示住所的本质。作者认为真正的定义不应该是对被定义对象的描述，不需要包括任何附属性和不重要的东西，而应是用一种尽可能清楚简洁的方式，揭示出被定义对象的本质，以便使其同相近的概念区别开来。所以对住所的定义也不应该包括任何仅涉及住所的建立、持续及其影响的因素以及任何证明住所存在于哪里的因素，这些都是属于描述的范畴。作者认为，住所包括居住的事实和久住的意图两个因素，无意图的事

① 以上主要参见中国国民党党史委员会编：《王宠惠先生文集》，1981年版；余伟雄：《王宠惠与近代中国·蒋（永敬）序》，文史哲出版社1987年版；浦薛凤：《忆王宠惠博士及其英译〈德国民法典〉》，载《传记文学》第38卷第3期；吴相湘：《王宠惠是蜚声国际法学家》，载《传记文学》第44卷第1期；郑彦棻：《薛仙舟先生二三事——并记仙舟先生与王亮老》，载《传记文学》第31卷第4期；郑彦棻：《亮老对五权宪法理与实施之贡献——王亮畴先生百年诞辰纪念》，载《广东文献》第10卷第4期；蔡孟坚：《怀念王亮老》，载《中外杂志》第12卷第6期；顾维钧：《王宠惠组阁及其与国会的冲突——顾维钧回忆录选载之七》，载《传记文学》第45卷第6期；等等。

实和无事实的意图都不能产生住所，但是两者的瞬间并存就可以成立住所，所以住所就是这两者的法律结合。因此，最后作者给住所下的定义是：事实上居住在某个地方，并且当时没有永久性地或在一段不确定的时期内离开该地的意图。

其次，作者分析了住所的种类。作者认为在住所的分类问题上，不同的学者之所以会提出不同的分类主张，那是因为各学者分类的角度和依据的标准不同。所以不应该认为只有一种分类是最基本或至少是最科学的，而应该允许对住所进行不同的分类。作者指出住所从其建立角度可以分为原始住所、选择性住所和法定住所；从其所涉及的区域角度可以分为国际住所、准国际住所和城市住所；从其性质角度可以为民事住所和商事住所；从其功能角度可以分为政治住所、民事住所、司法住所和婚姻住所。

再次，作者比较了各国法律关于住所的消极冲突和积极冲突规定，并从理论和实践两个方面进行了分析。关于住所的消极冲突，即一个人没有住所的情况，罗马法和德国法确认一个人可以没有住所，而英国、美国和法国法律则规定一个人必定有一个住所，当他一出生即从父母处获得住所，无法确定一个人的住所时，推定其原住所为住所。作者认为从理论上分析，一个人是可能没有住所的，因为从住所的定义看，住所是居住事实和久住意图的法律结合，而当一个人在任何一个地方都没有久住的意图时，他就不会拥有住所。但从实践的角度来考虑，由于住所常被作为确定当事人权利义务所应适用的准据法的连结点，坚持一个人可以没有住所又是不合适的。正如法律总是强制性地赋予不具完全人格的未成年人以住所，法律也可以强制性地赋予没有住所的人以住所，况且后者比前者更需要住所以确定其法律上的权利和义务。关于住所的积极冲突，即一个人拥有多个住所的情况，罗马法和德国法允许一个人可以同时拥有多个住所，而英国、美国和法国法则严格限制一个人在同一时间内只能有一个住所。作者经过分析认为，从理论上讲一个人不能同时拥有多个住所，因为按照住所的定义，一个人以某一个地方为住所时，要有久住的意图，意即没有永久性地或在一段不确定的时期内离开该地的意图。而这样的意图显然是具有不可分割性和唯一性，这就决定了一个人不可能同时在多个地方具有这样的意图而同时拥有多个住所。从实践的角度来看，当一个人在多个地方有居所或从事事务时，应根据他在哪个地方有久住的意图来确定住所；如果他在任何地方都没有久住的意图，就以其原来的住所为住所。同时由于住所的确立主要是为了确定一个人的权利义务所应依据的法律，如果允许一个人同时拥有多个住所，这一目的将难以实现。所以，一个人不应该同时拥有多个住所。

复次，作者从实践层面考察了两类不具有完全人格的特殊人即已婚妇女和未成年人的住所问题。各国法律几乎都规定已婚妇女以其丈夫的住所为住所；婚生的未成年人以父亲的住所为住所，非婚生未成年人以其母亲的住所为住所。作者认为从实用性的角度考虑，由于夫妻人格的合并导致权利义务的合并，而住所又是用来确定权利义务的依据，加之夫妻利益一致和法律推定他们总是处于同居状态，故夫妻应拥有同一住所。至于未成年人不可能有自己独立地在某地久住的意图，不可能形成自己独立的住所，加之他们总是处在父亲的监护之下，受父亲的保护和照顾，故法律规定未成年人以父亲的住所为住所。而非婚生子女由于比较难确定父亲，故以母亲的住所为住所。

最后，在结论部分作者重申了自己通过该书的比较研究，在住所的定义、消极冲突和积极冲突以及两类不具完全人格的特殊人的住所等问题上得出的结论：第一，住所的定义应该是事实上居住在某个地方，并且当时没有永久性地或在一段不确定的时期内离开该地的意图。第二，按不同的标准可以将住所划分为不同的种类。第三，由于住所是对个人的权利和义务进行调整的确定标准，一个人在一个时期内最好有一个住所，但从理论上讲，一个人是可以没有住所的。第四，从逻辑上讲，一个人不能同时拥有多个住所，而且从实践上讲，这也是不应该的。第五，尽管各国法律关于住所的规定具有很大的差异性，但是在对于已婚妇女和未成年人的住所问题上的规定却非常一致。第六，这两类人之所以拥有住所，其所根据的理论并不是法律授予他们拥有独立的住所，而是他们分享了他们所依靠的人的住所：已婚妇女从她的丈夫处分享；婚生的未成年人从其的父亲处而非婚生的未成年人从其母亲处分享。①

该论文也为他日后在世界法坛的地位奠定了基础。

耶鲁大学获得博士学位后，王宠惠即游历欧洲，继续研究法学，并很快跻身国际一些著名法学研究团体。促使王宠惠在国际法坛最受尊崇、声望日隆的莫过于他的《德国民法典》的英译本。

该译本于1907年（清光绪三十三年）由英国伦敦著名的斯蒂芬斯出版书店出版。封面及扉页标记了本译本附有译者前言、正文翻译、注释、历史背景介绍及附录，译者王宠惠的身份是民法学博士、柏林国际比较法及宏观经济学学会会员、比较立法学会会员。其时王宠惠年仅27岁。出版之后，立即博得法界普遍赞誉，风行一时，进而成为英、美各大学法学院、系指定的学生必读参考课本。王宠惠在国际上的法学声誉及地位由此奠定。另有一位美国学者鲁韦博士（Dr. Walter Lowey）先于王宠惠2年，即开始翻译《德国民法典》，可其时鲁韦正在执业律师，由于他在波士顿律师事务所遭遇火灾，文稿大部分损毁，需要另行补充，直至1909年，方才由美国波士顿书店出版。所以鲁本翻译于前，问世于后，译名为《德意志帝国之民法典》（*The Civil Law of the German Empire*），区别于王译的《德国民法典》。各国法学杂志的书评则均认为王宠惠的译本更佳。王宠惠怀着对母校耶鲁法学院的感激之情，特在首页郑重标明："谨将本译著献给耶鲁大学法学院，以表崇敬之心。"（This work is by permission dedicated as a token of respect and esteem to the Law School of Yale University.）其英文表达也达到相当高的水平。"句斟字酌，意义明显，气韵平衡，流利自然。易词言之，每句每段，不特毫无洋人执笔之牵强痕迹，而且具有能文老手之高雅风格。"有学者这么评价。与鲁氏之译本比较，王宠惠之译本"文字更属简洁而更为正式，合于法律条款之体裁"。② 编者考虑到《德国民法典》现在已有不少中文翻译本，录用全部英译本的内容，一来篇幅过于庞大，二来国内读者需要了解《德国民法典》，可直接阅读中文

① 以上对《住所：一个比较法方面的研究》的介绍得到南京大学李慧秋硕士的协助。

② 参见浦薛凤：《忆王宠惠博士及其英译〈德国民法典〉》，载《王宠惠传记资料》（三），台北，天一出版社1985年版，第25～26页。

译本，故而本集只录用《德国民法典》英译本目录、译者前言、译者对民法典的历史性评说以及魏廉大帝颁布民法典的敕令。

王宠惠在翻译前言中对翻译动机和过程作了介绍：

> 新德意志民法典于1896年8月18日批准通过，1900年2月1日施行。已有4种法语翻译本、一种西班牙语翻译本、一种意大利语翻译本以及两种日语翻译本问世，可能还有其他语种翻译本。王宠惠希望不久能给中国读者提供中文翻译本。迄今为止尚无该民法典的英文翻译本，这项翻译工作自然没有引起英语国家的重视。①

然而，翻译出版《德国民法典》的英文翻译本的必要性毫无疑义。与《拿破仑法典》不同，《德国民法典》表述精细，结构科学，是德国最著名法官历时22年精心研究成果的结晶。故而，这部不朽的法典文献其地位在英语文化世界的地位即使不是最为崇高，也是相当崇高。

对英语世界的人们来说，这部民法典并不仅具有学术的上的价值。无论是英国还是美国，在与欧洲大陆的早期商业接触以及晚近大量德国移民的涌入中，都与德国发生紧密联系。在如今世界交融的时代，法律冲突案件层出不穷，对英国或美国法庭而言，处理涉及德国法律问题的情况屡见不鲜。王宠惠表明，他拟定翻译该法典，旨在为英语文化世界的法律人提供一部可信的参考材料，能否如愿，端赖行家评判。

翻译中，王宠惠已经竭其所能，忠于原作，甚至为了准确而不惜牺牲行文（生动）风格。法典中的概括性结论即使对德国人自己来说也需要阐释；不同部分之间相辅相成，可能的情况下，如果不参照其他章节，就难以完全理解某章节内容。因此，附加的必要注释和互相参考能引导读者恰当欣赏该法典，这种努力不会影响行文流畅。翻译过程中，与预期计划略有重要变化的是，为了使英语文化世界的法律

① 据王宠惠所知，迄至他翻译《德国民法典》之时，美国只有耶鲁大学法学院固定开设德国民法典课程。

人对德国民法的基本原则更为清晰，王宠惠认为，在德国民法典和英国法之间，突出其对应原则的异同点的处理是可取的。思考再三，最终还是放弃了这一努力，尽管花费了大量时间和精力。原因有：首先，对研究德国民法典感兴趣的英语国家法律人想必已有良好的英语法知识背景，他们可以很好地把母语法律与德国法律进行比较研究，比起那些德文、英文背景均欠缺的人来说，他们无疑优势明显。其次，由于建议英语民法法典化的理论的适时出现以及苏斯特博士（Dr. Schuster）的杰作《德国民法原则》的出版，为比较两种法律制度提供了便利。最后，由于为保持该译作的篇幅适中，王宠惠其时即有将《德国民法典》翻译成中文的宏愿，可惜其后他公务繁多，此愿一直未能实现。

在历史性评价中，王宠惠指出，《德国民法典》的制定颁布，是迄今为止全欧洲法律生活中的最重要的一件事。虽然几个世纪以前，优士丁尼理论就被引入罗马法，但在漫长的历史进程中，随着法学家的诠释阐发，罗马法得到充实和发展，其中包括习惯法的补充，这些习惯渊源于日耳曼民族的颇多。德意志联邦在成立之前，分6个地区，其历史递嬗、风俗习惯、成文法令均不相同。虽然后来接受罗马法影响，若干部分逐步接近，但歧义差距较多，所以民法有统一的必要，困难也显然存在。民法中对人们日常生活息息相关的法律组成部分如家庭法、土地法、婚姻法及继承法等，在封建制度转型过程中均受到数个世纪以来的日耳曼习惯法的主宰。它们集中体现在罗马法最为人关注的义务法之中。虽然这些法律分别由德文、法文、希腊文、拉丁文、丹麦文等不同的文字记录下来，且都随着各地的地方法或习惯法的变迁而变化，但它们都是德国制定民法典的法律背景，欲求其能适合新统一的德意志国家，方便切实可行，势必须要调和妥协；各项规定所用的词句又必须确切明了。王宠惠指出，《德国民法典》继承了欧陆许多习惯法的东西和法学家们的民法理念。在此基础上，对相关法律条文、民事行为、法律诠释等方面，进一步明确和规范，使《德国民法典》成为当时大陆法系中最为成熟的民事法典。当然，《德国民法典》的制定颁布并非一帆风顺，它是经过立法部门的多次讨论、表决的结果，对此，王宠惠一并予以介绍。

《德国民法典》分为总则、物权、债法、家庭法和继承法 5 篇，共 2385 条。近百年来，《德国民法典》虽经不断修订，但在形式上，2385 条的基数没有被突破。德国民法继承了罗马法和日耳曼法的优良传统，涵盖了民事生活的方方面面，加以精密的逻辑思维和高度的理论概括，自问世以来，一直为各国特别是成文法国家制定民法典时，首选的参照模本。1949 年以后，德国分裂为东、西两国，西德（德意志民主共和国）继续沿用《德国民法典》，东德（德意志民主共和国）则在 1975 年以后，另行制定民法典，原《德国民法典》弃而不用。两德统一后，《德国民法典》又开始在原东德地区适用。据统计，自颁布至 1998 年 6 月 29 日，《德国民法典》总计被修改 141 次。[①]

王宠惠还发表了一系列有关民法学的文章，如《比较民法导言》（1916 年）、《婚姻财产制》（1930 年 9 月）、《所有权之今昔观》（1931 年 4 月 12 日）等，均显示出深厚的民法学研究功力。

1929 年至 1930 年的中华民国民法典制定过程中，时任司法院院长王宠惠与考试院院长戴传贤及法国人宝道（Paodoux）均被聘为顾问。民事、刑事诉讼法的制定和修正，均先后得到王宠惠的支持和赞同。

2. 致力于根本法的研究和创制

王宠惠在留学期间，即已参加同盟会，与孙中山过从甚密。因他是学法律的，孙中山在设计五权宪法蓝图时，时常与他切磋交流，以求知音。在五权宪法问题上，王对孙的观点经历了赞同、怀疑、赞同并付诸实践的过程。1920 年，孙中山在一次演讲中，曾风趣地说："1904 年我与王宠惠在纽约曾谈到五权宪法，他很赞成。后来他到耶鲁大学专攻法律，反疑惑起来，说这五权分立，各国的法律都没有这样办法，恐怕不行。这也奇怪，中国固有的法制，他倒抛荒。他起初很赞成，学了法律反不赞成，足见他的思想为一方面所锢蔽，能融通了悟的实在难得！"1939 年王宠惠也在一次演讲中说："总理在世时，本人对于五权宪法之问题，曾相与反复讨论，至再至三。其时，总理尚未共为有系统之说明，而在本人方面，当时则有'不了解而了解''了

① 参见《德国民法典》，郑冲、贾红梅译，"译者的话"，法律出版社 1999 年版，第 1 页。

解而不了解’之感想。信乎，知之维艰也。”[①] 正因为两人非同一般的关系，1912 年，孙中山推选为南京临时政府总统，首选王宠惠为外交总长，其时他仅有 30 岁。只是对孙中山的五权思想并未一下子领会透彻。如在 1913 年出版的《中华民国宪法刍议》中，他拟订的《宪法草案》把国家权力分成行政、立法、司法、会计 4 项，没有形成五权体系。

在其后的数十年岁月里，王宠惠一直把三民主义与五权宪法作为研究的重点，逐步领会孙中山思想的真谛，成为五权思想的忠实信仰者和实践者。南京国民政府的五院制，就是王宠惠等根据五权宪法思想设置的。1931 年，《中华民国训政时期约法》经王宠惠等负责拟订，国民党中央常会通过，国民政府 6 月 1 日颁布，开始实践五权宪法的要领。1946 年南京国民政府召开制宪大会，王宠惠担任国防最高委员会的秘书长，仍被委任为《中华民国宪法草案》的拟订者及负责审查者。

1946 年 12 月 25 日，民国时期最为完整的一部宪法——《中华民国宪法》获得通过，孙中山的五权宪法思想终于在宪法中得到体现。同日，国民党宣传部举行记者招待会，王宠惠就宪法要点发表书面谈话，称这部宪法是具有特性的民主宪法。他又表示，“宪法的顺利运行，不尽在其条文之完善，而更有赖于政府与人民遵行宪法的民主精神。故吾人不仅应检讨宪法之条文，而更应修养守宪之风度”。可见，他对该宪法的文本是满意的，甚至说它超过了“世所称道的魏玛宪法也望尘莫及”，但对宪法顺利运行却无绝对信心。孙中山是五权宪法思想的倡导者，王宠惠则是五权宪法思想的主要实践者。

3. 独立主持新型刑法典的制定

除宪法外，1928 年颁布的第一部《中华民国刑法》，也是在王宠惠主持下编订的。1927 年 4 月，国民政府定都南京，12 月，即命司法部长王宠惠改定新律，依据第二次修正案，略加损益，脱稿后，由国民党第二届中央执行委员会第四次全体会议，于 1928 年 2 月 6 日议决，

① 参见《王宠惠先生百年诞辰口述历史座谈纪实》，载中国国民党党史委员会编：《王宠惠先生文集》，1981 年版，第 683 页。

交由中央常务委员会迅予审查通过。中央常会及交由谭延闿、于右任、徐元诰、魏道明、王世杰等审查刑法草案，并将伍朝枢、徐元诰、王宠惠三氏审查刑法草案意见书及王世杰氏所提出之修正刑法草案意见书一并审查，谭延闿等将审查结果报告于第120次中央常务委员会议，中央常会对刑法草案遂加修正通过。国民政府乃于1928年3月10日公布，并于7月1日起施行。①

清末沈家本先生主持制定的《大清新刑律》于1910年由清廷颁布，这是中国法制近代化的开山之作，具有里程碑意义。

1911年，辛亥风云掀起，清王朝灭亡。1912年中华民国南京临时政府建立，政局初定，仓促之间，法制未能周全，只能就旧律斟酌援用。1912年3月10日，临时政府命令宣示：《大清新刑律》除与民国国体抵触各条应失效应外，余均暂行援用。3月21日，临时大总统据司法部呈请将清末制定之各项法律，以命令颁行，即咨请参议院决议，于4月30日，公布删修《新刑律》中与民国国体抵触各章、条及文字，撤销《暂行章程》5条，改名为《暂行新刑律》。经司法部通告各省，《暂行新刑律》以公布之日为施行期，考虑到全国交通不便，不得不分别办理：均应自接到或按照事例能接到政府公报及法律原文之日施行。

《暂行新刑律》颁行后，施行程序必须有适当规定，司法部拟定"施行细则"10条，并以命令公布施行。

1914年，袁世凯提倡复古，大兴礼教，于12月24日公布《暂行新刑律补充条例》15条，内容及精神与《大清新刑律》的《暂行章程》相仿，注重对人伦犯罪的惩处。至1922年2月17日，广州国民政府命令废止。

因新颁刑律均属"暂行"，需要有一部相对固定统一的刑法典施行于世。1914年，成立法律编查会，首先决定编撰刑法典。聘请参加、顾问过《大清新刑律》制定的日本学者冈田朝太郎继续参与制定工作。历时8个月，全篇完成，即为《修正刑法草案》。1915年2月17日，

① 杨幼炯：《中国司法制度之纵的观察》，载《中华法学杂志》（新编·第1卷第5、6号合刊），正中书局1937年版，"司法制度专号"。

呈请总统袁世凯饬令法制局照章审核后，交参政院核议，最后未能议决公布。

1918 年 7 月，国民政府设立法律馆，特派董康、王宠惠为总裁。该馆成立后，以先前的法律编查会编定刑律草案时，尚处于袁世凯的专制之下，难免迎合、顾忌之处，于是着手参照各国法律，结合我国实情，另编成《刑法第二次修正案》。1919 年，该馆又将此案进行文字修改，形成改定的《刑法第二次修正案》，无论是立法原则，还是内容，都较早先的有较大进步，堪为民国以来最完备的法典草案。

修正案完成后，未经提交国会议决颁布，当局意见未能统一，此案最终未能成为正式法典。

1927 年 4 月，南京国民政府建立，时任司法部长的王宠惠在《刑法第二次修正案》基础上，重新增减，编成《刑律草案》，提经国民政府发交国府委员伍朝枢、最高法院院长徐元浩会同王宠惠审查。不久审查完毕，出具意见书，称该草案各篇各章中，“于中西法学家学说，及一切现情，斟酌损益，折中至当”，具体体现在如下四方面：“采用最新法例”“审酌国民民情”“实行本党纲领”“参照犯罪事实”。意见还说：“通观本案全体，按之学理，证之事实，均极允当，洵为完善之刑法。”

审查该草案后，伍朝枢提出 22 条修改意见。1928 年 2 月，第二届中央执行委员会召开第四次全体会议，国民政府将王宠惠编订的《刑法草案》及伍朝枢的审查意见书一并提出讨论，等议决后付中央常务委员会审议。国民政府法制局局长王世杰以该草案及意见书对亲属范围、诬告罪、和奸年龄三处显然互相矛盾或规定适当之处，于是拟具《修正刑法草案意见书》三点，呈请中央常务委员会察核改定。

中央常务委员会将王宠惠的《刑法草案》、伍朝枢等的审查意见、王世杰的修正意见及司法部的复核意见一并提出讨论，决议付谭延闿、徐元浩、于右任、魏道明、王世杰等会同审查。1928 年 2 月 27 日及 28 日两次召开会议讨论，形成三项决议：

第一，《刑法草案》各条，除第 11 条、第 16 条、第 180 条、第 240 条及第 249 条外，凡经伍朝枢等审查改定者，应依审查案改正，其未经审查案改定者，应照草案原文通过。

第二，《刑法草案》第 11 条及第 16 条，应仍照草案原文通过。

第三，《刑法草案》第 180 条、第 240 条、第 241 条及第 249 条，应王世杰所提修正案改正。

拟定于 3 月 10 日公布（因《暂行刑律》乃 16 年前的 3 月 10 日由孙中山在南京颁布，如此以资纪念），公布后，7 月 1 日实行。

国民党中央第 120 次常务委员会作出甲、乙两项决议。甲项中，提出 6 点具体修改意见；乙项决议决定以 3 月 10 日为该法公布期，7 月 1 日为施行期。国民党中央常务委员会通过《刑法》全案后，即函交国民政府于 1928 年 3 月 10 日公布，定于 7 月 1 日施行。后因《刑事诉讼法》尚在审查中，来不及提前公布，而这两法必须同时公布施行，司法部呈请由国民政府提出第 75 次会议议决延期两个月，定于 9 月 1 日起施行，并函经第 147 次政治会议转请中央第 152 次常务会议决议追认。

《中华民国刑法》是晚清以来最为完备的一部刑法典。它继承了晚清以来刑事立法成果，达到了当时立法的最高水平。尽管伍朝枢、王世杰等提出了二十余条修改意见，但大多属于文字表述或刑期长短一类，对整个刑法体例乃至章、条、项基本没有改动，从这个意义上说，《中华民国刑法》几乎是在王宠惠《刑法草案》基础上一稿形成的。王宠惠在刑法学方面的论著不多，但他熟稔世界诸多法系精义，加之以广博的法律视野和精湛的法学造诣，以民法学博士出身而主笔刑法典的创制，一样轻车熟路，法义精当。

该刑律也凝聚了沈家本、董康等杰出法律人的心血。《中华民国刑法》在王宠惠先生手上完成，先贤及时贤的努力亦不宜抹杀，尤其是与王宠惠同任法律馆总裁且一并起草《刑法第二次修正案》的董康，其功至大。

该刑法颁布施行后，随着诸法典的制定或酝酿，从 1931 年 12 月开始，即开始对该刑法进行修订。历时 3 年，刑法起草委员会草定《刑法修正案》，1935 年 7 月 1 日，修订后的《中华民国刑法》开始施行。

相对于1928年刑法，此刑法为“新刑法”，前者为“旧刑法”。①

4. 倡导、推进近代司法改革

王宠惠不仅是法学理论家，还是司法实践家。从他在北洋政府时期，四度出任司法总长、南京国民政府时期两度出任司法院院长的经历，就可推想他在司法改革中的地位和作用。

收回治外法权，是自张之洞、沈家本之后，几代中国法学家、政治家的心愿。王宠惠等任职时，仍不懈努力，对外极力争取，对内厉行改革。1918年巴黎和会上，中国代表提出收回治外法权，列强未予理睬。1921年7月在华盛顿会议上，中国代表施肇基、顾维钧、王宠惠提出关税自主、交还山东、取消“二十一条”、废除列强在华领事裁判权等8项要求。3位留学生出身的外交官，在会上义正词严，据理力争，在会下则进行广泛交往折冲，争得不少同情，孤立了日本。其中王宠惠主要负责收回治外法权的交涉，坚持“从速撤销”列强在华领事裁判权，且要求将我国的要求登载各报。列强原则上虽表示赞同，却借口对我国司法状态还有不明了的地方，决定闭会后3个月，各派委员来中国调查后，再作决定。尽管这次会议取得的成果不多，但它终究是一次维护主权的外交胜利。1925年，国联组团到中国巡回考察，提出中国司法尚存在的4点弊端：（1）军人干预审判；（2）法律之适用不统一；（3）司法经费不足及法官之薪俸过少；（4）警察厅及陆军审判机关皆操普通审判权。外国派员来华调查司法，显系干涉中国主权，遭到国人抗议，但他们提出的中国司法弊端，却事实存在。

在此之后，中国一方面继续对外交涉，另一方面加快改革步伐。1929年时任司法院院长的王宠惠在国民党三届三中全会上所作的《关于司法改良计划事项十八年三中全会大会之司法院工作报告》最为具体，提出了司法官党化、筹备普设县法院、保障司法官独立、采用巡回审判制度、限制无理由上诉、详细审查从前判例、采用陪审制度、筹设幼年法院、确定司法经费、注重司法统计、看守所及监狱宜迅速

① 参见谢振民编著：《中华民国立法史》，张知本校订，中国政法大学出版社2000年版，第886~944页；董康：《新旧刑律比较概论》，载《法学季刊》1928年第3卷第5期。

改良、注重检验吏以及法医学筹出狱人之工作介绍 13 项计划。[1] 这是国民政府以来，第一次系统提出司法改良方针。在一些具体的司法制度方面，王宠惠也提出了自己的改革建议，如他曾主张在司法院把司法院作为最高审判机关，不另设最高法院，也无须在行政院另设司法行政部，只要在司法院内设一署以监督全国司法行政即可。[2] 果能如此，则可保障五权之一的司法权的独立，维护五权宪法的完整性。国民政府的司法改革基本上沿着王宠惠提出的方针进行，并取得了一定成效，如设立县院、解决司法经费、改良监狱等。但改革步履维艰，终南京国民政府结束之际，尚有诸多没有兑现。由于人事政争，及当权者意志的左右，有关司法院建制的良好设想也未付诸实施，国民政府司法行政部的职权范围及几次改隶，严重影响了司法权的独立，长期为社会诟病。这不是王宠惠本人所能解决得了的。

三、蜚声国际法庭

近世中国，积贫积弱，在国际法庭上，国人素无一席之地，对于国际公断事务，自然长期没有发言权，是标准的面积上、人口上的大国，政治上、外交上的小国。国际法庭出现中国的身影是从王宠惠开始的。1899 年万国和平会议在荷兰海牙召开，决议制定国际公断条约，永久公断处于是成立。1907 年第二次万国和平会议召开，会议商讨设立司法机关和国际捕获法庭。1915 年先期拟定召开的第三次万国和平会议因第一次世界大战而告吹，但会议的宗旨依然存在，并在战后各和约内有所反映，其中《国际联盟会规约》第 14 条，规定筹设永久性国际法庭。1922 年 1 月，国际法庭举行第一次开庭典礼，国际法庭宣告成立。

由于该法庭选任法官标准非常苛刻，1921 年前后，王宠惠被选为国际法庭候补法官。1930 年，国联集议讨论推选海牙永久国际法庭的新任审判官，经过投票选举，共推出候选人员 14 人，其中尤以日本代表所得的票数最多，因其对国联的功绩较大。投票人全数 52 人，日本

① 参见王宠惠：《司法改良之方针》，载《法律评论》1929 年第 6 卷第 21 号、第 22 号。

② 参见中国国民党党史委员会编：《王宠惠先生文集》，1981 年版，第 702 页。

代表占40票之多。王宠惠以32票当选,[①] 9月，成为正式法官，任期9年，1931年4月前往就职。法庭应设15名法官，其中4名为候补，遇到国际联盟会员增加和法庭事务纷繁时，法官可增至21名。之前，该庭只有来自西班牙、意大利、巴西、古巴、英国、荷兰、瑞士、日本、法国等国的计11名法官，连王宠惠4名候补法官，另有1名书记官。[②] 每逢重大的国际案件，都要由国际法庭出面公断。如第二次世界大战以后，对德国战犯、日本战犯的审判、南斯拉夫内战后、前南问题的审理等，都是由国际法庭主持审理的。

王宠惠具备高深的法学素养，精通英文、德文、法文、日文，就职国际法庭，如鱼得水，游刃有余，在国际法庭的风采甚为国际法界人士折服。如1927年，日本大审院部长松冈义正接见中国的著名法学家董康先生时，曾对董康说，1925年他曾在荷兰国际法院遇到一个中国学者，“兼通德法语法律，头脑至敏锐，仿佛为驻比公使”。问董康是什么人，董康1916年、1921年两任北洋政府司法总长，熟悉中国法界人物，董康说“公使中邃于法学者颇鲜，此必为评论德国民法之王宠惠君。其时充国际法院候补法官，固世界法学家之前茅也”。松冈恍然大悟。[③] 至于审理国际案件，没有全面精深的国际法功底，难以操作自如。1948年当选为南京国民政府第一届大法官会议法官的苏希洵先生曾经讲述过一件事：王宠惠任国际法庭法官时，有一件关于北欧各国的海事争议事件，轮到王宠惠办理。从法国取得博士学位的苏希洵前来拜访，苏与王是老相识，顺便问王，说他现在闲着，有什么事可以帮忙。王对他说“很好，正有一件事，你可把卷宗拿去看看。”苏满以为凭其所学，定能提出一些意见，供王参考，也可乘此一展身手，博得王一声赞许。苏打开卷宗一开，涉及英、法、西班牙、荷兰等各国文字，忙翻字典，反复看了三天，仍茫无头绪，无从下笔，不得不原案奉还，歉意地说：“浅学无知，实在无法帮忙。”苏当时特别注意

---

① 《法律评论》1930年第7卷第52号。

② 参见中国国民党党史委员会编：《王宠惠先生文集》，1981年版，第168~171页、第197~198页。

③ 参见董康：《董康东游日记》，王君南整理，河北教育出版社2000年版，第75页。

那件海事案的结果，那是王宠惠的裁判书，旁征博引，论断精当，深为国际法庭全体法官钦佩，并得到当事国的一致赞扬。苏先生自然五体投地，自愧不如，感叹地说，“亮老法学的渊博，几乎无人能望其项背”。[①] 继王宠惠之后，跻身于国际法庭中国人前有顾维钧、梅汝璈等先生，后有李浩培、王铁崖、史久镛等诸位先生，而像王宠惠那样才气横溢、深为国际法学界折服的甚为罕见。

四、结语

清末以来，中国社会面临“数千年未有之大变局”，为法律转型提供了很好的契机，也取得显著成效。然而，从清末新政到辛亥革命，从北洋到北伐，从南京国民政府到中华人民共和国的成立，社会常处于跳跃式的裂变状态，政治斗争的行动此起彼伏，法律变革需要的渐进、改良“治世”始终没有出现，虽然政治斗争的理想和目标相继实现，法律文本的更新节奏频繁，但承载法制近代化重任的法学精英基本都在法律文本制度层面做文章，在急剧变化的形式面前，没有精力、时间及心绪，对社会实际全面、深入地考察分析，寻找法律与政治、经济、文化、社会之间的最佳切合点，引进的法律制度在实践中处处窒碍，无法与社会保持较好的适应度。

以王宠惠等为代表的近代中国法律精英，为创制近代法律体系尽心尽力，为维护国家的主权独立和领土完整顽强抗争。由于政治、经济、文化及社会等诸方面的原因，他们创制的法律体系在近代中国大地上未能得到有效实施，近代化的法律文本也没有把中国引上法治化道路，但法律文明从来都是薪火相传，血脉绵延。我们可以因为时代背景的“局限性”而对他们的成就予以臧否，却不应无视这些法律先贤们对于中国近代法学、法律及法律理念的发展所作出的贡献，也应为他们在国际舞台的上杰出成就表示崇敬和自豪。一位奥地利作家说过：“历史是真正的诗人和戏剧家，任何一个作家都别想超越它。”[②] 其实，历史又何尝不是真正的“法律人”，任何一个法学家能够超越它

① 中国国民党党史委员会编：《王宠惠先生文集》，1981 年版，第 702 页。

② ［奥］斯蒂芬·茨威格：《人类的群星闪耀时·序言》，舒昌善译，广西师范大学出版社 2004 年版。

吗？因此，对于无数法律先贤，一份敬意，一份宽容，一份谦逊，应该是后进法律人不应或缺的态度。当下社会，后进法律人的任务首先是学习、继承王宠惠等法学前贤们辛勤拓荒留下的成果，只有走近“巨人”，然后才谈得上站在“巨人”肩上，进一步思考良法的创制、纸上法律的实际效用以及司法体系与政治、社会文化的适应等问题，这样，方能有所突破、创新，进而对“法治”社会的构建有所贡献。

近代中国以王宠惠、顾维钧等一批法律精英领衔的外交团队，一直活跃在国际舞台上，他们利用法律专业知识，在收回司法主权运动中发挥了关键作用；经由收回司法主权，通过有理有利有节的斗争，从国际法层面上逐步收回领土主权，捍卫了国家民族的利益。他们的时代担当令人钦佩，他们对内政民心的深刻反思令人警醒，至今言如在耳。

第八章　王宠惠对收复司法主权的贡献

一、直面列强　揭露领事裁判权本质

1843 年至 1943 年，西方列强在华享有的司法特权——领事裁判权存续了百年之久。清末及民国初年，该特权外延被无限扩展，成为列强在华享有若干特权的重要支撑和保护，诸如出租土地、租借土地、居住、铺路权、军事及海军保护、一些海关特权以及其他非一般外侨所享有的豁免权。司法主权自然归属于国家主权，“主权上之制限，实足以破坏国家之统一，阻止公益幸福之发达也”。(Bluntschi 语)① 领事裁判权对于中国，“不特为司法权之一大障碍，即关于国内一切政治上、经济上皆具有重大之危害”，也是“不平等条约之尤深切显明者”。②

列强所以要在华攫取司法特权，其简单逻辑就是中国司法野蛮，

① 参见吴文柄：《领事裁判权问题》（二），载东方杂志社编：《领事裁判权》，商务印书馆 1923 年版，第 42 页。

② 郭卫：《领事裁判权存于我国之现状》，载《现代法学》1931 年第 1 卷第 2 号。

所以必须拥有领事裁判权，保护其侨民的生命财产；中国想废止此项特权，必须附有前置条件，并努力完成。这些言论乍听起来，似乎很有道理，晚清国人也罕有意识到领事裁判权实际本质。只是在清末的1902年，英国一句“中国深欲整顿律例，以期与各国改同一律，英国允愿尽力协助，以成此举；一俟查悉中国律例情形及其审断办法，及一切相关事宜，皆臻妥善，英国即允弃其领事裁判权”口头承诺，[①]其后的美、日等列强的效法，就使得朝野上下，大张旗鼓地呼吁改革法律，希冀通过修律及司法改革，符合西方的法律标杆，换取列强的良心发现，主动放弃在华司法特权。

可是，19世纪末20世纪初的中国，被裹挟进入世纪大家庭，对诸多国际游戏规则，如不平等条约、平等条约中的当事国的权力义务等非常陌生，缺乏评析相关裁判的话语权。

第一次世界大战后，中国才得到机会，为收回司法主权而努力，“治外管辖权的巩固壁垒，由于第一次世界大战的结果而首次被突破”。[②]中国法律人得以在外交舞台上不断据理力争，以求该问题在法理上的迅速解决。

1919年的巴黎和会，北京政府代表团正式提出取消各国在华领事裁判权的建议及希望，王宠惠先生主动承担起交涉收回外国租界、废除列强在华领事裁判权等工作。[③]中国代表团提出：中国请求有约诸国，允于一定期间内，俟中国实行下列两条件后，将现行于中国境内此种陋制——领判权——实行撤废：（1）刑法、民法、商法及民事、刑事诉讼法完全颁布；（2）各旧府治所在（实际上外人普通居住之地）地方检察厅完全成立。中国允于5年内实行上列两条件，同时要求有约诸国，允许俟该项条件实行后，即将领事裁判权撤废，其在中国境内设有特别法庭者，同时一律裁撤。不料提案提交大会后，主要帝国主

① 1902年9月5日《中英续议通商行船条约》，载王铁崖编：《中外旧约章汇编》（第2册），三联书店1982年版，第109页。

② ［美］L. T. 李：《领事法和领事实践》，傅铸译，商务印书馆1975年版，第219页。

③ 参见《顾维钧回忆录》（1），中国社会科学院近代史研究所译，中华书局1983年版，第221页。

义列强不予理会，无果而终。[1] 这期间，只有德国、奥地利和匈牙利作为战败国而自动放弃在华领事裁判权，俄国因标榜新思想和新外交，也宣布放弃，[2] 其余诸国仍然保留在华领事裁判权。因此，国人砥砺精神，为收复司法主权进行法理抗争。

1920 年，王宠惠出任北京政府大理院院长，兼北京法官刑法委员会会长，法理讨论会会长。1921 年，被选为国际联合会盟约修订人之一。6 月，任我国出席国联首席代表，以全权代表身份出席华盛顿太平洋会议，专门负责交涉领事裁判权问题。王宠惠当场揭露列强在华领事裁判权的非法性和危害性：

（1）领事裁判权制度伤害中国主权，中国人民视为国耻。（2）同一地方，设置数个重复的法厅，其间关系复杂，使谙习法律之人及普通人民，均无所适从。（3）法律失其确定之效率。就普通之例而言，任一案件，其实用法律，以被告人本国法律为准，因是如国籍不同之甲、乙二人，关于一切商业行为，发生诉讼，甲先诉乙，或乙先诉甲，其权利义务，亦随之不同。（4）无论民事刑事案件发生，外人若为被告，则须移交最近之领事署裁判，然领事署路途远隔者时有之，若实际上要求证人出庭，或提出必要之证据，当感困难。（5）住留中国之外人，在领事裁判权庇护下，凡中国人应纳之地方税，国产税，彼得以免除，此亦不利于中国人之点。

王宠惠还引用长期担任中国海关总税务司的赫德氏所著《中国纪闻》一书中的言论，佐证其观点："领事裁判权条约，虽或足以使中国官吏避免多少繁难的责任，然中国人实常以此为耻辱，增加忿恼，其结果更足贬损中国国家之价值，一方使中国人轻视自己的本国政府与本国官吏，一方对于不受本国统辖之外人，发生嫉视与厌弃之心。"[3] 可见，领事裁判权对中国人自己而言为耻辱，对外国人而对待中国人而言为歧视。

---

① 郝立舆：《领事裁判权问题》，商务印书馆 1930 年版，第 83 页。

② ［美］L. T. 李：《领事法和领事实践》，傅铸译，商务印书馆 1975 年版，第 219 页。

③ 华盛顿会议太平洋远东问题委员会于 1921 年 11 月 25 日在全美联合宫开第六次会议记录，载《法律评论》1925 年第 4 期。

20世纪初的中国，开始加入国际联盟，尽管国内政治尚未统一，国际舞台上还处于弱势，但不管主动，抑或被动，作为世界规则体系中的一员，除非国家有足够的实力，驱逐一切外来势力，即刻撤废列强加诸我国的一切不平等条约，否则必须逐步学会在规则范围内，与国际成员打交道，依靠规则手段，借助其他辅道，实现司法主权独立。王宠惠先生在华盛顿会议上的发言，乃国人第一次在国际舞台，直面斥责列强在华领事裁判权的危害性，为争取国际道义支持，制造了舆论声势。

此后，越来越多接受过国际法教育的新式法律精英，对国际游戏规则逐步熟谙，逐步认识到司法主权在国家主权中的地位，在国际法规则范畴内，从法理层面对领事裁判权的本质及危害性予以揭露。紊乱司法系统，令中国人不能受公平的裁判；伤我国司法权之尊严；① 列强在租界地所设的租界法庭及监狱，一样充满司法黑幕，上海会审公堂"已不啻一外国官署，且为一极端非法之司法机关，而其所发生之种种弊端，与夫黑暗情形，有非吾人所能堪受"，收回法权，非先收回上海公堂不可，否则租界内华人的生命财产，"将无宁息安全之望矣"；② 领事裁判权以侵害中国主权居首，我民族国家的不能复兴，与此大有关系。③ 诸多论点，为在外交一线交涉收回治外法权的王宠惠等，充分提供了国际、国内法理和舆情支持。

二、有理有节　谋求法权利益最大化

继巴黎和会之后，1921年7月的华盛顿会议上，中国代表施肇基、顾维钧、王宠惠等提出关税自主、交还山东、取消"二十一条"、废除列强在华领事裁判权等8项要求。三位留学生出身的外交官，在会上会下则进行广泛折冲，争得不少国家的同情，孤立了日本。其中王宠惠主要负责收回治外法权的交涉，坚持"从速撤销"列强在华领事裁判权，且要求将我国的要求登载各报。列强原则上虽表示赞同，却借口

---

① 参见周鲠生：《领事裁判权问题》，载《法学季刊》1922年第2期。

② 郝立舆：《上海公共会审公堂今昔情形之比较》，载《法律评论》1924年第53期"周年纪念号"。

③ 林廷柯：《整顿司法与复兴民族》，载《法轨期刊》1935年第2卷第1期。

对我国司法状态还有不明了的地方。鉴于列强无意实时放弃在华领事裁判权，中方代表不得已求其次，王宠惠列举了领事裁判权的诸多弊端之后，继而试图通过既往的中外条约规定，希望列强遵守协议，兑现诺言，放弃在华领事裁判权。据会议记录看看，会议氛围尚为平和，但列强在中国法律及司法行政的议题时，怀有着盛气凌人的优越感。王宠惠先生充分利用国际规则，屈申得当，有理有节，在逆境中，谋求法权利益最大化。

1. 启动中国收回治外法权程序

王宠惠在大会发言中指出：英国于 1902 年，美国、日本于 1903 年，瑞典于 1908 年，均允诺在中国法律有所改进的条件下，废弃其在华领事裁判权。自从订立条约至今，已经历二十年，一般认为，中国法律现状是否至臻完善，满足列强希望，还不能确定，但王宠惠提出，中国的改良司法，已大有进步，也是不可否定的事实。例如，1904 年设立修订法律馆，负责修订法律，现在已有五种法律已经颁布或施行；（1）民律正在修订；（2）刑律 1912 年施行；（3）民事诉讼律；（4）刑事诉讼律，均新近颁布施行；（5）商律一部分亦经施行。这些法律均经聘请外国法律专家帮助修订，并依据近代法理原则。还有各种辅助法之中，足资列举者，如 1918 年颁布法律适用条例，处理与国际司法有关案件，有此条例，外国法一大部分有适用余地；1910 年新法院制度成立，法官皆为曾受法律教育之人，非经过一定之法律教育，无任命为法官之资格。这些均为中国改良司法之成效。王宠惠又说，今日的中国，非二十年前英国敦促之改良司法制度时之中国，更非八十年前初，以领事裁判权准许列强时之中国，他发言的目的，“并非要求立即完全废除，只希望列强赞助中国，使得列强对于本问题皆表示同情之态度”。王宠惠最后以中国委员名义，要求有代表出席华盛顿会议各国代表赞同，于一定时期间将领事裁判权废弃，并建议各国定一时期内，指派代表与中国协议关于领事裁判制度，“谋进步的改革与其终局之废弃，期于上述期间内实行”。

就王宠惠的这些要求，主持会议的主席、美国人休士表示，既然中美、中英、中日均有协约，美国愿意援助中国为改革计划，其余各国，当亦具好意，促进中国司法之完全独立。所以此案已非原则之问题，而是条约上之权利问题，即所谓事实问题。其原则问题，中国曾与三国政府定明；至于事实问题，则都是中国的问题，诸如：中国司法行政如何？法律如何？及其运用情形如何？列强要帮助中国收回治外法权，首先得了解中国目前法律、司法存在哪些问题，然后才知道如何帮助中国解决问题。王宠惠就此的回应是：中国愿筹划各种便利，使列强能够明确知悉中国的法律内容如何，及其如何实行法律。

王宠惠作此表态后，其他诸国代表也纷纷发言，对王宠惠介绍的中国法律及司法进步表示满意。但话锋一转，提出：放弃领事裁判权的最为困难的地方，不在法律本身，而在其法律如何运用；该问题不必放在全体委员会上讨论，可以设分委员会，以考察中国司法情形，而后决定。既然列强表达出放弃在华领事裁判权的意愿，王宠惠赞同主席提议，组织分委员会，具体讨论相关问题。① 毫无疑问，列强的优越感依然强烈，但王宠惠只能在承认既有条约面前，挣得列强同意设分委员会讨论中国治外法权问题。经其努力，收回治外法权的程序正式启动。

2. 争取中国应有的权利和义务

王宠惠的外交智慧在“领事裁判权分委员会”上得到充分体现。关于中国领事裁判权分委员会于1921年11月28日上午10时，在美国联合宫第一次开会，出席代表有美国、比利时、英国、中国、法国、意国、日本、荷兰、葡萄牙诸国代表，王宠惠为中国代表，罗文干为随从。主席及各国提出，英、美、日三国，应遵从1902日中英条约，1903年中美条约，对中国代表提出的立即废除表示同情；会议结束1个月之内，组成专家委员会，由9国代表委员组成，会后1年内，赴华考察。

在场的王宠惠发现，所谓“专家委员会”居然没有中国代表的名字，立即提请会议注意：“决议案尚缺少关于中国义务方面之规定。”会议主席立即提议增加一段，“中国于委员会组织，有加入代表之权，可做特别规定”。同时提议，“把准备关于中国及其他未参与会议诸国

① 华盛顿会议太平洋远东问题委员会于1921年11月25日在全美联合宫开第六次会议记录，载《法律评论》1925年第4期。

所应遵循之条款”，请王宠惠起草他所希望代表关于中国之决议案。获得与会代表同意。也就是说，专家委员会可以来华，但来华代表应遵守条款由王宠惠起草的决议案来定。

经过王宠惠提议，将决议案“一个月内”组成专家委员会改为“三个月以内成立”，一年内提出中国法权调查报告；进一步明确了委员会承认的有审议领事裁判权之权者，是指“有设法厅权利之诸国而言”，以外诸国，并不包括在内，关税、铁路等项权利，与本问题无关；未签字该约诸国，经条约结果，在中国区的领事裁判权者，可于闭会三个月内提出加入，书面通告美国，表示参加关于中国领事裁判权与关于中国司法行政之决议，然后由美国政府转知各签约国。

王宠惠宣读由他起草并获得大会一致通过的决议案，表达了中国的主导性意见：

> 中国对于组织委员会以调查报告中国领事裁判权及司法行政实况之决议案，极为注意，并对于上记各国愿援助中国达到废止领事裁判权目的之同情者的处理，表示满足。现声明中国愿派一员，参加该委员会，为其委员之一员；其委员会将来之意见书全部或一部分，中国有自由采纳或拒绝之权；中国因欲协助委员会事务之进行，愿竭力图谋各种便利，使委员会能完全其职务。①

尽管这次会议未能即刻迫使列强放弃在华领事裁判权，而且“措辞宽泛，建议既无拘束力，且用逐渐或他种方法放弃字样，足征该委员会成立之始，根本未赋予厚望也”，② 但它终究是一次中国维护司法主权的外交小胜：第一，促成列强放弃在华领事裁判权的实际动议；第二，中国以平等身份，成为调查法权委员会一员；第三，来华委员应遵守的条款由中国人确定；第四，对于该委员会的意见，中国保留

---

① 《领事裁判权分委员会会议录》，载《法律评论》1925 年第 10 期。

② 钱泰：《中国不平等条约之缘起及其废除之经过》，台北，“国防研究院”1961 年印行，第 109 页。

采纳或拒绝的权利。在华盛顿会议上，对治外法权的争取，也成为王宠惠外交风采的一次重要展示。

三、恪守原则　拒绝列强参与中国司法

华盛顿会议后，由于国内外诸多因素的影响，调查法权委员会未能在会后 3 个月内来华，直到 1925 年年底，方始成行。作为中方全权代表，王宠惠全程参与调查活动，并在报告书中及报告书之外，恪守原则，明确阐明中方立场。

1926 年 1 月 12 日，调查法权委员会在北京召开第一次会议，会后代表们分别考察了中国法典例规、中国实行治外法权而发生的问题、各省法院、监狱、看守所及中国司法制度的实行情况。9 月 16 日形成《调查法权委员会报告书》，正式向国联提交。

报告书分四编，第一编陈述了列强领事裁判权在华实施情况，第二编为中国的法律、司法及监狱制度，第三编为中国施行法律的情形，前三编均为事实部分，第四编为中国应该改进司法的建议。王宠惠代表中国在报告书上附加了意见。美国、比利时、英国及中方代表分别签字，中方签字代表为王宠惠。

报告书认可中国的现行法律以欧洲为根据，“尚为适当”，但法律及实施中问题多多，致使外国人坚持在中国保留治外法权的必要，待中国司法进步，方能取消。这些问题概括起来主要有：（1）军人干预审判；（2）法律适用不统一（各省自行制定单行章程与刑法抵触）；（3）司法经费不足及法官之薪俸过少；（4）警察厅及陆军审判机关皆操普通审判权；等等。因此，第四编提出诸多建议，以帮助中国改进司法，以便放弃在华领事裁判权。但又认为中国在短时间内完全实行上述建议，有相当难度，提出，“如主要部分业经实行，关系各国应中国政府之请求，可商量渐进撤销治外法权之办法，或分区，或部分，或其他办法，可由双方协定”。“渐进撤销”，也成为此后列强用于对待在华领事裁判权的主题词。

审察列强在放弃治外法权态度的部分松动，王宠惠适时通过书面意见予以确认，并始终恪守原则，在关键问题上不做让步，尽其所能，捍卫司法主权。例如，在报告形成过程中，经他努力辩争，坚持将

“在非常状态下撤销治外法权，自以用外人参与司法为必要之阶级”提议删去；他在第四编上签名后，附加了综合更难过代表“署名于本报告书，不能认为对于第一编、第二编、第三编所载各节悉表赞同”的字样，表明中国政府不再完全迁就列强要求；更为突出的是，他起草发布的《中国委员宣言书》中，全面陈述了中国政府的诉求和国民的期盼，“对调查委员会以为按中国现状，未便及时为撤销之建议，中国对此殊行失望；中国所预期及时撤废治外法权一事，未能建议，诚然遗憾，惟对于条约以外所发生不良之惯例立即取消，及其他中外人民关系改善之办法，均有所建议，此为关系各国善意之表示，中国委员深为谅解；撤销治外法权，而易以中国主权所允许之制度，此为中国国民夙抱恳挚愿望”。①

该“宣言”阐明了中国政府的立场，对外国未能实时放弃在华领事裁判权“殊行失望”“诚然遗憾”，声明领事裁判权是中国主权所不能容许的事，换言之，主权之外，列强利益都可能协商保护，唯独主权之事，无法协商，敦促列强早日满足中国人民的这一愿望。因此，尽管报告书中的建议“虽经为中外调查团成员所公认，却无法使中国立刻从该枷锁中挣脱出来，因为没有北京政府及其附属部门行政的彻底整顿，这些改革难以期待”。② 王宠惠恪守原则，拒绝列强诸多无理要求，展现其柔中有刚的外交风采。

经此努力，中国收回治外法权的运动开始有了实质性进展。其间取得的最大成效就是会审公廨的取缔，由司法部设立“收回沪廨委员会”，组成临时法院，接管上海公司租界的会审公廨。1927 年 1 月 1 日，前任廨长关炯、检察官西人惠勃与新任法院院长徐维震完成交接，中国政府正式接收上海公共租界会审公廨，改组临时法院，宣告公共

① 《法权会议报告书第四篇及中国委员宣言》，载《法律评论》1926 年第 4 卷第 23 期。

② Wesly R. Fishel, *The End of Extraterritoriality in China*, Octagon Books, A Division of Farrar, Straus and Giroux, New York, 1974, p. 126.

租界法权的基本收复。[①] 中国进入实质性收复司法主权阶段。

在此之后，中国一面继续对外交涉，一面加快改革步伐。1929 年至 1931 年，中国收回治外法权的最大成就是签订《关于上海公共租界内中国法院之协定》《收回上海法租界会审公廨协定》。1929 年，经过南京国民政府交涉，将临时法院改为江苏省高等法院上海特区法院，宣告上海会审公廨的终结。国民政府单方面宣布，自 1930 年 1 月 1 日起，所有列强在华领事裁判权即行停止，并于 1931 年 1 月 13 日，经国民会议议决，发表《废除不平等条约宣言》，[②] 表明中国对于不平等条约及领事裁判权的强硬态度。

上海特区法院的设立，基本否定了外国人在公共租界的司法特权，成为中国撤废领事裁判权的前奏，但主要列强重订条约，放弃领事裁判权，则在抗战后期。

四、权衡利弊　促成司法主权回归

20 世纪 30 年代，英、美等主要列强并未因中国的法律逐步健全、司法改革取得一定成效而爽快应允，立即放弃领事裁判权，还在等待所谓“条件成熟”等借口，“渐进撤销”。

1937 年，日本军国主义发动全面侵华战争，打乱了中国司法改革的步伐。太平洋战争爆发后，世界反法西斯统一战线正式形成，中国成为世界反法西斯运动中不可或缺的一支力量，国际地位大大提升；战争爆发后，中国富庶的沿海地区迅速沦陷，英、美等国的治外法权业已名存实亡，它们在华司法特权“失去价值”；英、美放弃领事裁判权“对重庆政府的心理意义”。1942 年 10 月 10 日，美、英终于联合宣布放弃在华领事裁判权的意愿。[③]

---

① 受聘为“收回沪廨委员会委员”委员会委员的有法权讨论委员会委员长张耀曾，大理院院长余棨昌，检察厅检察长汪曦芝，检察官翁敬棠，修订法律馆副总裁应时，司法部部长林志钧，参事汤铁樵、吴源，参事上办事梁敬錞。参见《法律评论》1925 年第 108 期；临时法院院长为徐维震，新任推事：胡诒谷、宋沅、韩祖植、吴廷琪、谢永森、仇预、萧培身、郑文楷、徐谟、吴经熊 10 人，均与徐院长同时到达，各推事中，人才济济，蔚为大观。参见《法律评论》1927 年第 185 期。

② 《废除不平等条约宣言》，载《中华法学杂志》1931 年第 2 卷第 6 号。

③ Wesly R. Fishel, *The End of Extraterritoriality in China*, Octagon Books, A Division of Farrar, Straus and Giroux, New York, 1974, p. 217.

但在最终达成协议过程中，也是一波三折。王宠惠在其中所起作用不容忽视。太平洋战争爆发后，美国对放弃在华领事裁判权态比较积极，谈判比较顺利，英国则相对消极，谈判遇到一定阻力。① 直接负责与英国交涉的为驻英大使顾维钧，王宠惠身居国防最高委员会秘书长要津，全程把握谈判原则，影响谈判走势。如在与英国谈判中，中枢蒋介石主张把要求英国放弃在华领事裁判权与英国立即交还租借的九龙捆绑写进中英协约，否则不如不签。不提收回九龙，则会遇到公众舆论与国民党内舆论的批评，蒋介石也不会同意。而当时的实际情形是，九龙实际被日本占领，收不收回，只具有象征性；九龙涉及领土主权问题，此类问题的解决原则，涉及英国与其他殖民地的领土归属的交涉，无法在短时间内完成谈判。收回司法主权，对中国则极为紧迫，意义重大，延宕不得。于是，在王宠惠与顾维钧等反复磋商下，由王宠惠起草方案，拟在相关档中提出“保留意见”，即“要求英国归还九龙租借的意愿，并随时准备同中国进行谈判以便实现其意愿。”② 这样，虽然牺牲了暂时无法实际收回的九龙，但保证以放弃在华领事裁判权为主旨、包括停止内航运的新约的签订。

1943 年 1 月 11 日，《中美关于取消美国在华治外法权及处理有关问题条约暨换文》（《中美新约》），由中国驻美大使魏道明与美国国务卿赫尔，代表两国政府在美国首都华盛顿签字；声明“现行中国与美国之条约与协定，凡授权美国政府或其代表实行管辖在中国领土内美国人民之一切条款，兹特撤销作为。美国人民在中国领土内，应依照国际公法之原则及国际惯例，受中国政府之管辖”。③ 同日，《中英关于取消英国在华治外法权及处理有关问题条约暨换文》（《中英新约》），由国民政府外交部长宋子文与英国驻华大使薛穆，代表两国政府在中国战时首都重庆签字，条款类似与中美新约。美、英两国放弃领事裁判权，废止《辛丑条约》及其附件，放弃内河航行权等。1943 年 5 月

① 《顾维钧回忆录》（5），中国社会科学院近代史研究所译，中华书局 1983 年版，第 169 页。

② 《顾维钧回忆录》（5），中国社会科学院近代史研究所译，中华书局 1983 年版，第 172 页。

③ 王铁崖编：《中外旧约章汇编》（第 3 册），三联书店 1962 年版，第 1256 页。

20日，中美在华盛顿、中英在重庆正式交换批文，完成条约的最后手续，两个条约同时生效。

美、英两国放弃在华领事裁判权后，在中国享有特权的其他国家也并与国民政府重新商订新约，相继宣布放弃在领事裁判权。与其他一些东方国家不同的是，当西方列强宣布放弃其在该国的司法特权时，往往在条约提出附加条件，而与中国签订新约时，英、美也曾提出附加条件，或过渡时代的规定，均为中国政府拒绝，其中直接的“操盘手”正是王宠惠。经此修约浪潮，中国的国际地位迅速攀升。1943年12月，开罗会议召开，中国政府应邀参加，美国承认中国的大国地位，中国得以跻身“四强”，奠定了日后的国际声望。

列强在华领事裁判权在条约上的撤废，成为中国人民政治生活中的一件大事，标志着中国司法主权的基本独立，一洗百年来在自己国土上司法主权不完整的耻辱。

五、收回权利　全赖国民自勉

近代以来，列强在华领事裁判权，如压在国人的心头巨石，令人压抑难舒；近代法律变革，也是法律人在饱受列强欺凌的耻感情结萦绕下展开的。清末以降，法律修订及司法改革，已见成效。但距列强所订放弃其在华领事裁判权的标准，别说在当时，即便在当下而言未必能达到。当时中国法律的缺陷、司法的弊端，外人可以调查得知，国人更是心知肚明。不少军政干预司法的恶行，就发生在调查法权委员会在华考察期间。

列强加诸中国的要求固然强词夺理，而外交的谈判又要讲理、平衡及适当的让步妥协。外交的强弱，取决内政的强弱。综观王宠惠与列强有关中国法权的周旋，似乎总希望与“强权”讲理、论法，略显软弱，其实王宠惠内心的煎熬他自己更清楚。他参加华盛顿会议时，“但遇外人讥中国内乱不息及军阀靡废时，每无言以对，此则引以为深耻耳”，[①] 回国后，王宠惠公开宣称，我国自身在司法上存在的缺点，

① 王宠惠：《1922年1月10日在上海总商会演讲“太平洋会议之经过”》，载《东方杂志》1922年第19卷第4号。

“应自动地用刻不容缓之精神去改良，不管他人满意与不满意也”。① 调查法权委员会在华及调查报告形成前后，也有记者就报告“建议案”采访他的“感想”时，他回答道：

> 鄙人自华府会议，以迄今日，皆主张各国应将治外法权及时撤销，今建议案未能及此，至为憾事。然以中国近数年来，变乱频仍，百度废弛，且开会中，正当战事发生，其中央无主，及全国纷乱之情形，皆为外人所目击。身当折冲之尊者，其困难不可言喻。观于建议案所希望改良者，除法典公布外，多半属于政治上之责任。要之，外交之得失，视内政为转移，此则无俟吾人之赘言矣。②

王宠惠所说的“政治上之责任”在四分缺陷中占据三分，一些事件正是在调查法权委员会代表在华期间发生的，如军人干预审判，就发生了军阀张宗昌杀害山东等审判厅长张志案、军警杀害《社会日报》记者林白水案、冯玉祥杀害徐树铮案等。至于司法经费不足及法官之薪俸过少、警察厅及陆军审判机关皆操普通审判权等，更是难以掩饰，诸多数据又多为以张耀曾为会长的法权讨论会及其他相关机构提供。③白纸黑字，言之凿凿，使在外交一线与列强交涉法权的王宠惠，时常处境尴尬，难以自信，更难服人。中国政府连向调查法权委员会开放参观旧式司法衙门监所的勇气都不具备，只允许人家参观新设的法庭、监所。此情此境，何以能堪！“国事蜩螗，法纪陵夷”④ 正是王宠惠对时局的精当描绘。

1943 年中国与列强诸多新约的“签订”，首先应归功于中国军民五

---

① 《法律评论·法界消息·王宠惠关于法权会议之谈话》，1925 年第 131、132 期合刊本。

② 《法权会议代表王君宠惠之谈话》，载《法律评论》1926 年第 179 期。

③ 参见《调查法权委员会报告书》，载《法律评论》1926 年第 182 期增刊，第 112 页；吴祥麟：《改进中国司法制度的具体方案》，载《中华法学杂志》（新编·第 1 卷第 5、6 号合刊），正中书局 1937 年版，第 68 页。

④ 王宠惠为《法律评论》社址南迁所写“祝词”，载《法律评论》1928 年第 6 卷第 3 期。

年来的坚决抗战,[①] 但难以想象的是，没有法学家兼外交家王宠惠等人的尽心争取，中国从国际规则层面收回治外法权的目标，一时还难以实现。在纷繁复杂的内外环境中，王宠惠为收回司法主权所作的贡献已臻极致，值得后人铭记。

最后，请容笔者借用王宠惠 94 年前[②]说过、今天听来仍未过时的话，结束本章："希望国民速起奋勉，盖二十世纪之国家，非外交所能收回已失权利，而全赖国民自勉也。"[③]

---

① 参见《顾维钧回忆录》(5)，中国社会科学院近代史研究所译，中华书局 1983 年版，第 188 页。

② 此为文章刊发时的年代，以 2023 年计算当为 101 年前。

③ 王宠惠:《太平洋会议之经过》(1922 年 1 月 10 日在上海总商会演讲)，载《东方杂志》第 19 卷第 4 号。

第九章　近代法律名家的成功机缘
——以郑天锡为个案

一、郑天锡生平

郑天锡先生（1884～1970年）的自传，由两部独立的书组成：一部是《东方与西方：六十生旅》，出版于1951年；另一部是《八十感言》，出版于1966年。两书分别由两家独立出版公司出版，均为作者自传内容。作者曾把自己先前于1946年出版的著作《孔子模型之中国人》（*China Moudled by Confucius*，又名《华道西光》，1946年出版）视为《东方与西方》的“姊妹篇”，前者是中国传统文化的理论概括，后者是中国文化的个体体验。不过，从传记素材角度而言，译者觉得《东方与西方》与《八十感言》两书更宜合并为一类，故而征得传主哲嗣郑斌先生同意，将两本独立单元著作一起译出，作为比较全面的自传推出。

郑天锡先生的一生，贯穿近代中国的几个断代，非凡时代的跌宕起伏，个人阅历的丰富多彩，多重角色的扮演与担当……都使这部传记充满传奇色彩，其中，“法律名家”是其主要角色之一。为了不影响读者对本书全部内容阅读的好奇及兴致，这里只简要介绍传主生平事迹，并将书中未曾重点提及，但与近代“法律名家”有直接或间接关系的趣味信息作简单补充，以帮助读者加深对传主及其时代的了解，顺便谈点翻译花絮。

受早先韦氏拼音的影响，不少英译中的中文人名或地名，经常成为翻译中的拦路虎，英文回译，也成为检验学者知识面的标杆之一，且有相关的“高星楷”（国姓爷）、“李马奔”（林阿凤）、“常凯申”

（蒋介石）、“门修斯”（孟子）、“桑卒”（孔子）等的误译趣话流行于世。其实并不奇怪，现在汉语拼音跟韦氏相差甚远，即使有专门的工具书对照，但找到相对应的字词，汉语四声也没法标定。所以，得先有中文知识垫底，回译时，各方参照，才不易出错，仅就英文硬翻，难免讹错，哂笑学林。十多年前，我初看英文版的《东方与西方：六十生旅》，见作者署名为 F. T. CHENG，再检索其他英文文献，以 F. T. CHENG 署名的还有不少，当时只知道是位中国人写的，但具体哪一位，一时不清楚。待看到书中介绍的作者先期出版的一本英文著作为《孔子模型之中国人》，扉页三上有中文书名及作者“郑天锡”，另一本《八十感言》也有作者中文“郑天锡”署名，这才中、英名字对上号。我研究民国法律史、法律名家多年，对郑天锡先生的大名及资料并不陌生，当然知道他的字为“茀庭”。于是又想当然地认为 F. T. CHENG，就是“茀庭郑”的缩写，恰好茀庭首字母为 F、T，后经跟郑斌先生邮件联系，被告知 F. T. CHENG 是 FUTTING TIEN-HSI CHENG 的简拼，F. T. 不是茀庭两字的首字母，而是 FUTTING TIEN-HSI 的首字母。同样，郑天锡一家长住英伦，1950 年以后，在中国大陆的信息不多，在翻译过程中，遇到他一些家人的姓名，如两女儿 Kam Wan、Ying Wan，也承蒙郑斌先生告知分别为其两姐“锦还”“英还”的名字。“Wan”，若按英译的话，译成“婉”，更适合女孩的名字。即使是郑斌先生，他的英文名字也是 BIN CHENG，也与现代拼音的发音相差很大。举例如上，意在告诫自己：在附和调侃别人瑕疵的同时，自己也要多多阅读，多多请益，力求细致，避免或减少贻笑。

郑天锡先生的生平，结合诸多资料，简介如下。祖籍广东中山人，1884 年 8 月 30 日出生于福建马尾，其父郑礼卿因经商需要，从中山移居马尾。中法战争时，为避战火，出生 9 天的郑天锡便随父母，迁居香港。为躲避香港瘟疫，又曾被送回中山乡下，入学私塾，熟读儒家经典。在香港皇仁书院（Queen's College）就读两年有余，肄业后经营过商贸。1907 年，赴英国留学，入伦敦大学学院（UCL）法律系，1912 年 10 月毕业，获得学士学位（LL. B.）。1913 年 4 月，考入中殿律师会馆（Middle Temple Inn），取得大律师资格，加入英国律师公会。同年返国。1914 年，再赴英国深造。1916 年 1 月，获伦敦大学大学学院法学博士学位（LL. D.），导师麦克唐纳尔爵士（Sir John MacDonell），博士论文《确定缔约能力的国际私法规则》（*The Rules of Private International Law Determining Capacity to Contract*）。1916 年 3 月，当选为格劳秀斯学会荣誉会员。圣·詹姆斯法院大使。

1917 年，返回香港，执行律师业务。1918 年，转往北京，任民国政府司法部法律翻译监督。后历任法律编纂委员会委员、法律编纂委员会编纂主任兼司法考试委员。1919 年，任大理院推事。1921 年，任中国出席华盛顿会议代表团专门委员。翌年返国，任中国出席关税特别会议专门委员、调查法权委员会准备处处长、调查法权委员会中国代表、国务院商标局法律顾问、国民政府建设委员会顾问等职。1922 年，任中国出席关税特别会议专门委员。1926 年，任调查法权委员会中方“副委员”（委员为王宠惠，专门委员：石志泉、林行规），1927 年，任海关行政主席。1928 年，任南京关税委员会主席。在北京期间，曾先后兼任国立北京大学、私立朝阳大学、私立法政大学、私立盐务学校等校教授。

1928 年，辞别北京，赴上海重操律师业务，兼私立上海东吴大学法学院教授。1931 年，任民国司法行政部常务次长（部长是罗文干，政务次长何世桢，未到职），同年 7 月，改任政务次长（石志泉为常务次长）。1932 年 9 月，任考试院法官初试典试委员会委员。1934 年 10 月，辞政务次长职务。1935 年，任外交部顾问，旋以特派委员身份，被国民政府派赴英国，主持伦敦中国艺术品国际展览会。

1936 年 10 月，当选为国际联盟常设国际法院法官（Permanent Court of International Justice）。1940 年，离开海牙，避居瑞士。1945 年第二次世界大战后，返回海牙，出席国际法院全体法官会议，后被选为国际联盟清理委员会委员；同年返国，重任司法行政部次长。1946 年 8 月，任中国驻英国大使，1950 年 1 月去职后，留居英国，仍担任联合国永久公断员和“联合国审问和解委员”职务。1970 年 1 月 30 日，病逝于伦敦，享年 86 岁。伦敦大学大学学院设有“郑天锡国际法奖学金”（Cheng Tien-Hsi Prize for Public International Law）。

郑天锡先生著作甚丰。英文作品有：《国际私法中关于确定契约能力的法规》（斯蒂文斯·森斯公司出版，伦敦）、《中国法》（为《律师指南》而作，辛辛那提，俄亥俄）、《中国文明与艺术》（威廉姆·克劳维斯公司出版）、《孔子模型之中国人》（《华道西光》）（斯蒂文斯·森斯公司出版，伦敦）、《东方与西方：六十生旅》（哈钦森有限公司出版，伦敦）、《八十感言》（卢扎克有限公司）、《食论》（哈钦森有限公司出版，伦敦）。中英译作品有《大理院判决》《暂行刑律》《捕获审判所规则与审判》《民法民诉法草案》等。另有中英文论文、评论若干篇。

郑天锡先生学贯中西，多才多艺，为人谦逊，广积善缘；他是著名的法学家、外交家、文物鉴赏家、美食家及桥牌高手；在近代中国法律界、外交界以及中西文化特别是中英文化交流领域贡献巨大；在国际舞台上，他统筹大局，格调高雅，竭力维护国家民族利益和形象；在私交场合，他助人为乐，与人为善，既有中国传统士大夫谦谦君子的修为，又有西方绅士彬彬有礼的风度。他在60岁生日时，曾将“六十感言”亲书一对条幅，分赠亲友，足可窥见其心性之一斑。兹录如下：

经历数十多载始知事实难为

读书半百余年始觉学犹不及

郑天锡学者兼诗人的儒雅之风，古朴深厚的国学功底，该自传中所作诗词作品中已多有侧漏，从他八十寿庆时答谢亲友雅贺的谢辞中更可足觇：

勛鉴虚度八旬羌无贡献猥蒙

鸿章远逮，吉语纷披。摛藻掞华，极颂祷之能事；吐金属玉，悉风雅之佳篇。展诵回环，荣感曷既。惟是矜宠溢量，奖饰逾恒；却之不恭，受之弥愧。高谊云情，惟有俟诸异日，徐图酬答耳。专肃布谢祇颂　勛祺　郑天锡　　谨啓

二、法律名家的亲缘关系

（一）父子法律学业相承

郑天锡先生育有3女3子，长子郑斌（1921～2019年），日内瓦大学硕士，以《国际法院和法庭适用之一般法律原则》（*General Principles of Law as applied by International Courts and Tribunals*）论文获伦敦大学哲学博士，导师系史华申堡（Georg Schwarzenberg）。郑斌先生曾任伦敦大学学院法学院院长、伦敦大学法学院院长、伦敦大学航空与空间法终身名誉教授、英国皇家航空学会院士、国际法协会英国分会荣誉秘书、国际法协会航空法委员会主席、香港中文大学名誉法学博士，著名国际法学家，全球的国际航空法学与外层空间法学的开拓者和奠基人之一。著作有《国际航空运输法》《国际航空法》《国际空间法研究》等。郑斌先生晚年将其父郑天锡及其本人珍藏的国际法、航空法和空间法等弥足珍贵的图书、手稿、历史照片等3000余册资料捐赠给西北政法大学。为嘉其惠行，2017年，西北政法大学正式设立“郑天锡郑斌国际法航空法图书馆”，永久保存其捐赠资料，将原西北政法大学航空与空间法研究所更名为“郑斌航空与空间法研究所”。

郑氏父子就读于同一所学校、同一专业，同获博士学位，在国际法这一领域均有造诣。父子相继离世后，所存有的大部分资料一起归藏西北政法大学，实现了郑天锡一生倡导和孜孜追求的“东方与西方”友好、沟通及理解的夙愿，也在法律史上叙写一段法律学人佳话。

郑斌先生系另一位近代法律名家傅秉常先生的女婿，郑、傅两家系儿女亲家。接此话题，译者稍事铺陈，补充一些法律名家的亲缘、学缘轶事，增加读者阅读本书的趣味。

（二）郑天锡与傅秉常

郑天锡、傅秉常（1896～1965年），一位为1949年前中华民国最后一任驻英大使，另一位为中华民国最后一任驻苏大使。1916年，傅秉常毕业于香港大学工程科第一期。1918年任著名法学家伍廷芳先生的秘书，研习法律及政治学理论，参与外交活动。傅秉常没有法科科班学习经历，法律知识都是在协助伍廷芳工作期间，随伍廷芳学习而来，伍廷芳于他“犹一导师也”。1928年南京国民政府立法院成立，10

月，傅秉常任国民政府首届立法院立法委员，兼立法院外交委员会委员长及立法起草委员会召集委员。1929～1931年，成为民法起草组的召集人，完成了《中华民国民法》的创制并凭此法律贡献，于1931年1月，获香港名校香港中文大学获授名誉法学博士学位。巧合是他女婿郑斌先生也获得香港大学名誉法学博士学位。1933年至1936年，参与中华民国宪法草案的起草和审查及修订。1942年，出任驻苏联大使，在莫斯科曾代表中国签署中英美苏四国外长宣言，为中国取得了世界四强之一的地位。1949年10月，傅氏未再返任，暂居法国。1965年7月病逝台北。傅秉常有子女5人，其中傅锦培与郑斌结为伉俪，傅、郑算兼具外交家、大使、法学家亲家。

（三）傅秉常与伍廷芳、伍朝枢父子

傅秉常与伍朝枢同娶了何启的两女（傅秉常娶了何启的六女儿何燕芳，伍朝枢娶了何启的二女儿何宝芳），伍廷芳娶了何启的二姐何妙龄，两家关系紧密。伍廷芳（1842～1922年），本名叙，字文爵，又名伍才，号秩庸，后改名廷芳。广东新会人，清末民初杰出的政治家、外交家、法学家，生于新加坡，3岁随父回广州芳村定居，早年入香港圣保罗书院。1874年，自费留学英国，直接进入林肯律师会馆（Lincolns Inn）学习，获大律师资格。伍廷芳是第一个获此资格的中国人，后回香港任律师，成为香港立法局第一位华人非官守议员。1882年，入北洋大臣李鸿章幕府，出任法律顾问，参与中法谈判、中日马关谈判等一系列事件。1902年回国，先后任修订法律大臣等职。1912年，南京临时政府成立后，出任司法总长。1917年赴广州参加护法运动，任护法军政府外交总长、财政总长、广东省长。1922年，病逝于广州。著作有《伍延芳集》《中华民国图治刍议》《美国视察记》《伍秩庸先生公牍》。人们常称伍廷芳为“伍博士”，其实他只是被美国宾夕法利亚一大学授予过名誉博士而已。

伍朝枢（1887～1934年），1898年，伍廷芳出使美国，他也随父赴美，先后就读于美国的中学、大学。1906年，归国居于京都，研习国学。1908年又以官费派送英国留学，入伦敦大学研究法律，1911年毕业，获法学士学位，旋入林肯律师会馆学习，获大律师资格，这也是他父亲曾经学习法律的地方。1912年由英返国。1913年被选为第一届国会众议院议员。1919 年春，代表广州国民政府出席巴黎和会。1927 年 5 月，任南京国民政府外交部部长，兼中央政治会议委员。1928 年 2 月辞职，赴欧美各国考察。1929 年 1 月，任驻美公使。1931 年 5 月，美国密苏里大学赠以名誉法学博士学位，同年 12 月南京国民政府任命他为司法院院长，未就职，但曾主持过相关法典的审定。1934 年病逝于香港，享年 47 岁。

（四）伍廷芳与何启

伍廷芳与另一位香港法律人何启，何启之父何进善（也称何福堂），为香港老传教士，育有子女 15 人，何启行九。1874 年伍、何两人曾同赴英国留学。伍廷芳直接申请入林肯律师会学习法律，获得大律师资格。何启在阿伯丁大学（University of Aberdeen）学医，毕业后，结缘英国富家小姐爱丽丝·沃克（Alice Walker），后者反对他业医，乃再赴林肯律师会馆学习法律，并于 1881 年获得了大律师资格，是继伍廷芳之后，又一个获此资格的华人。回香港后，积极参与公共事业，1890 年，担任香港立法局华人议员。1910 年，荣获英国政府颁授的爵士勋衔，成为第一位获此殊荣的华人。

1887 年，为纪念英国亡妻 Alice，何启创建“雅丽氏纪念医院”（Alice Memorial Hospital），中文名为“雅丽氏利济医院”。院内附设的西医书院。1911 年 3 月，何启带头捐资，将西医书院及香港官立技术专科学校合并，正式创立香港大学。除公职外，何启还投资地产，与女婿区德等人合作，设立启德地产公司，1929 年，港府在其投资之地兴建机场，取名为“启德机场”。何启著有《新政真诠》等。

走笔至此，可以大致理一下几个法律名家的亲缘关系。何启二姐何妙龄嫁与伍廷芳为妻，1906 年，何妙龄捐款兴建了新医院“何妙龄医院”（Ho Miu Ling Hospital）。后与雅丽氏医院合并。伍廷芳、何启系姐夫、妻弟关系，先后共同就读于英国林肯律师会馆，为英国留学校友。伍廷芳、伍朝枢系父子，也先后就读于林肯律师会馆，同为“名誉博士”；伍朝枢、傅秉常分别迎娶何启的二女儿、六女儿，系连襟关系，共同参与南京国民政府的立法活动，何启与傅秉常、伍朝枢为翁婿关系。伍廷芳系傅秉常之妻的姑父（姑妈为妙龄），傅秉常为伍廷芳的姑表女婿。郑天锡与傅秉常为儿女亲家；傅秉常、郑斌翁婿同被香港大学和香港中文大学授予名誉法学博士。郑氏与伍氏、何氏均有亲缘关系，且均有法律研习背景。①

三、法律名家的学缘关系

上文谈到王宠惠、郑天锡为皇仁书院的师兄弟。皇仁书院 1862 年由英国政府创办，初名为中央书院（The Government Central College），是香港第一所正规的中英中学，生源均为男生，又称“男子中央书院”，1894 年改名皇仁书院，宗教气息浓厚。皇仁书院的校友会就称“老男孩协会”。除王宠惠、郑天锡外，何启、孙中山、陈锦涛（留学哥伦比亚大学、耶鲁大学，曾任北洋大学堂教习）、温宗尧（留学剑桥大学，曾任北洋大学堂教习）、王宠惠弟兄（王宠勋、王宠光、王宠佑、王宠庆、王宠益）多出自皇仁书院和北洋大学堂，均为一时俊彦闻名于世、梁兰凡（“文革”前中国第一任驻澳大利亚总领事）等，均曾就读过皇仁书院。基于皇仁书院线索，将一些法律名家的学缘关系罗列如下：

皇仁书院（包括中央书院）的法学校友有：何启、王宠惠、郑天锡等。孙中山、陈锦涛等为非法学校友。

香港大学（包括西医书院）的法学校友有：何启、傅秉常等。王煜初、孙中山等为非法学校友。②

北洋大学堂的法学校友有：王宠惠、徐谟。

林肯律师会馆的法学校友有：伍廷芳、何启、伍朝枢。

伦敦大学的法学校友有：郑天锡、郑斌。

四、法律名家的业缘关系

这里仅仅以近代中国4 任海牙国际法院大法官为例，谈谈法律名家的业缘关系。

---

① 参见《马俊超、傅秉常口述自传》，中国大百科全书出版社 2009 年版，第 6 ~ 9 页；黄振威：《傅秉常传：从香港大学到莫斯科中国大使馆》，中华书局（香港）有限公司 2018 年版，第 104 ~ 105 页。

② Gwenneth and John Stokes, *Queen'S College and Its History* 1862 – 1987, Published by Queen's College Old Boys' Association, 1987, p. 17, 31 – 32, 55, 72 – 73, 245, 294.

郑天锡先生为近代中国当选为海牙常设国际法院大法官的第二人，第一人为王宠惠先生（字亮畴，1881～1958 年）。二人均曾就读于香港皇仁书院，王宠惠是学长，1895 年，由皇仁书院考入北洋大学堂法科，耶鲁大学民法学博士；郑天锡是学弟，肄业于皇仁书院后，赴英国留学。一个中学产出两位国际法院大法官，这两位杰出校友已被载入皇仁书院史册。师兄弟二人在担任国际法院大法官接续上有所关联，与第三位大法官徐谟、第四位大法官顾维钧等，也有一定联系，故此绍述。

通过国际立法，确定解决国际争端法则和手续，肇始于 1899 年和 1907 年的海牙和平会议（Hague Peace Conferences），中国为最早出席参与该会议国之一，并有遵守《和平解决国际纷争公约》的义务。国际联盟遂告成立，对解决国际纷争，作用颇大。其中，旨在通过法律解决国际纠纷而成立的常设国际法院（也有称“永久国际法院”）即为其重要作为之一。

依据国联盟约第 14 条，国联理事会于 1920 年 2 月，举行第二届会议时，选任不同国籍的法学家 10 人，组成法学家顾问委员会，拟具组织常设国际法院计划书。该计划书于 1920 年 8 月 5 日向国联理事会提出，经数度讨论修正后，于 1920 年 12 月 15 日国联大会通过。顾问委员会无中国法学家，中国也不是国联理事会理事，所以对国际法院组织法没有发表任何意见。国联第一届大会第三组委员会虽有中国代表出席，但对于国际法院组织法草案也未发表见解。直到 1920 年 12 月 13 日，国联第一届大会第二十一次全体会议时，顾维钧代表中国称，对于常设国际法院组织法草案讨论完全同意，并希望各国政府能在批准该组织法时，“宣告接受见于第 36 条之强制审判，庶几排除以武力为解纷之工具，而定国际法治之基础”等。但国联大会所通过的组织法，已设有“自愿条款”（Optional Chapter），该法院无强制审判权。中国政府于 1922 年 5 月 13 日批准该组织法及“自愿条款”。

国际法院设立以后，举行了两次法官及代理法官选举，王宠惠博士初被选为第一期（1922～1930 年）之代理法官，继而于 1930 年 9 月，当选为第二期（1930～1939 年）之法官。王宠惠即为近代中国担任海牙国际法院大法官第一人。

1936年，应南京国民政府之邀，王宠惠主动辞去国际法院大法官职务，回国协助政府处理军政外交事务，直至升任国防最高委员会秘书长。王宠惠辞职的同时，推荐中学学弟、时任南京国民政府司法行政部次长郑天锡为继任候选人，郑天锡顺利当选为该院正式法官。[①]

有趣的是，王宠惠对这位中学学弟眷顾有加。在郑天锡当选之后，1936年10月20日，特意从上海向南京寄来一封私人信件，信封上左侧竖写“山西路颐和路三十七号 郑次长 茀庭 勋启”，中间英文横写“Dr. F. T. CHENG Nanking”，信中内容为王宠惠潇洒灵动的英文钢笔草书，6页纸，通篇无一汉字，兹将信首翻译如下：

茀庭吾兄台鉴：

承君之嘱，吾兹手录条目一份，扼要介绍法院之内部程序及运作之径。君想必尚需提供任何进一步的信息。

吾甫理毕相关书籍数本，相信其对君会有所裨益。

即颂安好

王宠惠顿首

接着，王宠惠在信中简要介绍了国际法院最关键、最实用的一些议事规则，并在信纸顶端标有“Strictly Confidential”（严格保密）。相信这些简单实用的提示，对即将赴海牙的郑天锡一定有所帮助。

1946年，郑天锡改任中国驻英大使后，徐谟先生（字叔谟，1893年生，江苏吴县人）当选为常设国际法院大法官。1948年连选连任，直至1956年6月28日，徐谟因心脏病发作，在大法官任上去世。有意思的是，王宠惠、徐谟均毕业于北洋大学堂法科，北洋大学堂为中国最早的自办本科院校，王宠惠为1900年第一届毕业生，也是中国第一张法学本科文凭的获得者，徐谟则于1917年毕业于北洋大学堂法科，王为学长，徐为学弟。1949年之前，中国一共产生了3位国际法院大法官，分别出自同一中学和同一大学。

---

① 董霖：《中国对于和平解决国际纷争之态度》，载《东方杂志》1940年第37卷第12期。

法律人在司法实务方面的业缘还有很多，兹不赘述。

五、法律名家的教缘关系

教缘，是指因相同的宗教信仰而结下的缘分。何启创办的雅丽氏利济医院，下设西医书院。该医院既是专业医院，也是具有宣教性质的医院，自然注重传布福音工作。这方面的事工主要由华人自立会（后来的道济会堂）的王煜初牧师等负责。该书院的第一批学生共9人，其中有7位是基督徒，孙中山即为第一批学生之一。

王煜初为王宠惠父亲，何启与王煜初均为孙中山老师兼教友，王宠惠出身基督教家庭。孙中山与王宠惠早已熟稔，孙中山对王宠惠信赖有加。孙中山在美国对外发布的英文宣言，多出自王宠惠之手。孙还曾在革命困难之际，亲自指令侨商筹措一笔不菲经费，资助王去英国研习法律。当时有人提出反对意见，认为经费这么紧张，哪能用于游学？孙力排众议，提出，培养一个法学大家，对将来的革命工作帮助一定很大。“王君法学渊邃，且为吾党健者，吾党此时助其成功，即为将来革命政府建立之预备也。”① 中华民国南京临时政府成立时，王宠惠、伍廷芳、陈锦涛及温宗尧等，均就任相应高职：王任外交总长，伍任司法总长，陈任财政部总长，温曾协助伍廷芳参赞南北议和。这些与香港皇仁书院、香港西医书院“学缘”“教缘”关系密切。王宠惠当时年纪轻轻，伍廷芳已是资深外交家，就任外交总长，应是众望所归。任用王为外交总长，舆论界认为，孙中山为了要亲掌外交。其实，从王宠惠的才华以及孙中山与王氏父子的学缘、教缘关系，大致能找到孙何以坚持用王为外交总长的答案辅证。

民初革命者中多有信教人士，在很大程度上与此“教缘”有关。后来，稍后的一些其他法律名家，如吴经熊、王正廷等也是教徒（王正廷就读北洋大学堂，与王宠惠是校友）。吴经熊是天主教徒，与同为基督徒的蒋介石、宋美龄走得较近，1944 年曾提出代表政府出使罗马，去梵蒂冈研究教义。1947 年方始成行。只是吴经熊、王正廷信教，与香港的初始教缘无关。

---

① 冯自由：《冯自由回忆录》（上），东方出版社 2011 年版，第 71 页。

近代中国，举凡攻读名校法律学位，获取高规格律师资格，这个过程一般需赀不菲，离不开一定经济财力的资助；成功跻身于官场，顺利执业于职场，高素质的人脉或“朋友圈”不可或缺。译者留意间，发现近代诸多比较成功法律名家，固然离不开他们个人的励志奋斗，但各种直接或间接的“机缘”也不无关联，包括亲缘、学缘、业缘以致教缘。郑天锡在法学等事业上的成功，庶可作为诸般机缘作用的一例。这还远谈不上什么必然规律，只是民国时期把“北朝阳、南东吴”作为代表性的法官、律师进行分群，似可以作为旁证之一。

六、题外花絮

郑天锡先生未公开出版诗集，平时所作的诗词原文无法查对，本书中郑天锡的诗词翻译，通过间接渠道找到原诗的，保留原诗；找到不到原诗的，权由译者仿中文诗词格律意译过来。虽说无法比肩于原作者的诗情画意，但总强于用现代散文诗体例的中文回译，聊胜于无吧。为方便读者理解，凡意译诗词，均保留英文原作，他日若觅得原诗，再寻机替补。

近读旅美学人施肇夔先生（毕业于北洋大学法科，留美硕士，民国著名外交人士，在郑天锡之前，曾任国民政府驻英使馆参赞，一度暂代馆务）把郑天锡为克里普女士率团访华所作临别赠诗译为：

> 百万张与王，齐首仰风光。慈祥兼仁善，感激我心肠！①
> (Millions of Changs and Wangs with open arms,
> The Albion maiden envoy will embrace.
> Whose rare benevolence and innate charms,
> Profoundly touch the heart of ancient race?②)

译句中，竟然出现了“张”和“仁善”二字词，恰好组合成本人的名字，心中不由得一阵窃喜。这也算得上是一段巧合的“机缘”吧！

---

① 袁道丰：《与海外耆宿郑天锡博士话生平》（下），载《东方杂志》1969 年第 3 卷第 5 期。

② F. T. CHENG, *East and West*: *Episodes in a Sixty Years' Journey*, p. 191.

写这篇译序期间，适蒙南开大学历史学院孙卫国教授的信任，嘱写郑天挺先生《法律史讲义》的阅读提示。郑天挺（1899～1981年），原名庆甡，字毅生，福建长乐人。早年曾任法权讨论委员会秘书、调查法权委员会筹备委员会秘书、西南联大总务长、北大秘书长，郑天挺先生在法权讨论委员会主撰过《列国在华领事裁判权志要》一书，也是他的第一部学术作品，该书偏于中文相关文献的梳理编辑。郑天锡先生是法权讨论会的顾问、调查法权委员会中国副委员，与郑天挺先生是同事关系。只是郑天锡先生将更多精力放在参加协调国际调查法权委员会来华考察工作、《调查法权委员会报告书》的起草以及偏重于将中国法律文献翻译成英文，对外推介。

法权讨论委员会与调查法权委员会两个委员会，一个为对中国内部设置，另一个为对国际设置；二位先生在法律文献整理编纂上，一"主内"，一"主外"。两位郑先生同为"天"字辈，都有福建生活背景，却无任何亲缘关系。郑天挺先生是我南开念书时的硕士导师冯尔康先生的导师，是我"嫡亲"师公；我又主译了郑天锡先生的传记，冥冥之中，我与两位郑先生还存有一份"学缘"呢！这点花絮，也使得我在为两位郑先生做点资料整理工作中，平别添了一份情趣。①

本译作为郑斌先生授权，并得到他的持续关心支持。郑斌先生已于2019年10月16日，在伦敦升入极乐，译者无以言谢，只能以其父自传之付梓，告慰郑斌先生的在天之灵，并向一门父子两代法律精英致敬！

① 有关郑天锡先生的其他参考文献，主要参见郑天锡《东方与西方：六十生旅》《八十感言》有关叙述；Gwenneth and John Stokes, *QUEEN'S COLLEGE and Its History 1862 - 1987*, *Published by* Queen's College Old Boys' Association, 1987, p. 338, 383；徐友春主编：《民国人物大辞典》，河北人民出版社2007年版，第2339页；王伟：《中国近代留洋法学博士考》，上海人民出版社2019年版，第186～187页；倪徵𣋉：《淡泊从容莅海牙》，北京大学出版社2015年版，第57～60页。

1923 年出版的《列国在华领事裁判权志要》，是郑天挺于 1922 ~ 1927 年担任权讨论委员会秘书期间，在委员长张耀曾指导下主撰的一部著作，也是郑天挺的第一部学术专著，具有较高的国内国际影响。本章以《列国在华领事裁判权志要》为中心，通过一个组织——法权讨论委员会，一本书——《列国在华领事裁判权志要》，以及一个群体——法权讨论委员会的人脉机缘，讨论郑天挺与法权讨论会的关系，主撰《列国在华领事裁判权志要》的意义，对收回治外法权的贡献，积攒的优质人脉资源对其学术起步及日后教育行政工作的影响。

第十章　郑天挺与法权讨论委员会

郑天挺（1899 ~ 1981 年），原名庆甡，字毅生，福建长乐人，我国著名的历史学家、教育学家。1920 年毕业于北京大学国文系，1921 年考入北京大学国学门（后改为文科研究所）研究生，同年结婚成家。当时北大研究生比较自由，可以在外兼职工作，贴补家用。正好这时张耀曾就任法权讨论委员会委员长，1922 年 9 月让郑天挺前来当秘书，自此，开始了郑天挺在法权讨论委员会的秘书工作，直到 1927 年 9 月辞去该职，前后共计 5 年，在诸多秘书中，郑天挺任职时间长，工作业绩突出。

目前，学界对郑天挺的研究，在学术方面多集中于他的通史、明清史等方面，忽略了他法律史的研究成就；在行政方面，则多关注他任北大秘书长（1933 ~ 1950 年）、西南联大总务长（1940 ~ 1946 年）、南开大学副校长（1963 ~ 1966 年、1979 ~ 1981 年）等教育行政实务，忽略了他曾在法权讨论委员会担任 5 年秘书（1922 ~ 1927 年）以及 1926 年兼任调查法权委员会筹备委员会秘书所积累的经验，为他后来从事教育行政所确立的良好声望；个人情操方面，多关注他尊师爱生，献身教育事业，忽略了他通过主撰《列国在华领事裁判权志要》等，为撤废列国在华领事裁判权、宣示国家司法主权体现的爱国情怀。研究这段历史，有助于了解郑天挺学术生涯的起步、教育行政经验的积累、参与收回司法主权活动所展现的国族利权情怀以及法律史学术遗产的价值。为叙述简洁，篇中提及的诸多前辈名家，一律免去“先生”尊称。

一、法权讨论委员会

法权讨论委员会是近代中国特殊时代的产物，成立于 1920 年 11 月，撤销于 1928 年 4 月。近代中国所谓的中外“不平等条约”，除国土割让外，还体现在司法主权和关税的不平等上。列强通过条约，获取在华司法特权——领事裁判权，清末延至民国，都在为撤废领事裁判权、收回治外法权而不懈努力。法权讨论委员会就是民初北京政府为配合收回治外法权而设立的组织，在争取从中外法律程序上撤废领事裁判权发挥了巨大作用。

1921 年 7 月，在华盛顿远东太平洋会议上，法律精英王宠惠、顾维钧等代表中国提出撤废列强在华领事裁判权等八项要求，经王宠惠等的争取，列强原则上表示赞同，却借口对我国司法状态还有不明了的地方，决定闭会 3 个月后，组成调查法权委员会，来华调查中国法律状况后再作决定。列强对一个主权国家的司法进行干涉，显有霸权性质，但列强凭据与前清政府签署的系列条约，在国际法意义上与中国现政府进行交涉，中国政府就得在主权立场和国际法立场两个层面与其抗争，而不是一味迁就迎合。

北京政府基本接受会议决议，但鉴于对都城内外司法状况未能全面掌握，以“翻译法律条文及采择各项备治外法权委员会参考的统计专门材料非短促时间所能办成”的实情，请求将调查法权委员会的日期延迟至 1923 年冬，并获得各国同意。[①] 中国代表出席华盛顿会议之前，国内创制法律、改良司法的呼声越来越迫切。北京政府为了配合收回治外法权的外交行动，需要对国内司法状况进行摸底，先期成立

① 曾友豪：《法权委员会与治外法权问题》，载《东方杂志》1926 年第 4 期。

法权讨论委员会。1920 年 11 月 6 日，徐世昌总统特派王宠惠为法权讨论委员会委员长，张一鹏为副委员长。同日，以大总统令公布《法权讨论委员会条例》，12 月，王宠惠被任命为司法总长，兼法权讨论委员会委员长，任命修订法律馆总裁江庸担任副委员长，江庸请辞不就，政府改任修订法律馆副总裁罗文幹担任副委员长。① 1921 年王宠惠赴美参加华盛顿会议，1922 年开始，由张耀曾担任委员长，一度兼司法总长（1922 年 8 月 5 日至 9 月 19 日）。1924 年 11 月，张耀曾再任司法总长（1924 年 10 月 31 日至 11 月 24 日），兼法权讨论委员会委员长。不久，张辞去司法总长一职，乃专注于法权讨论委员会委员长一职。1927 年 6 月，张耀曾辞去法权讨论委员会委员长，汤漪继任该委员长，吴昆吾为副委员长，张耀曾等被聘为顾问。1928 年 4 月 10 日，北京政府以财政困难，经阁议通过，将法权讨论委员会裁撤。②

法权讨论委员会职员均由当世著名法律精英（包括外国法律专家顾问）及相关领域的专家学者组成。该会曾于 1924 年 1 月和 1927 年 2 月编辑过两份《职员录》。1924 年《法权讨论委员会职员录》收录的主要职员有：

委员长：张耀曾（镕西）。

副委员长：董康（绶经）。

委员（7 人）：余棨昌（戟门），石志泉（友儒），陆鸿仪（棣威），严鹤龄（侣琴），曾彝进（叔度），宝道（法国），爱司加拉（法国）。

秘书处：秘书长（1 人）：何基鸿（海秋）。

署秘书长（1 人）：柴春霖（东生）。

---

① 参见《东方杂志·中国大事记》1920 年第 17 卷第 23 号，第 136 页；《政府公报·命令》总第 165 册，1920 年 11 月 7 日，第 1698 号，第 225 页；《大总统令·大总统指令第 669 号（1921 年 3 月 19 日）：令修订法律馆总裁江庸：呈请收回派充法权讨论委员会副委员长成命由》，载《政府公报》1921 年第 1822 期，第 7 页；《大总统令·大总统指令第 2091 号（1921 年 9 月 6 日）：令法权讨论委员会副委员长罗文幹：呈报就职日期由》，载《政府公报》1921 年第 1990 期，第 13 页。

② 参见《法律评论·法界消息》1927 年第 5 卷第 6 期；《法律评论·法界消息》1927 年第 5 卷第 8 期；《法律评论·法界消息》1928 年第 5 卷第 41 期。

秘书（13人）：张育海（自牧），谭福（廷辉），张志让（季龙），吴昆吾（昆吾），戴修瓒（君亮），胡文炳（文炳），杨其观（子远），黄国恩（觉因），梁仁杰（云山），刘镇中（谷盦），刘远驹（默存），毕玟（善工，英国），郑庆甡（毅生）。

1927年2月编的《法权讨论委员会职员录》收录的主要职员有：

委员长：张耀曾（镕西）。

副委员长：董康（绶经）。

委员（7人）：颜惠庆（骏人），王宠惠（亮畴），朱深（博渊），江庸（翊云），姚震（次之），余棨昌（戟门），石志泉（友如）。

顾问（10人）：顾维钧（少川），罗文幹（钧任），张国淦（乾若），章士钊（行严），马德润（海饶），孔昭焱（希伯），余绍宋（樾园），沈家彝（季让），郑天锡（茀庭），黎渊（伯颜）。

秘书长：何基鸿（海秋）。

秘书（7人）：张育海（自牧），郑庆甡（毅生），胡文炳（文炳），梁仁杰（云山），刘镇中（谷盦），陈复光（勋仲），杨宗翰（伯屏）。

两份名单中，委员长张耀、副委员长董康以及王宠惠、余棨昌、石志泉、江庸、颜惠庆等委员，均为法界或外交界的领军人物；宝道、爱司加拉均为法国法界一流学者；顾维钧、罗文幹、章士钊、马德润、余绍宋、沈家彝、郑天锡等，亦皆一时俊彦。作为秘书的郑天挺，在两份名单中都均赫然在列，得以有机会与国内国际顶尖人士交流请益。

该会设立的宗旨及流程，由“条例”确定，1920年11月6日、1922年5月20日、1927年7月21日，当局三次颁发《法权委员会条例》，规定：“法权讨论委员会掌关于收回法权之准备实行及善后事宜”“法权讨论委员会筹议收回法权一切准备实行及善后事宜；所有对外条约内关系各项，均得由本会建议、改正，或新修，并备咨询。”① 三次“条例”均明确了该会的职能是围绕收回治外法权的准备、实行及善后事宜开展工作。

法权讨论委员会的主要工作及成果，主要有：第一，组织编写《列国在华领事裁判权志要》；第二，组织考察各地司法状况，大致摸清司法家底，形成《考查司法报告》；第三，进行收回治外法权宣讲活动，呼吁爱国运动，动员社会力量，支持政府收回治外法权，如张耀曾在安庆律师公会、杭州学界及济南法界的公开演讲等；② 第四，组织人员系统地翻译介绍中国现行法律法规、大理院判例及相关资料，主要是英、法文两种外文译介。4 项工作及成果中，直接与郑天挺发生关联的有：主撰《列国在华领事裁判权志要》；参与法权讨论委员会的日常活动；编撰《中国司法小史》；兼任调查中国法权筹备委员会秘书等。

法权讨论委员会从 1920 年 11 月 6 日成立，到 1928 年 4 月 10 日撤销，共计存续 7 年 5 个月。法权讨论会的工作及成果，为尔后南京国民政府收回治外法权运动奠定了基础，鼓舞了勇气，诸如：1929 年，宣布实行关税自主；1929 年，发布《废除不平等条约》宣言，单方面宣布自 1930 年 1 月 1 日起，撤销列强在华领事裁判权；1930 年，改组上海临时法院为江苏省高等法院上海特别法院；等等，以上都开始以主权独立国家姿态宣示司法主权。③

1922 年 9 月至 1927 年 7 月，张耀曾实际主持法权讨论委员会前后持续了 5 年，郑天挺在法权讨论委员会的工作，正好是张耀曾主政的时段，成为其人生的一大转折点。

---

① 参见《政府公报 · 命令》1920 年 11 月 7 日；《政府公报 · 命令》1922 年 5 月 21 日；《政府公报 · 命令》1927 年 7 月 21 日。

② 参见张耀曾：《安庆律师公会法政同学会欢迎会演词（1922 年 11 月 6 日）》《杭州学界讲演会演词（1922 年 12 月 21 日）》《济南法界欢迎会演词（1922 年 12 月 29 日）》等，载杨琥编：《宪政救国之梦：张耀曾先生文存》，法律出版社 2004 年版，第 43 ~ 48 页。

③ Wesly R. Fishel, *The End of Extraterritoriality in China*, *Octagon Books*, *A Division of Farrar*, *Straus and Giroux*, New York, 1974, p. 126.

二、郑天挺与《列国在华领事裁判权志要》

1843 年开始，中国司法主权就受到列强的侵蚀，但多出于民族主义情绪，对列强此项特权进行抨击，而对其由来、发展、危害，以及当局应采取何等手段，才能在外交舞台进行法理交涉，或通过内部司法改进，从根本上将其撤废，诸多议题均缺乏系统的梳理，难见可操作性的建议。从 1919 年的巴黎和会，到 1921 年的华盛顿会议，中国政府收回治外法权的立场经由法律或外交精英，逐步通过外交渠道，提交到国际会议，反馈到当事国政府，引起当事国当局的注意及正义之士的同情支持。为了配合收回治外法权的法理外交行动，职司内政的法权讨论委员会亟须编撰一部相关文献，对列国在华领事裁判权的来龙去脉及将其撤废的现实要求、法理依据以及世界通行惯例等，通盘陈述，以正视听。此项责任，历史地落到张耀曾领衔的法权讨论委员会秘书团队身上，郑天挺恰好参与其中，并担纲主撰角色。

（一）编撰经过

1923 年 9 月 29 日夜，郑天挺在《列国在华领事裁判权志要》样书前页，以“庆甡对烛补记”的记事方式手录道：自己 1922 年秋“始入法权讨论委员会，得读历代条约及外交公牍，暇辄择其有关领事裁判权者私录之。今年三月，张委员长欲列次领事裁判事迹，汇为一篇，并示以范围数事。翌日，余遂详列细目以进，越半月而上篇成，又半月而附录一成。稿凡数易，迄五月而始定，六月付梓，八月工竣，计凡五阅月。参考引据，尚堪自信”。说明该书于 1923 年 6 月编成，8 月出版。该书是在张耀曾指导下完成的，该书出版后，曾获得当时一些法学家的好评，刘师舜撰文称道过此书。郑天挺也视其为自己的第一部学术著作。①

该书正式出版时间标为 1923 年 8 月，作者署名为“法权讨论委员会编”。具体编写流程在“凡例”中专门说明。“凡例六”记道：“本篇编辑主旨及方法均由张（耀曾）委员长指示遵办，文字经张委员长

① 参见郑天挺家人所藏《列国在华领事裁判权志要》；《郑天挺自传》，载冯尔康、郑克晟编：《郑天挺学记》，生活·读书·新知三联书店 1991 年版，第 380 页。

削订者亦不少”；凡例七记道：“本篇材料之搜集及编辑，何秘书基鸿、张秘书育海、戴秘书修瓒、刘秘书远驹均与有力。而始终当其任者，则为郑秘书庆甡。又附录之暹罗收回法权记事，乃宝道委员著，梁秘书仁杰所译也。”即本书总策划人是张耀曾委员长；张、戴、刘3位秘书“均与有力”，梁秘书荷有翻译之劳；“始终当其任者”，则为郑庆甡。可以作如是理解：郑天挺一直参与该书的编撰活动，之所以有“始终当其任”之表达，应该是为了与偶尔、间断及部分参与者区别开来，郑天挺为实际主撰人。

（二）结构及作者分工

该书正文六章，外加两则附录。第一章“领事裁判权之起源及性质”，由五节组成，即领事裁判之意义、领事裁判权之起源、领事裁判制度之根据、领事裁判权之性质、领事裁判权之原则。第二章“列国在华领事裁判权之沿革”，由两节组成，即未缔约前，缔约沿革。第三章“列国在华领事裁判权之内容”，由六节组成，即管辖范围、法院（法国、英国、美国、日本）、审判官及法院职员、适用之法律、诉讼程序（民事诉讼、刑事诉讼）、监所。第四章“列国在华领事裁判权之延长”，由四节组成即观审、哈尔滨铁路交涉总局之会审、汉口洋务公所之会审、鼓浪屿会审公堂之会审。第五章“领事裁判权之弊害及撤废之必要”，由三节组成，即对中国之弊害、对于外人之弊害、撤废领事裁判权之理由。第六章“撤废领事裁判权运动之经过”，由三节组成，即清代撤废领事裁判权之希望、欧洲和平会议中国撤废领事裁判权运动之情形、太平洋中国撤废领事裁判权运动之情形。

附录一：“外国侵害中国司法之事实”，由八部分组成：（1）上海会审公廨之由来及性质；（2）上海会审公廨之组织；（3）上海会审公廨之管辖范围；（4）会审使用之法律；（5）会审之诉讼程序（刑事、民事、判决）；（6）上海会审公廨之堂期；（7）上海之西牢（公共租借西牢、法租界西牢）；（8）民国以来收回上海公共租界交涉之经过。

附录二：“收回法权之先例”，由四部分组成：（1）日本废止领事裁判权之沿革；（2）暹罗治外法权之撤废；（3）土耳其之领事裁判权问题；（4）埃及所谓收回法权者如是。

该书1923年8月出版，张耀曾作序。凡例只提到几位秘书的参与其中，除郑天挺外，其他人员的具体贡献并未陈明。郑天挺则在“庆甡对烛补记”中还记道：“书中鼓浪屿会审公堂案卷，为何君海秋（基鸿）所辑；附录二之日本废止领事裁判权之沿革，出刘君默存（远驹）之手；土耳其之领事裁判权问题及埃及所谓收回法权者如是，出张君自牧手；上海西牢、汉口洋务公所，为戴君君亮所亲调查；题签者，则杨君子远也。”这段文字与凡例六、七大同小异，但明确说明了几位同行的具体贡献。[①] 何君海秋，即何基鸿；刘君默存，即刘远驹；戴君君亮，即戴修瓒；题签的杨君子远，即杨其观，此人在凡例中没提及。

全书篇幅按现下标点、注释统计，除去张耀曾序言、凡例外，共计6万字略余（不计空格数），目录加正文，除去第四章第三节汉口洋务公所、第四节的鼓浪屿会审公堂部分，3万余字。附录占3万余字。实际出自郑天挺之手的文字为正文的3万余字，是名副其实的主撰者。

附录一《外国侵害中国司法之事实》内容所占篇幅最大，颇多涉及公共租界及法租界内容，为戴修瓒亲自调查，这里略加申说。《东方杂志》1923年第20卷第20号“参考资料”专栏刊载《上海会审公廨概述》。该文收录入《列国在华领事裁判权志要》附录一，易名为《外国侵害中国司法之事实》，编辑者加上一段“引言”，摘录如下：

> 领事裁判权之延长，虽非领事裁判权本质所许，然尚以我国形式得同意为根据也，故法律上不得谓之非法。若既无条约或其他公文上之根据，而其裁判权之行使又大超乎领事裁判权之范围，是直侵害我国司法之一种事实而已，法律上决无主张之余地，如辛亥以来之上海会审公廨，既非由我国所组织，其权限在国法及条约上尤无根据，不谓之侵害司法之事实不可得也。故列之附录，以示与领事裁判权有别。

① 参见郑天挺家人所藏《列国在华领事裁判权志要》；《郑天挺自传》，载冯尔康、郑克晟编：《郑天挺学记》，生活·读书·新知三联书店1991年版，第380页。1927年2月《法权讨论委员会职员录》中，郑天挺仍登记的“郑庆甡”，他在1929~1930年编辑《现行法令摘要》时，才出现“天挺案”的字样，则“天挺”名字的对外正式使用，大致在1928年之后。

《东方杂志》刊发时，无此“引言”。戴修瓒的调查报告曾以《法权讨论委员会秘书戴修瓒视察上海公共会审公堂之报告》，1923 年分 16 期连载于《法律评论》上，作者署名为戴修瓒。[①]《东方杂志》所刊之《上海会审公廨概述》，内容主要基于戴修瓒报告，只是作者改署为“法权讨论委员会”，视为该委员会的集体成果。

（三）特征及影响

1. 特征

郑天挺对这部学术“处女作”以“尚堪自信”自况，是他从事系统学术研究的起点，其特征主要体现如下：

第一，开拓性著述。这是第一次就列强在华领事裁判权进行全面梳理的中文著述。在这之前，对列强在华领事裁判权或中国治外法权问题做过比较详细讨论的国人，以顾维钧留学哥伦比亚大学时的博士论文《外人在华之地位》为代表，1912 年完成，旋即以英文出版。1925 年才由钱泰等翻译成中文出版。[②] 该书分“无约时期”（公元 120 ~ 1842 年）和“有约时期”（1842 年以后），共计 19 章。另外就是外国法学博士摩而司著、吴俊贤翻译的《中国领土内之治外法权》一文[③]。这两篇著述，一篇出自中国留美学生之手，另一篇出自外国人之手，基本上都是站在世界看中国，对治外法权多有讨论，但还不是专论列强在华领事裁判权。治外法权与领事裁判权本义不同，治外法权，顾名思义，就是本国政府治理外国人的法律权力；领事裁判权，则是外国领事官在别国土地上治理该国人的权力。在近代中国，论及旨在争取法权运动问题时，表述上习惯用作“收回治外法权”“撤废列强在华领事裁判权”。“收回法权”，往往是两者约定俗成的互用。较之上述两部著述，《列国在华领事裁判权志要》完全出自国人之手，而且是专论“列强在华领事裁判权”的历史、现状及撤废之展望。

第二，体系完备。正文六章，全面系统地论述了列强在华领事裁

① 《法律评论》1923 年第 7 期、第 8 期、第 10 期、第 16 期、第 19 期、第 22 期。

② 参见《顾维钧回忆录》（1），中国社会科学院近代史研究所译，中华书局 1983 年版，第 71 页、第 75 ~ 76 页；顾维钧：《外人在华之地位 · 后记》，吉林出版集团有限责任公司 2015 年版，第 213 页。

③ 刊登于《申报 · 星期增刊》，1923 年 7 月 10 日转载于《东方杂志》第 20 卷第 13 号。

判权的沿革、内容、延长、弊害以及中国撤废领事裁判权的必要和运动经过。

第三，信史记录。从时段上，分缔约前和缔约后两个大时段，上起明末西人来华贸易纠纷的处理，下迄成书前夕 1923 年 6 月的故事，凸显出该书对列强在华领事裁判权历史记述的完整性，尤其是书中对 1921 年，华盛顿会议以及对正在进行的交涉收回上海会审公廨活动的描述，更具当代人写当代史志的意味，留下真实可靠的信史。

第四，世界眼光。尽管郑天挺回忆中，自谦说他在法权讨论委员会中“外文不行，只好编些汉文资料”。其实，该书的体系及内容具有鲜明的世界眼光。例如，缔约前后章节的设计，就是晚明以降中外关系简史的勾勒；在第三章“列强在华领事裁判权之内容”的第三节“法院”部分，则介绍了法国、英国、美国及日本的法院。该书无论是章节的布局，还是内容的陈述，都把当时中国的治外法权问题置于国际大背景中进行考察，视野开阔。资料出处的注释中，含有大量外文原始文献，足资征询，从另一个侧面反映郑天挺对外文资料的高度重视。

第五，正义情怀。法权讨论委员会设立的初衷，决定了该会的主要工作之一就是围绕收回治外法权的必要性和可能性展开论证，该书正是此项工作的最重要的成果之一。该书通过对领事裁判权的性质、起源及其在中国设立过程的介绍，从国际法到国内法，指出该项特权在中国的存在，既不合法，也不合理。通过领事裁判权对中国和对外人之弊害的分析，揭露了该项特权于中国、于在华外人具有双重弊端，应当废除。“凡例一”写道：“本篇在使国人切实明瞭领事裁判权之来历及现状，故于事实及制度搜罗綦详，并随处加以注释，以期显明。”“凡例三”写道：“上海会审公廨制度领事裁判权弊害尤深，故本篇记录特详。”“附录一”则专就上海会审公廨诉讼程序及公共租界、法租界的“西牢”内幕进行披露，以大量事实证明外国侵害中国司法的行径，指出会审制度本为“约外侵权”之举，即列强超越中外条约而获得的额外特权，“尤须先为废弃，望我国人努力图之”。[①] 字里行间，洋溢出敌忾之气，回荡着正义之声。

2. 影响

这部著述对当时及后世、国际及国内，均产生较大影响。《列国在华领事裁判权志要》编写过程中，张耀曾屡赴地方做宣传演讲，呼吁社会各界人士支持政府收回治外法权，该书的不少素材常被援用，发挥了引导收回法权运动的实际作用。该书出版后，即有著名期刊引用有关内容，扩大了传播范围，为宣传鼓动推波助澜，如《东方杂志》是近代中国发行量很大、阅读面甚广的名刊，该刊的转载，无疑会大大提升该书的影响力。

该书的影响不仅显现于当时，而且延及后世。随着北京政府的终结，南京国民政府的建立，中国政局初靖，有了统一的政府对外交涉法权，收回治外法权运动如火如荼。中国国民党中央执行委员会，于1929 年 10 月特编辑了《撤废领事裁判权运动》一书，作为宣传材料，公布于众。该书分六章：第一章“什么是领事裁判权”；第二章“各国在华领事裁判权述要”；第三章“领事裁判的弊害”；第四章“领事裁判权决不能存在于中国的理由”；第五章“中国撤废领事裁判权运动之经过”；第六章“撤废运动中应有之准备与努力”。综览此书，除第六章外，前五章中，举凡 1923 年以前有关列强在华领事裁判权的内容，大致都未超出《列国在华领事裁判权志要》，有些就是直接援用。遗憾的是，《撤废领事裁判权运动》一书并无凡例说明所引资料的出处，“前言”中也无只言片语提及《列国在华领事裁判权志要》。所幸该书的署名为国民党中央核心机关单位，可以免除“不尊重著作权”之讥讽或“文责自负”之质疑。

3. 不足

该书也存在一些不足。据郑天挺自传中说，“该书出版后，曾获得当时一些法学家的好评，刘世舜并曾撰文，称道过此书。当然，事实

---

① 参见郑天挺家人所藏《列国在华领事裁判权志要》；《郑天挺自传》，载冯尔康、郑克晟编：《郑天挺学记》，生活·读书·新知三联书店 1991 年版，第 380 页。

上该书亦有不足”。[①] 郑天挺并没有具体指出有哪些不足，但他在1923年9月29日的书前记事中已经提到本书的不足：“惟有二事未及列者：一租界未引渡问题，一则外国人互讼之惯例与条约是也。又西人服家国法，先例尚多，亦未及尽述，斯为憾耳。”“凡例二”也记道：收回法权之方法及其善后，“兹事体大”，仓促间难以具录。臆测这并非郑天挺等不想具录，而是当时众说纷纭，始终没有形成统一认识，觅得可操作性方法。

该书基于收回司法主权的动机，包含激荡民心、抵御外侮情怀，为对外舆论造势、争取主动提供参考，故而对领事裁判权的本质及其危害性的揭露着墨颇多，对国内立法、司法及政治环境不理想之处的披露无多，即对外揭批有余，对内反省不够。

难能可贵的是，作为该书编撰的指导者张耀曾，倒是一以贯之地保持内省意识，他有感于国人自尊、自爱之心不足，自侮丧权尚不警悟，于是嘱咐秘书，搜集关于领事裁判权之事实及论议，编辑成篇，广为流布，“冀为国人警觉之一助焉”，[②] 要让国人了解司法主权丧失过程，找出自身原因，唤醒国人，祛除自侮，努力自强，指出“仅求对外一致之形式，而不求内部一致之实际，仍是苟且敷衍之手段，可以强缝一时，而不能垂诸永久，望我国民，翻然悔悟也”。[③]

三、郑天挺与法权讨论会的人脉机缘

个人事业的成功，固然离不开自身的品质，但在人生关键时段，能加入一个好的事业团队，获得优势资源的概率会更高，易于取得事半功倍的成绩。

良好的家庭环境无疑是子女成才及成功的基本要件。可是，郑天挺6岁丧父，7岁丧母，属于社会学意义上的“残缺”，极不利于其成长，于是，天赋、勤奋、亲缘、业缘等，就成了不可或缺的辅助要素。就遗传学而言，基因遗传的科学量化测试甚难，但不可否认它在人才

---

① 《郑天挺自传》，载冯尔康、郑克晟编：《郑天挺学记》，生活·读书·新知三联书店1991年版，第380页。

② 张耀曾：《列国在华领事裁判权志要·序》。

③ 张耀曾：《关于华盛顿会议之意见》，载《学林杂志》1922年第2期。

成长中的重要作用。所谓“天赋”是与生俱来的，遗传成分大，郑天挺曾祖父郑用桐为道光进士，祖父郑宏泳为廪贡生，父亲郑叔忱中进士，曾任职于翰林院、奉天学政、京师大学堂教务提调（教务长）等；外祖父陆仁恺系咸丰朝进士；母亲陆嘉坤“精通经史，热心于教书”，曾受聘为北洋女子高等学堂总教习，① 系高智商家庭，具有优质基因遗传的优势或高概率。家风（或家学）传承也不可或缺，郑天挺双亲虽早已去世，倾心向学的家风犹存，据说郑天挺在西南联大给学生批改作业时，就曾仿效乃父批览文献之法。② 至于勤奋，则可以说是伴随郑天挺一生的习惯，毋庸赘言。除去这些，郑天挺特殊的亲缘、业缘关系，很大程度上弥补了他年幼失怙的缺憾，顺利完成了小学、中学及北大本科学业；在研究生期间，他加入法权讨论委员会团队，身边形成了高层次的业缘关系，有助他日后科研、行政能力的提升。该“亲缘”和“业缘”朋友圈，均主要是围绕张耀曾展开的，这里仅围绕《列国在华领事裁判权志要》中提及以及郑天挺在该样书上备忘“记事”或“自传”中列出的人物，分亲缘和业缘两类进行介绍。

（一）亲缘关系

郑天挺与张耀曾，姨表兄弟关系，张、郑母亲系亲姊妹。张耀曾，东京帝国大学法科肄业，曾为司法总长，任职法权讨论委员会委员长达 5 年。其间聘请法科专家将中国《民法》《民事诉讼法》《刑法》《刑事诉讼法》《法院编制法》等均各译成英文、法文出版。③

郑天挺与柴春霖，表郎舅关系。柴春霖，美国威斯康辛大学学士，娶张耀曾五姐为妻，郑天挺的姨表姐夫，任法权讨论委员会署理秘书长（秘书长何基鸿）。

---

① 参见《郑天挺自传》，载冯尔康、郑克晟编：《郑天挺学记》，生活·读书·新知三联书店 1991 年版，第 370 页；梁漱溟：《我对郑天挺教授家世之回忆》，载《南开史学》1983 年第 1 期。转引自封越健、孙卫国编：《郑天挺先生学行录》，中华书局 2009 年版，第 176 页。

② 依据南开大学历史学院冯尔康教授介绍所悉。

③ 参见张丽珠：《缅怀我的父亲张耀曾》，载杨琥编：《宪政救国之梦：张耀曾先生文存》，法律出版社 2004 年版；徐友春主编：《民国人物大辞典》，河北人民出版社 2007 年版，第 1901 页。

张耀曾、柴春霖均为法权讨论会的关键性人物，与郑天挺关系极为密切。

另外，郑天挺的亲弟弟郑庆珏，毕业于北平民国大学，在日本东京明治大学法律系深造过；郑天挺的另一姨表兄、张耀曾的亲弟张辉曾，为程朱理学研究专家；郑天挺的姑表兄梁漱溟，担任过张耀曾的秘书，梁漱溟父亲梁济也是郑天挺兄弟俩的监护人；郑天挺的外亲表姐夫王劲闻，毕业于京师法政学堂，曾任大理院书记官、兼文官高等惩戒委员会事务长等职……这些关系没有法权讨论会的背景，仅可从侧面了解郑天挺亲缘关系中的精英化程度。

（二）业缘关系

这里主要是指参与该书创作或成果被吸纳的、郑天挺在法权讨论委员会秘书处的同事关系。法权讨论会秘书同事：何基鸿、张育海、戴修瓒、刘远驹、梁仁杰、杨其观。

何基鸿，毕业于日本东京帝国大学，1923 年 9 月赴英、德等国留学，历任大理院书记官、大理院推事、司法部参事、国民政府考试院编撰、国立清华大学政治学系讲师、国立北京大学法律系主任及政治系主任等职。

张育海，东京帝国大学法政大学政治学科学习。

戴修瓒，留学日本中央大学法科，曾任北京法政大学法律系主任兼教务长、京师地方检察厅检察长、大理院检察署检察长等职。

刘远驹：光绪三十年进士，东京法政大学中国留学生“法政速成科”卒业。

梁仁杰，巴黎大学法学博士，曾任司法部参事、修订法律馆纂修、北京大学讲师和中国法政大学教授。

杨其观，专精法文，曾任职于广东大学堂、两广方言学堂、南京海军部、盐运署等。①

法权讨论会顾问：宝道，法国人，毕业于巴黎大学，1914 年来华，

① 参见徐苏斌：《从〈学艺〉看近代留日学生传播信息的媒介作用》，载《编辑学刊》1986 年第 4 期；《中国近现代科学技术团体选介》，载《科学》1986 年第 4 期；《名流意见》系列，载《学林杂志》1922 年第 2 期；日本法政大学史资料委员会编：《法政大学史资料集第十一集》，裴敬伟译，广西师范大学出版社 2015 年版，第 163 页。

先后任北京政府审计院顾问、司法部顾问、法权讨论委员会顾问。①

非法权讨论会成员：郑天挺自传中提到的、“称道”过该书的刘师舜，12～20岁就读于清华留美预科班，20岁赴美留学，获美国约翰·霍普金斯大学文学学士、哈佛大学文学硕士、哥伦比亚大学国际法专业哲学博士学位，1925年回国，任清华大学教授、外交部条约委员会委员等职。②

通过考察《列国在华领事裁判权志要》的创作团队成员，可以看出有法学、留洋背景的居多，国学功底亦多深厚。清末民初，伴随收回治外法权运动，立宪、修律及司改活动频兴，法科人才日益受到重视、重用。法科人才最为集中的平台主要有修订法律馆、法权讨论委员会及调查法权委员会。让法律专业人士研究法律问题，在国际舞台运用法律知识争取国权，反映了北京政府对法权问题的重视。秘书群体除了编译资料、实际调查、撰写报告外，还可对《调查法权委员会报告书》提出具体应对方案。如1926年6月28日，法权讨论委员会召开会议，“讨论我国对于外国委员所提报告书，应取如何之态度，并将该会各秘书所拟之意见书交会审议”。秘书对收回治外法权的对策往往有直接建议权。梁仁杰1927年5月，更是由上海临时法院推事，调升为上海临时法院刑庭庭长，③ 由秘书身份走向收回治外法权的实战前台。

围绕编撰文献的工作，郑天挺的工作态度及协调能力也逐步获得同行的认可，有相关组织工作的机会，均力推他担任。如1926年3月4日下午，他赴法权讨论会会部时，秘书长何基鸿对他说，大理院院长余棨昌让他去大理院任庭长，已得到张耀曾的同意，很快就有明令，秘书长一职，就推荐郑天挺接任。郑天挺力辞，理由一是认为自己“资验甚浅”，二是觉得自己“与张镕西（耀曾）为姻娅”，意思是要避嫌。何基鸿认为这没什么影响，可郑天挺仍坚辞不就。他还借此自

---

① 参见王健：《西法东渐》，中国政法大学出版社2001年版，第541页。

② 参见刘师舜：《五十年的一点小小回忆》，载缪名春、刘巍编：《老清华的故事》，江苏文艺出版社1998年版，第224页；王伟：《中国近代留洋法学博士考》，上海人民出版社2011年版，第144页。

③ 参见《法律评论》1926年第4卷第1期；《法律评论》1927年第5卷第12期。

发感慨："近年自审，才实不足以当方面，而学尤不足以自济，故去春戴君亮厅长修瓒强余为书记官长，虽经镕兄再三言之，亦不就也，今日亦同此故耳。"未曾想到的是，下午刚辞秘书长，傍晚5点钟，好友许宝驹就找他交谈，说督办教育特税事宜公署已成立，马叙伦督办见郑天挺前此给许宝驹投过《论教育经费书》文章，知道郑天挺的为人，又经许家驹极力推荐，故直接将郑公示为"科员"。此事郑天挺事先毫无知晓，既然已经公示，也就这样了。在许宝驹介绍该署刚成立、"别无事，但计划耳"后，郑天挺这才勉强答应，想到自己这一天"拒高位而就此，思之自笑不已"。[①] 郑天挺做事严谨、为人谦逊的处世原则以及在同僚中的威信，由此可见一斑。

四、法权讨论委员会的经历对郑天挺学术和教育行政生涯的影响

郑天挺虽非法律出身，自谦外语不行，但他一来年轻，精力充沛；二来以学生身份挣钱贴补家用，没有其他社会兼职，可以专心做事；三来本科就读于北大，文史功底扎实，严谨质朴，在利用历史资料、叙说领事裁判权历史时，得以发挥所长，静心编撰。以张耀曾为代表的亲缘人脉，则使得郑天挺本科刚毕业，就获得一个很好的学术工作环境、值得信赖的亲友团帮扶，很大程度上弥补了他幼承庭训承教不足的缺陷。

在亲缘关系中，郑天挺与张耀曾关系最为密切，父母去世时，与弟弟郑庆珏一起，在亲友帮助下，寄养在姨母（张耀曾母亲）家，其时，大姨表兄张耀曾在日本留学，二姨表兄张辉曾负责教郑天挺读书，思想上受他的影响很大。当郑天挺本科毕业进入研究生阶段学习时，张耀曾已回国，成为司法界领袖，专任法权讨论会委员长时，将郑天挺引荐到法权讨论会，亲自指导他编撰《列国在华领事裁判权志要》及《中国司法小史》。郑天挺任职该会秘书期间，白天除了兼课以外，去得最多的就是法权讨论委员会会部，业余时间去得最多的就是张耀

① 《郑天挺北大日记：1924—1936》，1926年3月4日，未刊稿。

曾家，在张家用餐的次数也最多。[1] 郑天挺幼学知识多得益于张辉曾，学术研究能力则多受益于张耀曾。当然，其他亲缘关系对郑天挺的发展也多有加持，如梁漱溟对其日后谋职上的帮助等。

在业缘关系中，在戴修瓒等为代表的秘书处团队的协助下，《列强在华领事裁判权志要》的顺利著就付梓，产生了国内、国际双重影响，为取得国际社会的信任，形成有利于中国收回治外法权的政策走势，配合收回治外法权运动的顺利开展，作出了应有贡献。

《列国在华领事裁判权志要》连同未成稿的《中国司法小史》，是郑天挺在中国通史、明清史研究等之外，为中国近代法律史研究留下的又一笔宝贵学术遗产。关于《中国司法小史》，这里略作补充说明。该书是郑天挺在法权讨论会任职期间的另一成果，据他回忆，“初稿已成，后因我南下工作，该会亦取消”。郑天挺在日记也记道：“余所著《列国在华领事裁判权法志要》即受（张耀曾）命而作，全稿均经详细校正。其不苟为此，并命作《中国司法小史》，初稿已成，余南下而公亦去官矣。”[2] 1923 年法权讨论委员会确定的译印书目中，也已将该书列入“编译中”书目一类。由于是“初稿”，加上不久之后调查法权委员会的改组直至撤销，人、会异动，也就没有正式付印及外译。郑天挺原将“初稿”起名为《中国旧日司法概要》，列入编译书目单时，改为现名。编撰该书的主要目的是向国际社会简要介绍中国司法历史的发展进程，所以内容涵盖古代司法及近现代司法。第一章、第二章为古代司法介绍，第三章则为近现代司法介绍。3 章分别为：第一章“对于司法之观念”；第二章“历代律书”；第三章“中国司法改良之经过”，包括第一节“造就人才”，第二节“修订法典”。合计只有 0.83 万字。从所存篇幅看，尚不足成书一册。因此，现存手稿只是未成书的部分章节。

《中国司法小史》虽未成稿，但已初具中国司法史的体系。近世研究中国法律史的学者主要有薛允升、沈家本、董康、江庸、程树德、

---

① 参见《郑天挺北大日记：1924—1936》，未刊稿。

② 《郑天挺自传》，载冯尔康、郑克晟编：《郑天挺学记》，生活·读书·新知三联书店出版社 1991 年版，第 380 页；《郑天挺西南联大日记》，1938 年 7 月 30 日，中华书局 2018 年版，第 80～81 页。

陈顾远、杨鸿烈、杨幼炯、瞿同祖等，郑天挺着手研究法律史、撰写《中国司法小史》的时段，大致与江庸之后的程树德、陈顾远同期，位于中间代，规范的史学训练，加之法权讨论委员会的工作经历，使得他对中国传统司法及其近代转型有比较宏观、准确的把握。若非因工作调动及法权讨论委员会的变故等，《中国司法小史》在纲目及部分初稿基础上，成书付梓，并经法权讨论委员会翻译成英、法文，发行海外，将有助国际人士了解中国司法观念及发展进程，其地位及影响不难预见，庶几能与前后的江庸《五十年来中国之法制》、程树德《九朝律考》、陈顾远《中国法制史概要》、瞿同祖《中国法律与中国社会》等法史名著比肩，惜留残卷之憾。据悉，目前该手稿亦经南开学人整理完毕，不日出版面世。

1920 年至 1928 年，先后有 1921 年华盛顿会议的召开、1926《调查中国法权委员报告书》的出炉、1927 年上海会审公廨的接管、上海临时法院的设立等，中国收回治外法权运动有了长足的进展。法权讨论委员会为配合收回治外法权的所作所为，受到国际关注。调查法权委员会 1925 年年底来华前，外方已经注意到中国法权讨论委员会的存在和影响，对其取得的包括《列国在华领事裁判权志要》在内的成果颇为重视。对此，有法学期刊曾予以报道："我国因收回领事裁判权一事，遂有法权讨论委员会之组织。该会成立以来，虽无若何建树，然编辑书籍，对于收回法权之理由叙述颇详，近收回上海会审公堂交涉，政府正在进行，各国公使对法权讨论委员会之立论尤为注意，前日美代使贝尔特开单函致外交部，即请将法权讨论委员会所著书籍照单检送该署，并请将该会续行著作之英文书籍寄交华盛顿国会图书馆。按美使馆此项表示，显系以之观察我国政府近来司法情形为研究撤废在华领事裁判权之准备云云。"① 以美国代理大使为代表的各国公使，显然关注过法权讨论会编辑翻译的著作，尤其是有关上海会审公堂的论述，并对其符合史实、有理有节的中肯叙述表示承认，建议本国政府作为制定对华政策的参照。郑天挺在该委员会存续期间的大部分时间参与其中，以独特的方式，尽其事功，为中国收回治外法权运动。作

---

① 《法律评论·法界消息·美使注意法权讨论委员会》1924 年第 2 卷第 12 期。

为秘书，他除从事上述文献编撰工作外，还兼其他工作，如1924年2月18日该委员会开会，先前因调查法权委员会的外国委员当年11月来华，要竭力筹备迎接，可前一天得到外交部公函，说美国公使发来照会，11月来华一事，各国未能达成一致，所以这天召集委员会讨论一切相关事宜。经公众议决，仍请国际委员照前定办法来华。开会结束后，即由郑天挺起草公文，送达国务院。①

调查法权委员会与法权讨论委员会外、内两个“委员会”的成员具有重叠性，中国委员王宠惠即为首任法权讨论会委员长，副委员郑天锡，专门委员石志泉等，秘书向哲浚等，或兼法权讨论会委员，或兼顾问，其身份决定了他们势必重视参考法权讨论委员会所编资料及建议。郑天挺兼任调查中国法权筹备委员会秘书，得以与王宠惠、郑天锡、戴修瓒等正式委员或秘书一道，筹备、安排调查法权委员会来华考察调查接待事项，直接参与了收回治外法权的国际组织活动。这些顶尖的法律人均已在国内外法坛颇有声闻，高品位的法界业缘人脉机缘，对郑天挺的学术训练及行政素养势必产生直接或间接影响。

联想起1940年1月15日，郑天挺致函梅梅贻琦及西南联大常务委员会、辞退联大总务长聘书时的陈词：“区区不就之意，并非谦让，亦非规避，更非鸣高。诚以学殖日荒，思自补益。是以南来之初，即请之孟邻（蒋梦麟）先生，许以专事学问。本校素以扶持学术为任，想必亦昭其悃愊，惠予同情也。谨璧上总务长聘书，诸维鉴照。”即便恳切如斯之请辞，仍未获得同人宽纳，1940年1月17日晚，竟有多位联大教授亲临郑天挺住处，坚劝其出任联大总务长，未晤本人，辄留有“斯人不出，如苍生何”的字条；还有1948年北大50周年校庆日，北大全体学生献给郑秘书长的“北大舵手”大红标牌，② 足见郑天挺职司法权讨论委员会秘书以降，一以贯之的谦逊风格和备受师生拥戴的品质。

法权讨论委员会的经历，使郑天挺积攒了高层次的学术人脉，成

---

① 《郑天挺北大日记：1924—1936》，1924年2月18日，未刊稿。

② 参见《郑天挺西南联大日记》（上册），1940年1月15日、17日，中华书局2018年版，第234页、第235页；封越健、孙卫国编：《郑天挺学行录》，中华书局2009年版，扉页插图。

为他学术研究的高起点；担任秘书的实践，锻炼了他与众多法政名流、学界大家的沟通协调人力，提高了品行声誉，为日后从事教育行政工作奠定了基础；《列国在华领事裁判权志要》的主撰及《中国司法小史》的草拟，既是他宝贵的学术研究尝试，也是嘉惠法律史学林的珍贵遗产。郑天挺作为一代学术宗师和教育行政专家，其历练及积淀肇始于参与法权讨论委员会的活动，其人、其事、其著，与时共存，不朽于世。

1927年6月，国立第四中山大学成立社会科学院法律学系。1928年2月，易名江苏大学社会科学法律系。1928年7月，国立中央大学组建法学院，含法律学、政治学、经济学三系。南京国民政府成立伊始，活力绽放，加之首都政治中心的区位优势，法学院成立伊始，就吸引了一批高水平的法政教师加盟，学生生源亦属优质。全面抗战爆发后，法学院随校西迁重庆，其间又增加了社会学系、边疆政治学系及法律学系司法组，陪都的“虹吸效应”，吸引众多法学名家前来任教。以法政为主的中央大学法学院的法科教育，起步晚，起点高，学科全；师资队伍名家云集，教研成果丰硕；毕业学生优异，社会影响蜚声中外，形成近代中国法科教育的奇峰。近代中国法科教育界素有“北朝阳、南东吴”之说，实际上，1927～1949年，国立中央大学法学院的法科教育成就位居全国大学之首，故“北朝阳、南东吴”之外，宜加上“中中央”。

第十一章　民国法科教育的奇峰
——国立中央大学法学院

1927年6月，国立第四中山大学成立社会科学院法律学系、政治学系。1928年2月，易名江苏大学社会科学法律系。1928年7月，国立中央大学组建法学院，含法律学系、政治学系和经济学系，抗战期间，法学院又增加了社会学系、边疆政治学系及法律学系司法组。1928年以后，新兴的南京国民政府，连同首都政治中心的加持，法学院甫一成立，就吸引了一批高水平的法政教师，尤其受到留洋法学博士及其他高才生的青睐，学生生源亦属优质。全面抗战爆发后，法学院随中央大学整建制地西迁陪都重庆，其他许多大学法学院或独立法政院校所受冲击颇大，唯独中央大学法学法学院保持比较完整的结构，规模不减反增。中央大学法学院师生，在当时国际国内法律、政治、外交以及学术等舞台上竞展风采，在全国大学中独领风骚，形成民国法科教育的奇峰。本章拟循着中央大学法学院的历史轨迹，重点介绍以法学院法律学系、政治学系和司法组为主的法科教育的形成、发展状况及特色，法学院的其他系科介绍从略。

一、创设与发展

（一）创设及初期发展

国立中央大学法学院创建初期，关系较为复杂，可分四阶段大致梳理如下：

第一阶段，国立第四中山大学社会科学院。1927 年 6 月，国立第四中山大学组建社会科学院，社会科学院基础有二：一是前国立东南大学文科政治学系、经济学系、史地学系；二是先期已被合并到国立东南大学的江苏法政大学。社会科学院由史地学系、社会学系、政治学系、经济学系及法律学系组成。中央大学法学院源头即始于此。

第二阶段，江苏大学社会科学院。1928 年 2 月 23 日，大学区制的“第四中山大学”改名为“江苏大学”,① 继以第四中山大学中山院所在地作为院址，建立江苏大学社会科学院。系科及教职员顺沿第四中山大学社会科学院，法律学系亦仍其旧。

第三阶段，国立中央大学社会科学院。国立中央大学设定初期，仍设社会科学院，依然包含原先 5 个系。1927 年 6 月到 1928 年 7 月，尽管校名被 3 次更改，社会科学院法律学系的名称却一直未变。全校教育体系由包括社会科学院在内的九个学院组成。社会科学院由法律、政治、经济、史地、社会 5 个学系组成。

第四阶段，法学独立成院。1928 年 7 月 2 日，国立中央大学首任校长张乃燕先生为修改大学本部各学院名称，向中华民国大学院院长蔡元培呈文，请求酌拟修改大学本部各学院名称，法学院正式进入创

① 参见《南大百年实录：金陵大学史料选》（下引该书简称《南大百年实录》）（上），南京大学出版社 2002 年版，第 267 页。

建阶段：

> 呈为本部学院名称，酌拟修改呈请备案事：……（二）社会科学院名义亦觉稍广泛，且其中政治、法律两系，学生毕业之后，仅以社会科学为名，于曾习法律一层，不易使人明瞭。对于法官律师诸职务，每滋隔阂。兹拟易名法学院，以资醒目。其现有社会科学院之社会学系与历史地理系，归入文学院……如此改并，则理、法两学院，涵义显明，与国内各大学渐趋一致。

张乃燕提出设立法学院的理由是，原来的社会科学院中含有法律方向，但没有法律专业特色，司法实务部门不易从社会科学笼统方向中挑选专业性人才，法学院有独立成院的必要。呈文上报仅两天，7 月 4 日，即获大学院指令："呈悉。所请应予照准。仰即知照。此令。"①获"照准"后，对现有院系调整如下：原社会科学院中的史地、社会两学系并入文学院，社会科学院改名为法学院，法学院宣告成立。

1928 年秋季招生，法学院为独立招生单位，分法律、政治、经济 3 个学系方向分别录取。法学院采取的是大法学院制，只有其中的法律学系才是真正讲授法律专业知识的系科，任职教师都是具有科班法律专业知识背景的人士。不过，政治学系专业的一些课程，尤其是宪法、宪政、行政法以及社会治理等，都是与法律学系相通；任课教师中，法律知识背景的不在少数，故而在介绍法学院发展历程时，在大法学院的框架下，以法律学系为主线，兼涉政治学系的部分情况。另外，经济学系少数法律课程，也由法律专业的老师开设，师资队伍部分，作个别选择性介绍。

1928 年后，法学院教研活动正式进入常态发展期，直到 1937 年 8 月。其间只有 1932 年"一·二八"事变，曾经临时打乱法学院教学节

① 《张乃燕为修改大学本部各 7 月 4 日学院名称呈文》（1928 年 7 月 2 日），载《南大百年实录》（上），南京大学出版社 2002 年版，第 270 页；大学院指令第 590 号（1928 年，抄件），载《南大百年实录》（上），南京大学出版社 2002 年版，第 271 页；参见《国立中央大学一览》第四种《法学院概况》，1930 年 1 月版。

奏，但很快恢复正常。① 1932年9月，罗家伦执掌中央大学，积极招揽人才，聘请专任教授，压缩兼任教师，从北京大学和清华大学毕业后留学归国的“海归生”中，物色了一批优异的法政年轻学者充实法学院，法学院人才荟萃，各项教学活动步上正轨。

（二）襄助学校西迁

1937年“七·七”事变后，中日战争全面爆发。罗家伦等预感中日战争必定持久，为保存国学文脉，学校必须远迁相对安全的内地。罗家伦将觅地迁校重任托付给法学院院长、著名法政专家马洗繁先生和法学院经济学系吴幹教授，委派二人前往重庆寻觅校址，落实迁校事宜。9月23日，罗校长才在南京拿到教育部的准迁令，当日电告重庆开工，委托马洗繁全权负责。马、吴两教授立即将施工计划付诸实施。11月初，除医学院另迁成都外，其他文、理、法、农、工、教育6个学院四十多个系科千余名师生第一批抵达。自此，由宁迁渝的莘莘学子便在松林坡新校址再续弦歌。法学院教授无疑是支撑中央大学迁校的台柱桩基。② 马洗繁自1932年开始，一直任职到1943年主动辞职为止（马洗繁筹划中央大学迁校期间，在中大任教的钱端升偶尔代理法学院院长职务；1943年在罗家伦离开、蒋介石兼中大校长后，他坚辞法学院的所有职务），是中央大学任职时间最长的法学院院长。③

（三）西迁后的扩展

迁渝后的法学院，为了适应社会实际及民族战争的需要，系科有所扩展。新增系科有社会学系、边疆政治系、司法组等，另设法科研究所。司法组、法科研究所为新增法科教育单位。

1. 司法组

20世纪40年代初期，为了适应战后司法实务人才的需要，根据教育部指令，在法学院法律学系增加了司法组，以便学生一毕业，即可通过资格铨叙，直接进入司法界，无须经过以往法官考试的一般程序。尽管司法组的设置及对于学生就业的优待，在当时受到法律教育界的

---

① 参见阮毅成：《八十述忆》，1984年自印，第329页。

② 参见1940年《中央大学组织大纲》。

③ 参见钱端升：《我的自述》，载赵宝熙等编：《钱端升先生纪念文集》，中国政法大学出版社2000年版，第392页。

质疑，但不失为弥补复员后司法人才紧缺的权宜之举。[①]

2. 新增专业

1939年之后，法律学系又办了高级医师检验职业科、司法检验员训练班等。

3. 增设法科研究所

1939年8月，中央大学呈文教育部，申请设置文科研究所。教育部接呈后不久，部长陈立夫即予批准，并专门就法学院呈请发出指令："呈悉。该校拟增设法科研究所、政治经济学部，以期社会科学平均发展一节，应予照准。"[②] 1944年8月2日，教育部指令：准中央大学自民国三十三年（1944年）起，增设文科研究所中国文学部、法科研究所法律学部、师范研究所教育学部三个研究学部。法科研究所的法律学部，正式获得教育部的批准。[③] 这意味着，法科研究所由原来的中央大学校级研究所升格为部批研究所。

（四）复员及改组伪法商学院

沦陷区时期，伪中央大学法学院合并成"法商学院"。1940年秋季，伪中央大学复校之初，原分法律学、商学两院，由前校长樊仲云兼任法学院院长。1941年度开始，将法学、商学两院合并为法商学院，除一年级新生仍分甲、乙两组外，二年级开始，分为政经、法律、商学三系，胡道维为该院院长，后又续聘康焕栋为法律学系主任。1943年，聘请狄侃为法律学系主任。1944年，法商学院分设政治、经济、法律、商学四系，商学系又分设银行、会计两组。[④] 1946年11月，国立中央大学回迁南京的工作部署完成，接管改组伪法商学院，恢复法学院，伪法商学院的存续就此结束。

（五）参与学校新旧交接

1948年以后的中央大学，一直处于政局动荡的风口浪尖上，法学

---

① 南京大学校史编写组编著：《南京大学史》，南京大学出版社1992年版，第171~172页。

② 《设置文科研究院理由书》《教育部指令同意中大增设法科研究所、政治经济学部》《各科研究所主任名单》，载《南大百年实录》（上），第406~407页。

③ 参见《南大百年实录》（上），南京大学出版社2002年版，第440页。

④ 参见《国立中央大学复校第二届（医学院第一届）毕业纪念刊》，载《南大百年实录》（上），南京大学出版社2002年版，第591页。

院难免卷入政治旋涡。各派政治势力，都在校内争取师生的政治认同，做出去留抉择。1948～1949年，除了开展正常的教学科研之外，为了维护学校稳定，确定学校去留大方向，法学院师生积极参与了中央大学应变时局变化的活动。

1948年年底至1949年年初，为了应付可能出现的校务危机，国立中央大学校务会议决定组成应变委员会，1949年1月22日开会，推选7人，组成应变筹备委员会，法律学系主任何义均为7人之一。1949年6月1日，召开应变工作总结报告会，法学院参加的教员代表有高植、钟肇勋，学生代表有董俊松、常建宇。① 1949年1月31日，战争形势日趋紧张，为保持中央大学的基本稳定，由教授会决定，成立校务维持会。法学院教授吴传颐等11人为委员。② 4月28日，第二届校维会主任秘书请吴传颐先生"不拘名义担任主任秘书"。③ 从校维持会对吴传颐教授的倚重，足见他在全校教授队伍中的威望。校维持会的一项重要举措，就是争取释放在政治运动中被处分或处罚的学生。著名法学家、代理最高检察署检察长杨兆龙先生在其中起到了重要作用。1949年5月底，杨兆龙携全家迁回南京，其后随即接受国立中央大学聘请，担任法学院教授，8月，成为国立南京大学法学院教授。④

1949年8月8日，国立中央大学改为国立南京大学，8月10日，成立国立南京大学校务委员会，由梁希、潘菽等21人组成，法学院法律学系吴传颐、边政系韩儒林两位教授成为其中成员。国立中央大学法学院也改称为国立南京大学法学院，吴传颐被任命为法学院院长。⑤

① 参见《南大百年实录》（上），南京大学出版社2002年版，第524～525页；《校长室召开应变委员会筹备委员会第一次会议函》（1949年1月22日），第526页；《应变委员会工作总结报告》（1949年6月1日），第528～529页。

② 参见《教授会关于成立校务维持会的通知》（1949年1月31日）；《郑集等关于成立校务临时维持委员会致李宗仁等的呈文》，载《南大百年实录》（上），南京大学出版社2002年版，第532页。

③ 孙本文等在教授大会上的报告记录（1949年5月5日），载《南大百年实录》（下），南京大学出版社2002年版，第4页。

④ 参见《杨兆龙法学文集》，法律出版社2005年版，第724～726页；参见陆锦璧《献身民主与法治大业的先驱——纪念著名法学家杨兆龙教授百年诞辰》，载《东吴法学》2005年春季卷，第272～274页。

⑤ 《南京市军管会文化教育委员会关于组织校务委员会的决定》（1949年8月10日），载《南大百年实录》（下），南京大学出版社2002年版，第6页。

9 月 13 日，修正国立南京大学行政系统，法学院由 3 个系组成：法律学系、经济系学系和政治学系。国立中央大学法学院正式完成了向国立南京大学法学院的过渡。1950 年，更名为南京大学法学院。

二、教研团队

从国立第四中山大学到国立中央大学社会科学院时期，就有一批优秀的法、政精英来此执教。兹以 1928 年 7 月的社会科学院第一批法政教职员统计为例，他们有：戴修骏，法国巴黎大学政治经济法律科博士，中央法制委员会委员，北京法政大学教授，院长，兼经济系主任；周览，国立北京大学教授，政治学系主任，副教授；谢冠生，巴黎大学法学博士，法律学系学系主任，副教授；乔万选，哥伦比亚大学哲学博士，芝加哥大学法学博士，政治及法律学系副教授；刘之谋，法国巴黎大学法学硕士，比国鲁文大学法学博士，法律学系副教授；刘镇中，法国巴黎大学法学博士，法律学系副教授；胡文柄，法国巴黎大学法学博士，法律学系副教授；梁仁杰，法国巴黎大学法学博士，法律学系副教授；吴建邦，比国干城大学，政治学系副教授；赵谦，比国岗城大学政治学博士，政治学系副教授；程天放，美国伊利诺伊大学硕士，加拿大都郎度大学政治学博士，曾任江西省政府委员兼教育厅长，政治学系副教授；章世苌，日本明治大学法学士，法律学系讲师。[①] 从上述看，除社会科学院院长外，法律学系、政治学系教员共 11 人，其中任教法律学系 6 人（包括 1 位法、政两系兼任教员乔万选）。11 人中，除周览（鲠生）未标海外留学背景外，其余均有海外留学经历，学位从博士到学士不等(周也是海外留学博士)。重视海外教育背景，也成了后继的中央大学法学院招聘教员的一种传统。

法学院创立初的两年中，即着力制定院规院章，组建高层次的师资队伍，合理配置教职员岗位，随后两年，教研队伍迅速壮大。

---

① 《国立中央大学社会科学院教职员（法政）一览》，1928 年 7 月制，9 月印。中国第二历史档案馆档案，全宗号 648，案卷号 823。

表 11－1　1928～1929 年国立中央大学法学院教职员（1930 年 1 月制）

序列	姓名	别号	性别	年岁	籍贯	经历	职务
1	戴修骏	毅夫	男	39	湖南常德	巴黎大学法学士政治经济科博士，北京法政大学教授	院长
2	谢冠生		男	32	浙江嵊县	巴黎大学法学博士	法理学　罗马法　中国法制史　副教授兼法律学系主任
3	刘镇中	谷盦	男	44	福建闽侯	北京大学法科毕业，巴黎大学法学硕士	民法总则　债权法　继承法　副教授
4	胡文柄		男	33	江苏上海	中俄大学教授	商法　物权　海商　破产法　副教授
5	马　达	质父（夫）	男	30	江苏	巴黎大学法学硕士、博士　持志大学教授	法律学系劳动法　经济系经济　副教授
6	狄侃	狄山	男	36	江苏溧阳	曾任律师及国立广东大学教授	民事诉讼法副教授
7	夏勤	敬民	男	37	江苏泰县	前北京朝阳大学教务长，现任最高法庭庭长	刑事诉讼法副教授
8	于能模	伯度	男	36	浙江浦江	法学博士	国际私法　副教授
9	向哲浚	明思	男	35	湖南宁乡	历任北京国立法政法大学讲师、国立北京大学、北京盐务学校、北京交通大学、保定河北大学教授	英美法及法律哲学　副教授
10	史尚宽		男	32	安徽	日本东京帝国大学法学士，曾任广州中山教授	副教授

续表

序列	姓名	别号	性别	年岁	籍贯	经历	职务
11	胡长清	次威	男	29	四川万县	日本明治大学法学士，曾任北平国立法政大学、朝阳大学、中国大学教员	刑法各论　副教授
12	林幾	百渊	男	33	福建	北京国立医学专门卒业，日本、德国各地大学法医学教室、社会卫生学教室研究员，医学博士，北平医科大学讲师	法医学　副教授
13	方文政	乐胥	男	37	浙江金华	日本早稻田大学法律部毕业，江苏法政大学、上海法科大学、上海法政法学等校教授	契约法　副教授
14	张乘运	时清	男		湖北	法官训练所教授	诉讼实习　副教授
15	沈家彝	季让	男				司法公文程序　副教授
16	叶在均	乃崇	男		福建	最高法庭庭长	刑法总论　副教授
17	张于浔	惠民	男		江西	最高法院推事	形势政策及监狱学　副教授
18	曹凤箫	仲韶	男	39	江苏高邮	最高法院推事	强制执行法　副教授
19	马志振		男		浙江	国立北京师范大学毕业，曾任浙江省立第四中学专任教员二年	法律学系　助教
以下为政治学系教师							
1	卢锡荣	晋侯	男	37	云南陆良	北美纽约哥伦比亚大学博士，前东大文科主任	副教授　兼系主任
2	钱端升		男	35	江苏		副教授

续表

序列	姓名	别号	性别	年岁	籍贯	经历	职务
3	桂崇基		男		江西	广东大学教授	副教授
4	孔宪铿		男			巴黎大学法学硕士，比国不鲁塞大学经济学博士，曾任国立广东大学法科学院院长，国立中山大学商学系主任，上海法政大学教务长	党义　副教授
5	崔崇埙		男	32	河南南阳	美国士丹佛大学政治学博士，上海法科大学教授，吴淞中国公学教务长，暨南大学、大夏大学教授	副教授
6	刘师舜		男	30	江西	美国哈佛大学博士	副教授
7	林天兰		男			匹灵司顿大学硕士	副教授
8	章渊若	责公	男		江苏	巴黎大学研究员	副教授
9	官其钦		男		广东		副教授
10	雷沛鸿		男		广西		副教授
11	罗鼎	崇民	男	42			副教授
12	谭绍华		男				副教授
13	张国辉	光甫	男	33	福建邵武	哥伦比亚大学法学硕士，文学士，芝加哥大学法学博士，北京师范大学、中国大学、厦门大学教员	副教授
14	潘廷干		男	33	浙江	日本早稻田大学毕业，北京民国大学预科主任	副教授
15	雷啸岑		男	33	湖南嘉禾	日本早稻田大学毕业，北京民国大学教授	副教授

续表

序列	姓名	别号	性别	年岁	籍贯	经历	职务
16	徐辅德		男	33	佐良	江苏昆山	讲师
17	陈育凤		男				助教
以下为经济系（23 人，其中主任及副教授 17 人，讲师 4 人，选录偏于法律专业的 3 人）							
1	马寅初		男	44	浙江嵊县	美国哥伦比亚大学经济博士，历任北京大学教授	主任
2	楼同荪	佩兰	男	33	浙江永康	私立浙江法政专门毕业，法国巴黎大学法学硕士，上海国民光华学艺、中国公学、法政大学、法科大学教授，浙江省政府秘书，浙江省立政治人员养成所所长，浙江公立法校校长	副教授
3	陈粲		男	茗之	湖南长沙	北京大学法学士，美国加利福尼亚大学经济学硕士，曾任厦门大学商科主任，大学秘书，经济史、经济学、财政学正教授，国立中央大学商学院工商管理科主任	副教授
以下属于全法学院人员							
1	吴联辉	25	男		湖南	国立中央大学法学士	法学院助教
2	章粹	27	男	伯纯	江苏武进	国立中央大学法学士	法学院图书管理

资料来源：参见《国立中央大学一览》第四种《法学院概况》，1930 年 1 月版。

鉴于晚近以来，法律专业与政治专业的界限比较模糊，学堂称法政学堂，杂志称法政杂志，可见法律与政治关系密切，内容互通，教研人员学识背景时有雷同，专业亦可兼跨，故而特将法律学系、政治学系教师名单列于上表中。另经济系主任和该系纯粹法学背景的二位教师、法学士出身的职员也一并列入。从表 11 – 1 可见，国立中央大学法学院首聘专任教师，计有：院长 1 人；法律学系 18 人（副教授 17 人，助教 1 人）；政治学系 17 人（副教授 15 人，讲师 1 人，助教 1 人）；经济系 26 人（副教授 22 人，助教 1 人）；法学院助教、图书馆管理员、文书庶务助理及总务助理 4 人。其中，法政系教员合计 35 人。首任法学院院长戴修骏。首任法律学系主任、副教授谢冠生。首任政治学系主任、副教授卢锡荣。首任经济学系主任、副教授马寅初。

国立中央大学法学院成立之初，所聘教师的门槛颇高，名校海归博士或此前已闻名的法学界的“大咖”，不惜屈尊纡贵，甘居副教授之任。国立中央大学聘任规定，无论是国内素有名望的学者，还是海归名流，初次接受国立中央大学聘书，职称上限一律为副教授，“副教授”为国立中央大学创办伊始教师最高职称。坊间虽然有“像巴黎、里昂等大学的教授才配称教授，受之者颇觉可笑”一说。[①] 实际上，除了毕业于巴黎大学、院长戴修骏之外，三个系主任中，毕业于巴黎大学的谢冠生，跟其他两位毕业于美国大学的系主任一样，也是副教授。聘书均由校长张乃燕签章发出。教职也以专任为主，不鼓励兼任。

正高职称的放宽，及兼任教职的增加，直到 1932 年罗家伦主校以后方始变通，法学院师资队伍的扩容也踏上快节奏。1932 年 9 月，罗家伦掌校后，认为大学校长治校的首要之举是：聘请一流人才以推动学科发展和教学、科研进步。他一上任，就从延聘师资入手，极力稳定原有的优良师资队伍，同时随时准备罗致专门学者。其聘请原则是“凡可请其专任者，莫不请其专任”“以求其心无二用，专心在中大授课”，但不排除兼任教师，因为“兼任教授，多系某种特殊科学之专家，系政府及其他学术机关所借重，为本校所欲罗致而事实上有不可

① 赵宝煕等编：《钱端升先生纪念文集》，中国政法大学出版社 2000 年版，第 391 页。

能者，得其协助本校，自感深谢”。[①] 像钱端升、马洗繁等，都是这期间受聘来法学院任教的。罗家伦请钱端升来法学院，为了“有助于加强学术空气”。[②] 马洗繁则为资深法政专家，1932 年，罗家伦特聘马洗繁到校任教，任法学院院长兼政治学系主任、法科研究所所长，执掌法学院历时 11 载，对国立中央大学的建设与发展的贡献堪为卓巨。[③] “九·一八”事变后，华北政局动荡，不少教师南下谋职，也首选国立中央大学，故而，国立中央大学法学院又迎来一批海内外著名的法界精英充实教师队伍，如郭心崧，代理国立中央大学法学院院长；杭立武，副教授，兼政治学系主任；王凤仪，副教授（曾兼政治学系主任）；阮毅成，兼任副教授；陶希圣，副教授；端木恺，政治学系副教授；杨云竹，法律学系、政治学系副教授；雷震，政治学兼任副教授；吴颂皋，政治学系副教授；吴文辉，政治学系助教；庄心在，政治学系助教。[④]

20 世纪 30 年代，国民政府五院初建，训政始行，急需法政人才充实党政岗位。国立中央大学法学院的不少教师进入政府部门，从事专职行政工作，故多采兼任制度，兼任教师也以法学院法律学系最多。兹列举 1934 年春季学期法学院名册表为例：

院长：马洗繁，专任教授。

法律学系专任教授 4 位：曹祖蕃、赵之远、吴祥骏、何义均。

法律学系兼任教授 14 位：林彬、刘镇中、于能模、洪文澜、夏勤、胡文柄、史尚宽、曹凤萧、孙忱照、刘含章、刘克儁、廖维勳、叶在均、王亚新。

法律学系专任助教 1 位：谢义伟。

政治学系专任教授 5 位：李惟果、张汇文、汤秸、王季高、刘

---

① 罗家伦：《两年来之国立中央大学》，1934 年 6 月，载《南大百年实录》（上），南京大学出版社 2002 年版，第314～315 页。

② 赵宝熙等编：《钱端升先生纪念文集》，中国政法大学出版社 2000 年版，第 391～392 页。

③ 参见马伯伦：《抗战时期的中大人：法学院院长马洗繁》，载凤凰江苏网，http：//js. ifeng. com/a/20170527/5704085_ 0. shtml。

④ 参见阮毅成《八十忆述》，第 325～328 页；谢冠生《簋生堂文稿》，第 125 页；陶希圣《潮流与点滴》，中国大百科全书出版社 2009 年版；林坚强、徐华炳、陈文苞：《郭心崧传》，中华书局 2014 年版；《国立中央大学法学院概况》，1937 年版。

百闵。

政治学系兼任教授11位：江康黎、刘师舜、廖文奎、吴瀚涛、程憬、金祖懋、陈耀东、周还、王先强、向理润、谭绍华。

政治学系专职助教2位：吴联辉、冯震。①

1937年春季学期，法律学系专任教授为曹祖蕃、赵之远、吴祥骏3位，其余12位为兼任，专任占1/5；政治学系，连法学院院长马洗繁在内，专任教授4位，其余9位为兼任，专任、兼任比大于法律学系。

虽然兼任教师占比较多，流动性也大，但教师队伍总数基本持平。如1934年7月结束，秋季学期法律学系与政治学系离任8位，新聘9位（含1位助教），离、聘者人数大致相等。

1937年年初，法学院法政专任教授13位，兼任教授16位，专任讲师1位，助教3位。② 在兼任教师规模方面，法学院属于特例，达16位，较之同期的其他院系，法学院兼任教师数量远远多于专任教师，主要因为法学院教授专业的实用性强，不少教师都在政府部门从事立法、司法、外交等工作，诸多法界名流也愿意到法学院兼职，其中不少前期是专任，后改为兼任。1937年前几年，法学院的专任教师人数有所下降，兼任比例有所上升。③

抗战期间迁校重庆，法律人才更为聚集，一时称盛天下。兹举1940～1941学年法学院法、政教师法政履历为证，见表11－2。

表11－2　1941年法学院任职教师履历（1941年10月制）

姓名	部门	职别	到职时间	学历	履历
马洗繁	法学院	院长　专任教授	1932年	哥伦比亚大学及伦敦大学研究生	前北京法政大学教授、北京特别市党部委员、河北省训政学院院长、南京市社会局局长、中央政治学校行政系主任

① 参见《1934年国立中央大学法学院专任兼任教师名册》，1934年10月制作，中国第二历史档案馆档案，全宗号648，案卷号1310。

② 参见《国立中央大学概况》（1937年，纪念国立中央大学10周年，三江35周年），载《南大百年实录》（上），南京大学出版社2002年版，第324～325页、第336页。

③ 参见《国立中央大学概览》，1930年1月出版。

续表

姓名	部门	职别	到职时间	学历	履历
何义均	法律学系	法律学系主任　专任教授	1934年9月	美国留学，得有文学士，法学士、硕士、博士学位	历任国立中央大学专任教授、中央警官学院兼任教官、军事委员会政治部设计委员、三民主义青年团候补干事
何襄明	法律学系	教授	1941年8月	东吴大学法律学院毕业，巴黎国际学院毕业，巴黎大学法科研究院研究员	国立中山大学兼任讲师，国立云南大学教授
梁传愈	法律学系	教授	1941年10月	美国西北大学法学博士	历任复旦大学、中央政治学校教授
张庆桢	法律学系	教授	1937年8月	美国西北大学法学博士	厦门大学教授，司法院法规委员会委员，监察院简任秘书
赵之远	法律学系	教授	1932年10月		前国立北京大学法学院教授，前本校法律学系主任，前中央政治学校兼任教授
芮光琇	法律学系	教授	1941年12月	江苏法政大学毕业，高等考试司法考试及格，法官训练所毕业	曾任河南开封地方法院推事，河南高等法院第一分院推事，河南信阳地方法院推事，四川重庆地方法院推事兼庭长，河南大学民诉法教授，中央警官学院行政法讲师
林纪东	法律学系	兼任教授		北平朝阳大学法学士，日本明治大学研究员	现任中央政治学校教授

续表

姓名	部门	职别	到职时间	学历	履历
梅仲协	法律学系	兼任教授		法国巴黎大学法学士	中央政治学校教授兼法律学系主任
陈耀东	法律学系	兼任教授		东南大学政治经济学士，巴黎大学法学硕士，国际法学博士，伦敦大学研究员	中央政治学校、重庆大学教授，全国律师协会秘书长
任祖宏	法律学系	助教	1939 年 9 月	国立中央大学法律学系毕业	
陈应钿	法律学系	助教	1941 年 8 月	国立中央大学法律学系毕业	经济部专利办法筹备委员会编译
政治学系					
张汇文	政治学系	教授　兼主任　兼法科研究所政治经济组主任	1932 年 8 月	清华大学毕业，美国斯坦福大学政治学系毕业，得学士、硕士、博士学位，美国公务研究所研究员	除任国立中央大学教授外，曾任立法院简任编修，兼任中央政治学校教授，兼任陆军大学政治教官
江康黎	政治学系	专任教授		美国西北大学、密西根大学政治学硕士	曾任中山大学、暨南大学教授
吴恩裕	政治学系	专任教授	1940 年 8 月	国立清华大学文学士（哲学 B. A）、英国伦敦大学（伦敦政治经济学院）政治学博士（Ph. D）	中央政治学校研究部任研究员
孟云桥	政治学系	专任教授	1938 年 7 月	国立北京大学毕业，牛津大学哲学硕士	

续表

姓名	部门	职别	到职时间	学历	履历
黄正铭	政治学系	专任教授	1936 年 2 月	国立中央大学毕业，伦敦大学政治学博士，英国格罗秀士学会会员，国际法学会会员	
程憬	政治学系	专任教授	1939 年 8 月	清华大学研究员毕业	厦门国际研究所研究员，国立暨南大学史学系教授，兼主任（3 年），国立中央大学史学系、兼政治学系教授（4 年），安徽大学教授兼文学院长（4 年）
戴克光	政治学系专任教授		1941 年 8 月	国立清华大学学士，英国伦敦大学硕士	曾任中央政治会议专门委员，国防最高委员会法制专任委员，国立四川大学中英庚款讲座教授

资料来源：参见中国第二历史档案馆馆藏档案，全宗号 648，案卷号 1849。

该表 11－2 中，法律学系、政治学系仅芮光琇等一两位无海外留学经历外，其余多为“海归派”。

1946 年法学院随学校复员后，通过对伪国立中央大学法学院的接管，教师队伍重新整合，教学科研迅速步入常态，确立教师聘任、晋升的新规章。为了进一步规范教授的聘用，1947 年 4 月 2 日，国立中央大学根据大学教员聘任及待遇规程第 4 条，颁布了教员聘用资格办法。其中第 10 条“凡在学术上有特殊贡献，而其资格不合于本办法第四、五、六条规定者，得由聘任委员会指聘专家审查其专门著作或经验，然后根据专家审查意见，拟定其等别，报校长聘请为讲师、副教授或教授”。[①]“凡在学术上有特殊贡献”，给聘请杰出人才提供了特殊通道，也为聘请法政兼职教授大开方便之门。

法学院经过战时的系科扩充，师资规模依然保持增长势头。如据1947年1月国立中央大学的统计，法学院教职员人数：

专任教授35人；副教授2人；讲师3人；助教14人。

法学院兼任教授22人；副教授，无；讲师1人。

法学院职员合计3人：教授职员1人，助理1人，其他1人。

法学院各科与研究所主持人如下：

院长：何联奎。

法律学系：主任何义均。

司法组：主任刘克儁。

政治学系、政治经济学系研究所：主任黄正铭。

法律学系研究所（行政法）：主任何义均。

值得一提的是司法组。中央大学法学院法律学系司法组以刘克儁、林振镛、张企泰、钱清廉为专任教授，以于望德、孙潞、曾劭薰、曹凤箫为兼任教授，所组成的司法组师资队伍堪称豪华。[②]

法学院兼任教授人数22名，在全校各学院中，高出全校最低的师范学院19名，最高的文、理学院16名。这与国民政府1946年年底通过《中华民国宪法》，决定1947年实施“宪政”、倡导“法治”的大气候不无关系。法学院系科尤其法律学系中一些知名教授，由于任教的专业应用性强，在抗战胜利后的政治、法律及外交舞台上，经常能看到他们的活动身影；国立中央大学聘用政策，首都地理区位，使他们可以通过兼任法律课程，将法律实际经验带到课堂，实现理论与实务相结合。客观上开阔了学生的眼界，颇受学生欢迎。

综观1927年至1949年的国立中央大学法学院，先后在法律学系、政治学系执教的老师人数众多。这里根据相关档案等资料，特将其名单全部罗列出来。鉴于近代中国有法、政兼行的传统，中央大学法学

---

① 参见《南大百年实录》（上），南京大学出版社2002年版，第509~510页。

② 参见《南大百年实录》（上），南京大学出版社2002年版，第489页、第490页、第494页；《法学院教职员名录》（1947年4月1日制表），中国第二历史档案馆档案，全宗号648，案卷号1232。

院不少老师或兼任法律学系、政治学系教职，或兼任法律学系、司法组教授，或兼任政治学系、司法组教职；担任课程也多兼涉法律、宪制、外交及国际政治；法学院院长既有政治学系、政治经济学系出身的，也有法律学系出身的。1949 年以后，仍在高校授课的不少教师也多在法学院（法律学系）、政治学系之间调剂，延续了法、政兼具传统。像戴修骏、马洗繁、何联奎、谢冠生、张庆桢、卢峻、吴传颐、刘克儁、徐道邻、黄正铭、吴昆吾、钱端升、何义均、刘师舜、龚祥瑞、王铁崖、赵理海、陶希圣、楼邦彦、费青、阮毅成、黄正铭、钱清廉、浦薛凤等教师，既可为法律学、政治学学人，也可为国际法、国际关系学人。故而以下所列名录涵盖中央大学法学院法律学系、政治学系及法律学系司法组教师。经济学系 3 位如陈粲等，在经济系任职，而偏重经济法律的，一并列入；社会学、边政几个系的教师未予列入。按拼音顺序排列如下：

白世昌	百洁琛	鲍扬廷	蔡哲琛（女）		曹凤萧	曹树勋
曹祖蕃	曾劭薰	陈　粲	陈　琮	陈顾远	陈　洪	陈朗秋
陈耀东	陈耀庭	陈应钿	陈育凤	程　方	程经远	程　憬
程　恺	程绍德	崔崇埙	戴克光	戴声贤	戴修骏	戴修瓒
邓亚魂	狄　侃	狄　山	丁文渊	董同稣	杜光埙	杜　庆
端木恺	段茂光	樊德芬	樊　弘	范馨香	范　扬	方文政
费　青	冯　震	葛延林	龚祥瑞	顾宝衡	郭　骥	郭心崧
杭立武	何浩若	何联奎	何襄明	何义均	何宇铨	洪文澜
胡文柄	胡长清	黄观效	黄克荣	黄正化	黄正铭	霍清高
姬麟阁	江康黎	蒋默秋	金世鼎	金祖懋	孔庆宗	孔宪铿
雷沛鸿	雷啸岑	雷　震	李福祥	李公天	李　森	李惟果
李学禧	李祖荫	梁朝威	梁传愈	梁仁杰	廖维勳	廖文奎
林　彬	林　幾	林纪东	林式增	林振刚	林振镛	凌纯声
刘百闵	刘达人	刘含章	刘家骥	刘家驹	刘静文	刘　静
刘克儁	刘南溟	刘师舜	刘镇中	刘之谋	刘祖慰	龙德柏
楼邦彦	楼同荪	卢俊恺	卢　峻	卢锡荣	罗　鼎	罗泽民
骆泽民	吕　復	吕　炯	马　达	马洗繁	马志振	冒　莹

梅仲协　孟云桥　倪江表　倪徵𣈶　欧阳鸶　潘抱存　潘承壎
潘廷干　彭师勤　彭耀昆　浦薛凤　钱端升　乔万选　任祖宏
阮毅成　芮光琇　芮逸夫　萨孟武　邵士玫　沈家彝　沈乃正
盛振为　施建生　时乐章　史国纲　史尚宽　苏克友　孙忱照
孙鸿霖　孙　路　孙煦存　谈运钊　谭绍华　汤　秸　陶希圣
童冠贤　童　正　汪继祖　王道渊　王凤仪　王惠中　王芃生
王铁崖　王祥麟　王亚新　王正平　王仲武　卫惠林　邬志陶
吴传颐　吴恩裕　吴瀚涛　吴纪元　吴建邦　吴昆吾　吴联辉
吴南如　吴其玉　吴颂皋　吴文辉　吴祥骏　吴祥麟　吴学义
夏　勤　夏全印　向理润　谢冠生　谢义伟　徐道邻　徐辅德
徐诵明　徐义生　徐益棠　杨必立　杨公达　杨云竹　叶锦章
叶在均　于能模　于望德　俞履德　俞瑞瑜　翟　楚　张乘运
张国辉　张汇文　张　杰　张金鉴　张企泰　张庆桢　张宿海
张于浔　张泽汶　章　剑　章任堪　章世苌　章渊若　赵海理
赵兰坪　赵　谦　赵之远　周　还　周　览　周元梅（女）
朱继荣　朱显祯　祝修爵　庄心在

上述名单中，包括专任、兼任教授、副教授、讲师及助教，20 年余间，合计 226 人在法学院法、政专业任过教职，教师队伍规模可谓庞大。

三、教学成就

（一）师资队伍持续稳定

稳定的、高质量的师资队伍，是国立中央大学法学院取得教学成就的基本保障。1927 ~ 1937 年，在全国综合性大学中，师资层次高，阵容齐整，后来居上。更为难能可贵是的是，抗战爆发后，迁渝大学的原有法学院规模多有萎缩，甚至停办，连在昆明的国立西南联大法学院也未能幸免。1937 年 10 月，北大、清华、南开组建长沙联合大学时，法律系有 3 名教授，1 名副教授，1 名讲师。1938 年 3 月初到蒙自时，只有蔡枢衡、陈瑾昆 2 名教师。西南联大 1938 年 4 月成立法商学院，法律学系、政治学系、经济学系的师资，基本由北京大学法律学系、清华大学政治学系及南开经济学系为班底(候补进的社会学系主要以清华为班底)。1938~1939年,法律学系教授有燕树棠、罗文干等教授6人,李士彤1位副教授,费青、胡觉2位讲师,共计9人。政治学系有张奚若、钱端升等7位教授,陆伯慈1位客座教授,楼邦彦、龚祥瑞2位副教授,2位讲师,1位助教,计13人,法政教师人数颇多。往后几年,逐步减少。1940~1941年度,法律学系有燕树棠、张企泰和罗文干等5位教授(罗文干1941年去世,享年53岁);1位副教授,徐长龄1位助教,法律研究室研究助理胡正谒1人,计8人。政治学系钱端升等8位教授,龚祥瑞等2位副教授,1位助教,计11人。1942~1943年度,法律学系有燕树棠等5位教授,胡正谒等3位助教;政治学系张奚若、钱端升等8位教授,助教、半助教各1位。1944年度,法律学系有燕树棠等6位教授,1位讲师,3位助教。政治学系张奚若、钱端升等7位教授,1位助教,1位半助教。1945年度,法律学系有燕树棠、费青等7位教授,1位助教,2位讲师;政治学系有7位教授,1位助教,1位半助教。法律学系教授基本维持在5~7位,政治学系教授维持在6~8位。[①] 政治学系的老师所以略多,还是因为政治学概论为公共课的缘故。特殊时期,西南联大就连这些教师,也难以专心于法律教学。北大就剩下燕树棠、蔡枢衡等少数几位,坚持任教(蔡枢衡也开办了"蔡枢衡律师事务所"),清华与南开来的教师中,基本没人教授法学;为数不多的法律教授中,又多做兼职,以维持生计。[②] 为数不多的教师之间,关系也不甚融洽,如蔡枢衡与马质夫曾当面发生讥嘲,龚祥瑞与张奚若不和被清华解聘,影响教学团队和谐。[③] 西南联大法律学

---

① 参见《国立西南联合大学职员录》(1938年)、《国立西南联合大学廿九年各院系教职员名册》、《国立西南联合大学三十年度教职员名册》、《国立西南联合大学三十一年度教员名册》、《国立西南联合大学三十二年度教员名册》、《国立西南联合大学三十三年度教员名册》、《国立西南联合大学三十四年度教员名册》、《1946年国立西南联合大学全体教员名册》,载《国立西南联合大学史料》(教职员卷),云南教育出版社1998年版,第70~285页;李贵连等编:《百年法学:北京大学法学院院史(1904—2004)》,北京大学出版社2004年版,第162~166页。

② 参见[美]易杜强:《战争与革命中的西南联大》,饶佳荣译,九州出版社2012年版,第155~157页。

③ 参见郑天挺:《西南联大日记》(下册),中华书局2018年版,第715页、第974页。

系司法组的设立也较晚，1944 年下半年才开始正式上课。整个法商学院的建制远不如中央大学齐全。

相反，不少有清华、北大法学背景的教师，却纷纷来到国立中央大学法学院任教，如北大戴修瓒教授，虽然长沙联合大学及西南联大初期法学院教职员名单上有他名字，实际上未到校执教，后赶来执教，但 1943 年之后又被中央大学聘任。对于法科教师来说，一来中央大学法学院具有完整的法学院系建制，能够发挥专长；二来国立中央大学地处战时首都重庆，便于政、学跨界兼职。因此，国立中央大学无论是大法学院，还是法、政两系，教师队伍虽然比迁校前略有减缩，但基本规模保持稳定，如 1940 年 1 月统计，法学院教师队伍也相当完备：

法学院院长马洗繁。

法学院专任教授 14 人，兼任 10 人；副教授专任 1 人；助教 4 人。

法律学系主任赵之远，专任教授 4 人，兼任 2 人，助教 1 人。

政治学系主任张汇文，专任教授 6 人，兼任 2 人，专任讲师 1 人，专任助教 1 人。①

国立中央大学法学院成为全国大学法学人才的荟萃之地。直到抗战结束后，不少法学教师才开始陆续分流或迁任至清华、北大、交大、同济、浙大等院校，但中央大学法学院法政师资团队依然齐整。

（二）本科人才培养成绩显著

法学院历届学生数量，由于学校统计图表制定的标准前后不一，档案保存资料也不够系统，难以持续具体统计法律学系（包括后来的司法组）历年的学生数量，这里只能根据目前所能搜集到的资料，选择性介绍。

法学院创立前几年，法学院全体在院学生总数大致如下：1927 年，下，316 人；1928 年，上，399 人，下，421 人；1929 年，上，445 人，下，400 人；1930 年，上，394 人，下，355 人；1931 年，上，377 人，下，498 人；1932 年，上，295 人，下，261 人；1933 年，上，214 人，下，196 人（1927 年无旁听生。1928 年度、1930 年度、1931 年度、

① 参见《国立中央大学教职员学生概况简表》，载《南大百年实录》（上），南京大学出版社 2002 年版，第 418～419 页。

1932年度上学期人数包括了旁听生人数。1933年下学期，无旁听生）。[1] 这里的数据，是指该年度全院学生数，1937年中央大学十周年校庆时统计，法学院119人（其中男生115人，女生4人）。平均到每个系，差不多40人。一般而言，经济学系最多，政治学系次之，法律学系偏少。[2]

中央大学迁渝后，1939年作过统计，法律学系学生28人，一年级22人，二年级6人，其中女生5人；政治学系学生数20人，一年级11人，二年级9人，其中女生2人。[3] 总人数比迁渝前要少。1928年后，全国法学院法律学系学生规模总体呈递减趋势，中央大学法学院法律学系也不例外。1940年1月统计，学生28人（一年级22人，二年级6人，其中女生5人）[4]。同期的西南联大法商学院，1941年度，第一次录取新生中，法律学系才3名正式新生；1942年度，法律学系录取新生14人；1943年度，法律学系录取正式新生8名；1944年度，法律学系16人。[5]

中央大学法学院以其雄厚的师资实力及政治影响力，吸引大批学子前来就读。法学院培育了一批在海内外享有盛誉的法政专业人才。本校毕业同学，除留学欧美外，多数服务于政府各类机构。1930年度毕业生：计法律学系51人，政治学系45人，经济学系22人，合计118人。中央政府举行党员留学考试、外交官考试及各省的县长考试，对毕业学生有大致评价："近来本校应试的毕业生同学，计考取党员留学的9人，外交官5人，县长31人（浙江11人，安徽3人，江苏16人，

① 参见《国立中央大学历年学生人数统计表》（1934年4月），载《南大百年实录》（上），南京大学出版社2002年版，第314页。

② 参见《中央大学概况》（1937年，纪念中央大学10周年，三江师范学堂35周年），《南大百年实录》，南京大学出版社2002年版，第336页。

③ 《教员与学生简表》（1939年），载《南大百年实录》（上），南京大学出版社2002年版，第425页。

④ 参见《国立中央大学教职员学生概况简表》，载《南大百年实录》（上），南京大学出版社2002年版，第418～419页。

⑤ 参见《西南联大学生档案·卅年度新生名册》《卅一年度新生名册》《卅二年度新生名册》《卅三年度新生名册》，载《国立西南联合大学史料》（学生卷），云南教育出版社1998年版，第234页、第260页、第298页、第324页。

湖南1人)；此外，各项考试，本校成绩，都有可称……”①

尽管司法组与法律学系的毕业生毕业后，担任司法官资格的要求不同（法律学系一般专业，必须参加全国司法考试；司法组毕业的只要参加铨定资格考试)，曾引起法律教育界的讨论。尽管这样，法学院司法组毕业的合格人数也颇多，如1947年，中央大学法学院就有23名学生符合参加全国司法组铨定资格考试的要求,② 而在重庆时，1942年法律学系毕业的全部学生才13名（男12位，女1位）司法组的师资及毕业学生规模，均大幅提高。1948年，国民政府举行的各国立、私立大学院独立学院法律学系司法组毕业生铨定资格考试，参加单位有中央大学等31所院校。其中，国立中央大学法律学系司法组优等8名，中等43名；私立朝阳学院法律学系司法组优等4名，中等27名。

（三）法科研究生培养独具特色

研究生教育方面，1939年8月，教育部同意国立中央大学增设法科研究所政治经济学部。法科研究所的增设，既为学生提供了继续深造的机会，也充分发挥教师在人才培养方面的潜力和专长，从以往单一的本科教学的角色，升格为研究生专业指导教师。

1939年度，法律研究所主任——卢峻（或何义均)；政治研究所主任——黄正铭；经济研究所主任——程绍德。法科研究所学生23人(一年级15人；二年级8人，其中女生1人。）这样，包括法律学系毕业的学士，毕业后可以直接进入研究所从事研究。

到1941年12月，增设文科研究所之法科研究所法律学部，下设政治经济部，所长马洗繁，主任张汇文，研究员4人，由法学部专任教授兼任。研究生数：共计6人（第一年3人，第二年2人，第三年1人，均为男生)。③ 研究生人数较前年减少。

1943年度，法科研究所所长何联奎，政治经济部主任黄正铭。

1944年夏，研究院有20名学生通过教育部学术委员会审议，法科研究生的《我国物价指数的研究》等论文，具有实际指导意义，受到

① 《中央大学一年来工作报告》（1930年9月12日)，载《南大百年实录》（上)，南京大学出版社2002年版，第282～283页、第287页。

② 参见第二历史档案馆档案，全宗号648，案卷号4051。

③ 参见《第一学期国立中央大学研究所概况表》（1941年12月30日)，第432页。

社会重视。①

1946 年复员后，教育部 1944 年即已批准的法科研究所法律学部研究生教育仍正常进行。当时全国只有五所大学招收法科硕士研究生，即中央大学、北京大学、清华大学、武汉大学和浙江大学。② 招生人数仍与在渝期间持平，如 1946 学年第一学期研究生院学生统计：法律研究所 6 人，均为男生，第一年 1 人，第二年 3 人，第三年 2 人。政治研究所 11 人，男生 10 人，女生 1 人；第一年 1 人，男生；第二年男生 7 人，女生 1 人；第三年男生 2 人。③ 当时研究生十分稀有，重庆时期，中央大学共毕业八届学生，约 4000 人，其中硕士研究生仅有 63 人。④ 1947 年，全校在读研究生 68 人，⑤ 法律专业的研究生人数更少，也弥显珍贵。

四、法科教育的奇峰

（一）法科教育的状况

1949 年以前，法科教育界常说的“北朝阳、南东吴”，“北朝阳”，指的是 1912 年创办、位于北平的私立法科大学——朝阳大学，20 世纪 20 年代末，国民政府进行高校改制，朝阳大学因只有法科，单科不具备申办大学的要件，故改称“朝阳学院”，“朝阳大学”印章则一直沿用，社会上也俗称其为“朝阳大学”。“南东吴”，特指创始于 1915 年、位于上海的东吴大学法科，即“中国比较法学院”，简称“东吴法科”（The Comparative Law School of Chin）。东吴大学本部已于 15 年前的 1901 年创办于苏州。这两所法科学校是培养近代法律人才的翘楚，1927 年之前尤为突出。

1937 年后，受战事影响，朝阳大学先后迁至湖北沙市、四川成都、重庆。抗战胜利后，复员北平，留在重庆的称“正阳学院”。⑥ 以教授英美法著称的东吴法科，先是避难租界进行授课。1941 年，日军开进

① 参见《南京大学史》（上），南京大学出版社 2002 年版，第 174 页。

② 参见《潘抱存自述集》，法律出版社 2013 年版。

③ 参见《南大百年实录》（上），南京大学出版社 2002 年版，第 490 ~ 491 页。

④ 参见《南京大学史》（上），南京大学出版社 2002 年版，第 177 ~ 181 页。

⑤ 参见《南大百年实录》（上），南京大学出版社 2002 年版，第 490 ~ 491 页。

⑥ 参见薛君度、熊先觉、徐葵主编：《法学摇篮：朝阳大学》（增订版），东方出版社 2001 年版，“前言”。

租界，1942年，叫停租界办学，东吴师生历尽艰辛，到达重庆，1943年3月15日，东吴与沪江两校在重庆成立“东吴沪江联合法商学院”，1945年8月，与之江工学院一起，组成“东吴之江沪江联合法商工学院”。留在上海的法学院，只能借住中华职业教育社教室继续上课，法学院名称也被迫改为“董法记”。1945年9月，东吴大学在重庆的法科师生迁回上海复校，东吴法学院也恢复“东吴大学法学院”中文名称。① 这期间，内迁的颠簸及战后的拆分，无论是朝阳，还是东吴，其法科的重组、师生的流动、图书的分散等，均严重妨碍了教研的开展。西南联大法学院，无论师资力量，还是学生规模，也多不足观。

反观国立中央大学法学院，则一直保持向上势头。1927年以后，随着国民政府定都南京，中央大学法学院法政专业异军突起，迅速跻身于全国最强法科行列。全面抗战期间，发展势头更为迅猛。国立中央大学法学院从一开始，就制定了很高的师资遴选标准，延揽优秀教员，法政学科教研水平获得整体提升，在全国法学院、法律学系中，位列前茅。迁渝后的国立中央大学法学院，规模不降反增，在原有法、政、经三系基础之外，又增设了社会学系、边疆政治学系、法律学系司法组，另设法科研究所、高级医师检验职业科、司法检验员训练班等，学科十分齐全，这些系科尽管不属于法律学系，但在大“法学院”之下，所聘教师无疑都是相关领域的佼佼者，开设的课程也有法律专业学生的辅修科目，有助于丰富法律专学生的综合知识结构。②

由于掌校者如罗家伦等的个人魅力、陪都的虹吸效应，原北大、清华以及西南联大的法政教师纷纷加入中央大学法学院教研团队，职司政府法律、外交等机关的法政公职人员，也多在法学院兼任教职，体现了师资队伍的整体实力。

（二）声名享誉中外

国立中央大学的声誉度也随着诸多名家活跃的学术及社会活动得以提升。中央大学法学院老师和学生，在民国时期国际国内法律、政

---

① 参见王国平编著：《博习天赐庄：东吴大学》，河北教育出版社2003年版，第110～111页、第115～120页、第123～124页。

② 参见《南京大学史》（上），南京大学出版社1992年版，第117页。（1941年第一批30名，国立中央大学有5位，无法学院教师。）

治、外交以及学术等舞台上，竞展风流，异彩纷呈：

1943 年，全国评审出的第二批部聘教授 15 名中，国立中央大学占 7 名，其中就有法律学系的戴修瓒先生。

有中央大学求学背景的留洋法学博士 12 位：杨振先、陈世材、董霖（东南大学毕业）、黄正铭、朱奇武、吴骐、顾彦儒、陈耀东、徐汉豪、姚定尘、雷崧生、严可为、孙文明、赵俊欣、金世鼎、陈朝壁、陈育凤、桂宗尧，计 18 人，名列东吴大学、北京大学、震旦大学、复旦大学、清华大学、持志大学之后，为第七名。除去私立、教会大学之外，位列国立大学北大、清华之后，排名第三位，[①] 在起步晚又无外资及教会背景的大学法科教育中，能产生有如此多的法科留学博士，堪称优异。

1948 年，首届司法院大法官会议 17 名成员中，曾在国立中央大学法学院任教的有张于浔、沈家彝、叶在均、向哲浚、夏勤、黄正铭、刘克儁 7 人，约占 42%。

获首届司法院大法官提名、去台湾地区后，被选为“司法院”第二届正式大法官的 1 位史尚宽。

担任国民政府司法行政部部长 1 位谢冠生。

代理国民政府最高检察署检察长、1949 年兼国立中央大学院教授 1 位杨兆龙。

担任远东国际军事法庭中方主诉检察官 1 位向哲浚，担任 4 名检察官顾问之一的吴学义。

担任战后橡树园会议（国际安全机构预备会议）、太平洋学会会议及金山会议中国代表团专门委员 1 位浦薛凤。

法学院教师在其他立法、司法及外交界有所作为的也不在少数。他们给法学院学生传道授业的同时，也承担起法律人为国为民的应有担当。1949 年前后，在决定中央大学去留之际，法学院教师积极参加校务维持活动，保证了由国立中央大学向国立南京大学、南京大学的平稳过渡，其他法政师生，也在各自领域多有建树，度过了属于他们

① 参见王伟：《中国近代留洋法学博士考》（第 2 版），上海人民出版社 2019 年版，第 370 页。

时代的峥嵘岁月。

1927～1949年的20余年间，局势震荡，二百多位先后在法学院法、政二系专任及兼任的教师，在这块讲坛上留下的印记深厚，教研成果丰硕，毕业学生优异，造就了近代法科教育的辉煌，形成法科教育的奇峰。因此，“北朝阳、南东吴”之外，宜加上“中中央”。

清末民初以降，中国近代大学法律教育得到长足发展，但也存在不少问题。进入南京国民政府时期，诸多问题日益凸显，导致社会轻视法律教育、法学院不专门教授或研究法律、教师不够敬业、学生缺乏热情、教学内容空洞、法律人才匮乏且素质低下等弊端。国民政府后期，迫于形势需要，法界人士提出了一系列改进意见，并敦促政府采取一些改进措施，为社会培养输送了一大批司法人才。遗憾的是这些改进法律教育的理念未及完全贯彻实施，南京国民政府就土崩瓦解，但南京国民政府时期有关改进法律教育的理念至今仍有一定借鉴意义。

第十二章　南京国民政府后期改进大学法律教育的理念、成效及反思

一、民国以降大学法律教育普遍面临的问题

中国近代法律人才是随着近代法律教育的出现而产生的。清末以来，中国法律教育可分为三个时期：清末至民初为第一时期；民初至南京国民政府成立前为第二时期；南京国民政府成立以后至1949年为第三时期。

清末随着清政府“预备立宪”的推行，急需大量法政人才。一时间，诸多才智之士纷纷攻读研究法政，作为进身阶梯。政府方面，在京师及各省设立了法政学校，同时派遣大批学生出国留学，主修法政。由于这批人国学及外文功底俱佳，一大批法学俊杰脱颖而出，活跃在中国法界。延至北京政府时代，社会诸多方面都有退化倾向，唯独司法方面能独树一帜，口碑尚佳，与这批法律人才的素质较高，以及司法人员选拔制度严格有很大关系。江庸先生在《五十年来中国之法制》一文中认为，北京政府时期司法有两大优点，其中之一就是人才整齐，

胜于其他机关。表现在用人上有一定标准，如不是法律学堂（校）毕业的，没有当律师的资格。又怕其资格过宽，经验太少，故有“考试”“讲习”的规定。总之，“以专业之人才，治所习之事业”。[①]

北京政府时期，由于军阀割据混战，政府腐化太甚，司法制度的优良传统没有得到发扬光大。中国法律教育随之废弛退化。政府设立的法政学校有减无增，私立法政学校如雨后春笋。当时政府既无特定的法律，规定其课程，监督其行政，除少数例外，一般办理法律学校的人认为开设法律学校，无须仪器等设备，即无须巨额基金，大多学府视为盈利的场所，于是滥收学生，出卖文凭，种种怪现象，不一而足。北京政府末期的司法日渐消沉，皆由于法律教育日渐退化，造成文法学生过剩，农、工、医学人才缺乏。

南京国民政府建立后，才算有了比较安定的环境，一系列重要法典相继制定，法律教育随之有了新的起色。教育方面出现诸多革新举措，法律教育也不例外，但重实用科学、轻文法教育的现象越来越严重。教育当局也从而藐视法律教育的地位与其重要性。高等教育的方针为：注重实用科学，充实学科内容，养成专门人才，加强国立大学，整理省立大学，奖励或取缔私立大学。[②] 大学院系的增设以农工医学为主，限制文法学校的设立，限制招生比率，减少或限制法科留学人数，这一切使法律教育走向另一极端。

第一，法学院不专门研究法学。南京国民政府时期，大学的法学院把法律、政治、经济等系糅杂在一起，有的大学虽有一个名义上是法学院的学院，而没有法律系，根本就不读法律，有些反将社会学系、会计学系等，放进了法学院，于是，所谓法学院，变成了一个无“法”的社会科学院。如中央大学法学院就包括政治系、经济系、社会系、边政系和法律系，很少有专教法律的法学院或独立法律系。

第二，社会存有偏见。社会上对文法科人才不加重视，对法律教育的认识又失之偏狭、消极，认为法律一事，在建国方面，居于次要地位，故法律教育从未与其他教育受到同等待遇，而且鉴于从前法律

① 《最近五十年——申报五十周年纪念》，载《申报》1922 年出版发行。

② 参见《革命文献》（第 76 辑），台湾，文物供应社版。转引自汤能松等编著：《探索的轨迹——中国法学教育发展史略》，法律出版社 1995 年版，第 309 页。

学生太滥，程度太低，表现太差，引起社会藐视。

第三，学生缺乏热情。学生多不愿报考法律系。抗战开始后，学校内移，教育经费益形拮据，全国上下多注意工业商业经济建设，法律教育更加落在别的专业之后，法科学生与文科学生等均不得享受甲等公费，因此学生投考法科者比以前更显寥落，各大学甚至要压制法律教育，法律教育受到挫折。如 1942 年、1943 年，昆明两所大学的法律系学生加起来，总数还不到 70 人，有的大学法律系的学生简直寥若星辰。①

第四，教师怠慢。法律教育的地位影响到法律教师的教学热情，大学理工课老师比起文法科老师讲授课程普遍要认真得多，如国学大师陈寅恪在 1936 年给历史语言研究所所长傅斯年的一封信中就反映了这一问题。1936 年，傅斯年信邀陈寅恪南下，担任历史语言研究所第一级主任，陈寅恪复信婉辞："前年弟发见清华理工学院之教员，全年无请假一点钟者，而文法学院则大不然，彼时弟即觉得此虽小事，无怪乎学生及社会对于文法印象之劣。"②

由此而出现了一系列不良连锁反应，其直接的负面影响就是法学教学质量的下降和司法人才的匮乏。国民政府时期，"一般大学毕业生，无论社会学科，除非家庭环境特殊，论国文，一个个文字欠通，字体恶劣，白字连篇，典故乱用。论外国文，则既不能说，又不能看，更不能写。占去了小学中学里许多时间，消耗了青年多少精神气力学来的一点外国文，经过了大学四五年的教育，而终于寿终正寝。尤其国文的不佳，使学生到了社会里，处处吃亏碰壁"。③ 国家所需法律人才方面有很大缺口。

据 1936 年 5 月，司法行政部决定自《县司法处组织暂行条例施行》起，在 3 年内将全国未设正式法院各县，一律改设就绪，预计 1939 年 6 月底止，一律改设完毕。而当时各省共有 292 个地方法院，改设后将为现数的 5 倍，以一地方法院须置院长、庭长、推事、检察官书、记官及监狱人员平均最低限度 10 人合计，则已计划而未设立的地

① 参见王伯琦：《中国法律教育的出路》，载《新法学》1948 年第 1 卷第 2 期。
② 《陈寅恪集·书信集》，生活·读书·新知三联书店 2000 年版，第 50～51 页。
③ 徐道邻：《论现行法律教育制度》，载《观察》1937 年第 5 卷第 3 期。

方法院，即尚须约15,000人，至于行政方面所需政法人才之多，就更不用说了。① 1945年教育部部长朱家骅在法律教育委员会第一次会议上的报告中统计，清末法政学校法律科毕业的学生，约有4000人，大多为毕业速成者，基础较差，年龄也老大。1912年至1927年，国内法政专门及大学毕业的法律学生，每年有1000人，合计16,000人左右。1928年至1943年，合计有12,200多人。留学生中学习法律的，除速成科毕业的以外，先后合计有1700多人。这样，国内外法律科毕业的学生总共有近30,000人，除了死亡、年老、改行、荒业及程度太差的外，真正有用的不及10,000人。而当时全国所需法律人才按最低标准起码也得30,000人左右。某省连高等法院的书记官，都要申请部派。② 因此，加强法律人才的培养成了国民政府时期尤其是抗战后的一项迫切需要解决的问题。

总之，清末的法律教育，由于学生程度之高，国学根基之深，所以成绩尚令世人满意。北京政府时代，由于政府对于法律教育认识不清，管理不严，鱼龙混杂，为世诟病。国民政府时期的教育偏重于自然科学教育，未予法律教育应有的地位，法律人才的数量远不及先前，以致法律界有“乏才”之叹。

二、南京国民政府后期改进大学法律教育的理念及成效

抗战后期，中国收回治外法权；抗战胜利后，政府全面复员，司法事务急需全面走上正轨，司法独立的呼声日益强烈。这一切，都对法律教育和法律人才的培养提出了新的要求。原有法律人才培养机制已难以适应新形势需要。为此，法界有识之士针对其时大学法律教育存在的弊端，就如何改进大学法律教育问题，提出一系列建议。

第一，应该意识到法律教育对培养法律人才的重要性。

抗战胜利后，国民政府全面复员，百废待兴，法律人才紧缺。不但法律界需要法律人才，外交界、行政界、实业界、金融商业各界也需要大量法律人才。那种认为法律人才仅可做法官或律师的观念显然

---

① 参见张知本：《中华法学会之使命》，载《中华法学杂志》1936年新编·第1卷第1号。

② 王伯琦：《中国法律教育的出路》，载《新法学》1948年第1卷第2期。

不合时宜。鉴于此，有学者提出，政府应该重视法律教育，并采取切实可行的措施，如教育当局要知道法律教育与其他教育至少有同等的重要性，对于法律教育或学生之消极或歧视待遇，如限制招生名额、法科学生不得享受甲等公费的种种条例，均须一概取消；各大学均须添办完备的法科，并在各省多设法律专科学校；中央或省政府或其他机关，如清华庚款、庚款留英之类，每届招考留学，均须特设法律科学名额；与各国大学交换留学名额时，法科学生必须包括在内；多组织法官、律师赴外国考察，以资观摩；多设大学法学讲座，并与外国法科大学交换法学讲座；多办法官训练班及其他司法人才讲习所，造就专门人才。①

第二，法学院应该专门研究法律，实行专才教育。

清末民初的新教育创办之始，就把“法政”二字包括了社会科学总体，由这类法政学堂或法政专门学校相沿而成为南京国民政府时期“大杂烩”式的法学院。反映到教育制度上，就是法学院成了各社会科学的“糅合体”。法界学人指出，法律含有高度的专门技术性，与其他社会科学关系虽然密切，但不宜糅杂并施。正如庞德先生所说：“倘使一个法学院同时又是其他社会科学院，则法律教育及其他社会科学的训练，二者必有一种失败，甚至同归失败。”在中国法律系成了法学院的一部分，“不幸英语国家的传统”。② 国民政府后期，学者普遍认为，既然政府呼吁“民主”“法治”，就不得不重视法律专业技术人才的培养，改进法律人才的教育机制。

第三，全面提高法律专业学生的人文底蕴和外文水平。

人文科学与社会科学从来就没有分开过，也不可能分开。人文科学关注人，社会科学关注社会，二者侧重点不同，但社会是由人群组成的，关注社会，就是关注人；关注人，就能很好地了解社会。法学虽属于社会科学，他的学术渊源则离不开法律关系主体的社会群体。没有相当的人文底蕴，法学人才的素质难以提高。作为中国法律教育的“旁观者”，哈佛大学法学院院长庞德第二次世界大战后应邀来华讲

---

① 参见陈庭锐：《改良司法各论》，载《法令周刊》1946 年第 9 卷第 3 期。
② 转引自王伯琦：《中国法律教育的出路》，载《新法学》1948 年第 1 卷第 2 期。

学并指导国民政府的司法改革。对于中国法律教育问题，庞德先生曾专门做过考察并提出具体改进意见，仅就人文底蕴与法律教育关系而言，他认为，大学法律系的入学条件必须具备两点：其一，学生必须相当成熟，使法律的讲解有比较良好的结果。其二，学生是在学习一种渊博的专科，所以应该将其专科的研究建立在良好圆通的普通教育基础上。因而积极主张“广博的普通教育”。因为这些人今后学习运用法律，或起草法案，撰拟法律与政治制度的修正及改进方案，或草拟条约、公约，充任法律教师，或有所著述，从事实务，需要草拟各种档，若能做得完美，对于社会的价值不言自明，许多不必要的浪费的诉讼，多由于档的措辞的含糊。这些，“均非语文通达不为功，而欲求语文通达，惟有受健全的语文训练”。此外，司法人员以维持民族正义为职责，理应了解该民族的文化及其性格与理想，这些最好能求助于它的文学。中国有自己的经史子集，纵无决定中国文化的功效，至少已经渗入了中国的文化，圆通中国的教育，决不能疏忽中国的经史子集。① 国内有学者甚至认为，凡本国文字没有精通的，均不配为法律系学生。法律系学生均须经过极严格的国文考试，文字欠通的，均应摒弃在外。②

至于外文，有学者认为，“法律学生至少精通外国文一种以上，方可及格毕业”。因为将来我国的法律学生，“不仅在法律界有巨大之贡献，且将出其所学，在各方之建国工作上，如英美诸国之前例，有良好之表现，则仅通本国文字者，必非全材，即在学问方面，仅通本国文字，而不知外国文字，何能受广益之功”。③ 学习方法上，普遍存在外国语文与外国法在教学上的脱节。因此有法律系学生通过亲身经历提出，要把外文和外国法结合一起学习，“绝不能无视外国法与外国语文教学上的脱节”。④

① 参见庞德：《中国法律教育问题及其变革路向》。转引自贺卫方编：《中国法律教育之路》，中国政法大学出版社 1997 年版，第 325 ~ 328 页。

② 陈庭锐：《改良司法各论》，载《法令周刊》1946 年第 9 卷第 3 期、第 5 期。

③ 陈庭锐：《改良司法各论》（续），载《法令周刊》1946 年第 9 卷第 5 期。

④ 周起予：《一个法律系学生的话》，载《中华法学杂志》1947 年第 6 卷第 3 期。

第四，课程设置应力求合理，教学方式应予改进。

国民政府时期，大学法律教育主要为了适应社会需要而进行的。当然，各个大学法学院或法科大学的课程设置，又遵照了各学校的特点。总的说来，在主要课程设置上，全国还是有一个比较统一的标准，但这些课程的合理性还欠斟酌。

在必修公共科目中，有法学院共同必修的科目，由教育部1939年8月12日颁布，1944年8月修订。计有：三民主义（4学分）、伦理学（3学分）、国文（6学分）、外国文（6学分）、中国通史（6学分）、世界通史（6学分）、哲学概论（3~4学分）、理则学（3学分）、政治学（4学分）、经济学（4学分）、社会学（4学分）、普通心理学（6学分）等12门学科，总计55~56个学分。以上这些科目有的是补充中学时代的欠缺，有的是学法律者应该具有的常识，用意固然不错，但事实上，教员和学生都认为它们是些次要科目，认为它们是些"苛捐杂税"，学生们多数照例缺课，教员们大半无精打采，到了学期终了，学生得学分，教员支薪水，耗费的是时间、人力和物力。鉴于此，有学者认为，这12门科课，最好一律改为选修，而由学生们任选2门，最好在第二三学年里面去修，学生自知用功，教员自然起劲。这样上课才有意义，否则根本不必开课。而定作考试科目，指定教员作读书指导，学期考试的试卷成绩，不会比现在差，而学生的功课表上，不至于像现在这么挤，以剥夺了学生们自修的时间，而免得教员和学生在课堂上受罪。

在主要法律课程中，以民法、刑法为主，民法所占学分有26个（可能只有9个学分），刑法占12个学分（可能只有8个学分）。换句话说，一个法律系的学生，学校对他的要求和供给他学习的机会，债篇总论和世界通史，是完全一样的，刑法总论和哲学概论或心理学，也相差不多。就制度上而言，法学生读4年的法律学，对于他们作基础的民、刑法下过的功夫，不过是各上过一次课，和参加过一次学期考试而已，学校概不作比其他科目更切实、更深刻的要求，也不给他们更切实、更深刻研究的机会和设备。

专业分得过细，也存在不少问题。1945年3月，国民政府教育部聘请法律专家组织法律教育委员会，负责法律教育的设计。10月6日，教育部公布了“法律学系科目表”，大学法律系分为4个组：司法组；行政法组；国际法组；理论法学组。由于高考及就业的关系，4个组中，以司法组人数最多。每个组课程的设置根据分组的特点而设。分组首先对学生方面存在问题。4个组虽同属于法律学，而其学术性质、工作环境相去很远。学生们才进大学，对于法律学本身为何物，尚未十分明了，而即要其选择分组，好比四五岁孩童生病看医生，要他选择哪是肠胃科，哪是神经科，哪是泌尿科。分组在课程设置上也有问题。民法、刑法在司法组，但司法组的必修科目没有土地法及劳动法，律师、法官遇到这类案子怎么办呢？司法组的必修科目也没有诉讼法，不懂行政救济的，算不算行政法学专家，没学过诉讼法的人，能不能懂得行政救济？理论法学组的必修科目，第一项是商法，中国政治思想史、西洋政治思想史和西洋法制史反属于选修。又有很多科目，如比较法等，能开课的老师寥寥无几。于是有学者提出，分组只有在一种情形之下是有意义和必要的，就是在学生提出毕业论文后口试时，可以依其所属组的不同，而对他们考试科目的要求分别地予以提高或减低。①

作为衡量学生真正理论和专业水平的毕业论文，在法律系学生看来，也不过成为“具文”，在学生是被动地写，在老师是照例地通过。这样生吞活剥地产生并且通过一篇论文，并不符合设立论文制度的初衷。

在法律学习方法上，当时中国法科学生尚在读条文的时代，优秀的法律课本“尚未之见也”，这样就形成理论与实践的脱节。在教学效率上，往往偏于背诵条文，忽视问题研究。如要配合后一种方法，需要一个导师制度。不少善于思考的学生并不是提不出问题，而往往因为找不到可以质疑问难的老师，只好“将问题搁浅在沙滩上了”。② 如何克服中国法律教育所以长期存在的充满理论的幻想、不能主动地研究、不符合社会的需要等通病，法律教育专家提出了切实可行的建议，如通过“问题讨论”“例案研究”“法院的实习”“法律救助社之实习”

① 参见徐道邻：《论现行的法律教育制度》，载《观察》1948年第5卷第3期。
② 周起予：《一个法律系学生的话》，载《中华法学杂志》1947年第6卷第3期。

（Legal Aid Society）等方法予以改进，提倡新法学，从速推行理实并重制，重建法律教育理念与机制。①

国民政府时期，关于改进法律教育的理念主要集中于专门法学院的设立、学生人文底蕴与专业知识的关系、外语水平的提高、毕业论文的重视、专业方向的安排、课程的科学设置、理论联系实际等方面，主要是针对法律人才的匮乏及法律人才素质的低下而言的。教育上的偏科导致法律人才供不应求；课程的设置及教育手段的滞后，则直接影响了法律人才整体素质的提高。经过法界学人的呼吁及法律教育工作者的努力，国民政府后期，法律教育改进工作取得了一定成效。

1945 年 5 月，抗战胜利前夕，中国国民党第六次全国代表大会通过了对于教育报告的决议案，确立了“自然科学与人文科并重、理论学科与应用学科兼顾”的方针。② 抗战结束后，政府调整对法律教育的政策，于是在主管部门特设法律教育委员会，专司督促检查法律教育工作。

1948 年 2 月，教育部法律教育会议决定扩充大学法律系招生名额，并奖励设立法律学校。部分独立法学院相继建立起来，在 7 月的法律教育第六次会议上，决定法律学系和政治学系分别成立学院，逐步推行。这样，全国各国立大学除少数具有特殊性外（如交通大学、北洋大学），其他均设有法学院。新设的几个法学院，如国立同济大学、浙大、兰大、河南大学、重庆大学等学校，均仅设法律系或专重法律的法学院，政治大学、震旦大学也已采行。经过二三年努力，法律教育在院系数量、招生人数、在校学生、留学人数方面都成倍增长。③

法学院司法组的设立也为社会提供了不少应用性法律人才。考试院曾于 1946 年 2 月 12 日公布了“教育部指定各大学及独立学院设置法律系司法组毕业生铨定资格考试规则”。（1947 年 4 月 8 日修正第 5 条、第 7 条、第 8 条）设置司法组各大学及独立学院应于每期司法组学生毕

① 孙晓楼：《法律教育之重建》，载《新法学》1948 年第 1 卷第 5 期。

② 《革命文献》（第 76 辑）。转引自汤能松等编著：《探索的轨迹——中国法学教育发展史略》，法律出版社 1995 年版，第 332 页。

③ 王伯琦：《中国法律教育的出路》，载《新法学》1948 年第 1 卷第 2 期；汤能松等编著：《探索的轨迹——中国法学教育发展史略》，法律出版社 1995 年版，第 323 ~ 324 页、第 363 ~ 364 页。

业两个月前，开列应届毕业学生名册，呈由教育部函送考选委员会，拟定考试日期及地点，并应于考试结束后1个月，将学生毕业成绩转送考选委员会。此举为全国司法机关提供和准备了一大批司法人才。

三、目前我国大学法律教育中存在的问题及对策思考

南京国民政府所进行的一些法律教育改革未及一应贯彻执行，就随着政权的瓦解而寿终正寝。新中国成立之初，国民政府的“六法体系”即被废除。院系调整后，大学法律教育步伐中止，旧有的法律教育理念及措施随之彻底中断，在以后很长一段时期内，形成了法律教育真空及法律人才断档。20世纪80年代初，法律教育才得以发展，经过20多年的发展，而今法律教育规模蔚为壮观，教育成就斐然。但是，民国法界学人指出的法律教育中存在的问题在当今法律教育中还没有根本解决，某些建议今天看来仍不失借鉴价值。

如重视法律基础知识训练，改变教学方式，重视应用性的法律外语学习，加强课堂讨论，科学设置课程，化大班授课为小班授课，把学生毕业论文作为学生法学水平和能力的重要参考值，改进教师在新校区的住宿和交通条件，增加教师与学生的交流活动，等等。

附篇：学思漫录

一、近代司法实态的多维度展示*

人类历史，随时空转承，起落不定，只要有文字记载，轨迹即可践循，面貌尚能再现。法律史研究，首先要还原法律史本真，先由其自身说话；研究者的阐发议论，则在其次。

处于历史“大变局”中的近代中国，面临从传统政治文化意义上的封建王朝，向近代意义上的国家转型，从未被体系性质疑的传统司法制度，遭遇到前所未有的冲击：在外，被裹挟进近代化（或西化）的循环大潮，不得不接受国际规则的制约，寻求与国际规则的接轨，以期“中外通行”，争取国家的国际地位；在内，传统政治、经济及社会文化积淀深厚，需要妥善处理时间、空间、事实、效应、人物以及各社会群体之间的关系，挣脱传统司法因素的桎梏，下定与先进制度接轨的决心，轻装简从，稳步踏上司法近代化之路。

尽管探寻近代中国司法变革的进程坎坷曲折，步步掣肘，但无数法律先贤，知难而进，鼓勇前行。他们放眼东西，广泛采撷，汲取中外既有司法改进成果，利用不同素材，从不同视角，精心拟制出一块块司法改革的局部图块，希冀绘就一幅完整的近代司法图景。

由于受时空的局限，法律先贤们往往局部拟制有余，全景整合不够。《近代中国司法图景：史料集萃》（以下简称《图景》）依据不同类型，拣选出10类局部拼图，即司法历史、司法主权、司法愿景、司法定位、司改理论、司改规划、司法配置、司法比较及司法追忆等，外加“近代司法大事记”作为裱框，试图把分散无章的拼图仔细对接，

* 本部分系作者编辑的《近代中国司法图景：史料集萃》“序言”，篇名另拟，商务印书馆即出。

复原成一张较为清晰的司法图景，让历史“自说自话”。易言之，就是努力将20世纪前50年的中国司法改革实录布展出来，将法律前贤探索司法改革的心路历程勾勒出来，“再现”而非“阐释”中国司法近代化的轨迹，让读者从中悟出成败得失，获得历史启迪。《图景》意欲传递如下信息：中国法律史源远流长，许多历史上司法传统，仍有特定时代价值，也有许多糟粕，需要因时革新，融入时代司法潮流，在继承和扬弃中实现司法制度的转型。

近代司法改革是在外力压迫下，被动走上近代化道路，外来因素无疑促进中国司法近代化的起步，但引进移植的制度，也存在诸多水土不服的问题，这不能归咎于先进的司法制度，而要从内部的政治、社会、军事以及经济文化传统中揭示其土壤原因。

司法制度文本与司法实践之间永远存在一定落差，其大小取决于司法体制的科学设计、政府行政的法治思维、司法主体的护法意志、全体国民的守法信念、司法资源的合理分配等。

司法权的定位，决定国家法治化程度，只有司法权威获得应有的尊重，司法才能充当起公民权利的守护者、法治进程的推动者、法治政府的保障者角色。

曾有近代法学名家说过，“每一个别特殊的法律，均具有三度：时间度，空间度，事实度；无时间，无效力范围，和无事实争点的法律是不存在的。”① 在此“三度”基础上，似乎还可增加“三度”，即效应度、人物度及关联度，合为“六度”。《图景》的编辑，正是从时间度、空间度、事实度、效应度、人物度及关联度“六度”结合的多维视角，编辑司法文献：时间度上，既能梳理传统司法演进轨迹，又能再现近代司法历史发展脉络；空间度上，注重国内与国际的对照，中央与地方的对照，城市与乡村的对照，发达地区与欠发达或不发达地区的对照；事实度上，注重系统展示司法状况，勾勒司法改进的轨迹、计划及举措等；效应度上，注重司法实践效果，这既是考察近代司法制度的归宿点，也是考察其他一切制度的归宿点；人物度上，注重考

① 参见吴经熊：《法律的三度论》，载吴经熊：《法律哲学研究》，清华大学出版社2005年版，第17页。

察司法群体的构成以及他们在司法制度创制及实践中的作用；关联度上，严格讲并不独立成“度”，而是前“五度”之间的互相作用和影响，立于五度之上，提示我们，考察任何法律问题，都要有多维度的立体观照。

《图景》所选资料展示了司法研究领域的类型性、司法研究成果的典型性、司法研究对象的综合性、司法研究群体的鲜活性、司法研究视域的宽广性等特征，努力成为研究中国近代司法的入门手册及资料宝库，有助于学习者、研究者及司法实务者：了解中国司法发展的简要脉络，辨别精华和糟粕；了解近代中国主权与法权、法治的关系；了解世界司法近代化的趋势潮流、不同法系间司法的良窳及可资我国借鉴的因素，了解中国司法近代化与政治近代化、社会近代化的关系；了解司法制度设计、司法资源分配、司法权定位以及司法人才培养等，在推动国家法治化进程中的作用。

编者曾在《近代法学期刊：司法改革的“推手”》（《政法论坛》2012 年第 1 期）一文中呼吁重视加强近代司法改革的载体——法学期刊的研究，兹摘录于此，以明关注近代法学期刊之于司法改革重要性的初念未改：“近代法学期刊以其特有的自由开放姿态，及时、客观和中立的报导风格，荟萃了有关司法改革的诸多信息、观点和对策，兼具新闻性与学术性、时效性与长效性、热点追踪与法理探究等相结合的特色，为当局司法改革方针的制定提供了足够的现实信息和法理支撑。对外，它们为撤废列强在华领事裁判权呐喊，加速了司法主权的回归；对内，它们不断描绘司法图景，针砭司法弊端，推动了近代司法体制的建立，促进国人的司法反省，一定程度上启蒙了民众的法治意识，扮演大众传媒与法理研讨的双重角色……时过境迁，近代司法改革成果遗痕犹在，渐渐变黄发脆的法学期刊大多处于尘封状态，但其展示出的兼顾学术精英与普通大众的阅读兴趣、吸引社会众多人士自由参与司法改革讨论以及刊载内容的多样性等办刊风格，值得当下法学期刊学习借鉴；其保存下来的大量近代司法改革文献，为后人从事中国司法近代化研究提供了不可或缺的宝贵材料，文献价值将历久弥珍，值得系统挖掘、整理和利用。”

而今呈现给读者的这部集萃，尚不算是对法学期刊本身的研究，而是对法学期刊中有关司法内容的仔细拣选，可视为近代法学期刊研究的铺垫。

《图景》既是国家社科基金后期资助重点项目成果，也是本人主持的南京大学法学院司法文化研究中心推出的系列成果之一。近代中国司法图景拼接成功了吗？作为“拼图手”，编者不敢自断，还是留待有兴趣的读者们鉴别吧。

二、近百年法科教育的缩影*

历史，有记忆的历史和遗忘的历史之分。前者经过筛选加工，后者往往被人为忽视，或被刻意系统地删弃。后世看到的历史多为记忆的历史，而遗忘的历史往往更能反映历史本真。为了防止遗忘或减少遗忘历史，需要整理业已发生的史实，记录正在发生的事实。历史的层级虽有国族、组织及个人高低之别，其生成发展、曲折迂回的进路则大同小异。南京大学法学院的历史也不例外。

南京大学的源头被确定为1902年创建的三江师范学堂，南京大学法学院的源头，则是1927年6月创设的国立第四中山大学社会科学院法律学系；经过短暂更名为江苏大学社会科学院法律学系，1949年8月8日，更名为国立南京大学法学院；1950年10月10日，改名为南京大学法学院；1952年12月9日，南京大学法学院被撤销；1981年恢复成立法律系；1988年11月29日，南京大学成立法政学院，法律系与政治学系、社会学系，成为法政学院三系之一；1994年5月20日，成立南京大学法学院，沿用至今。2021年，为恢复建系（院）40周年。

《南京大学法学院院史》（以下简称《院史》）编辑时段大致分两部分：1927～1952年；1981～2021年。具有94年院龄的法学院，历经沧桑，积淀深厚，活力满满，值得为之总结、检讨及纪念。此乃编写《院史》的原动力所在。

《院史》分为《峥嵘岁月》《时代足音》《教研菁英》3编、22章及附录。上编《峥嵘岁月》，由5章组成：中央大学的历史脉络、中央

---

* 本部分系作者编《南京大学法学院院史》“编者的话”，南京大学出版社2022年版，篇名另拟。

大学法学院的发展沿革、法学院的师资队伍、法学院的教研活动以及名家身影。1927 年，国立第四中山大学成立社会科学院法律学系、政治学系。经江苏大学社会科学院法律学系，1928 年，国立中央大学组建法学院，含法律学系、政治学系和经济学系，抗战期间，法学院又增加了社会学系、边疆政治系及法律学系司法组。《院史》介绍对象以法学院法律学系、政治学系和司法组为主，经济学等系基本不作介绍。1928 年以后，由于南京国民政府政治中心的区位优势，法学院甫一成立，就吸引了一批高水平的法政教师，尤其受到留洋法学博士及其他高才生的青睐，学生生源亦属优质。全面抗战爆发后，法学院随中央大学整建制地西迁重庆，在兵荒马乱的岁月，其他许多大学法学院或独立法政院校所受冲击颇大，唯独中央大学法学院保持比较完整的结构：由于掌校者如罗家伦等的个人魅力、重庆的“虹吸”效应，原北大、清华以及西南联大的法政教师纷纷加入中央大学法学院教研团队，职司政府法律、外交等机关的法政公职人员，也多在法学院兼任教职，经初步统计在 1928 ~ 1949 年间，先后在法学院法、政二系专任及兼任教职人员人数达 226 人，在局势震荡下，形成了规模不减反增的中央大学法学院的特有风景线，在全国大学中独领风骚。

中央大学法学院老师和学生，在当时国际国内法律、政治、外交以及学术等舞台上，竞展风流，异彩纷呈：有中央大学求学背景的留洋法学博士 12 名；国民政府司法行政部部长 1 位；1948 年，首届司法院大法官会议 17 名成员中，曾在国立中央大学法学院任教的有 7 人，约占 42%，另获首届大法官提名的 1 人。中华人民共和国成立前后在决定中央大学去留之际，法学院教师积极参加校务维持活动，保证了由国立中央大学向国立南京大学、南京大学的平稳过渡。其他法政师生，也在各自领域多有建树，度过了属于他们时代的峥嵘岁月。

近代中国法科教育界素有“北朝阳、南东吴”之说，实际上，1927 ~ 1949 年（特别是 1928 ~ 1945 年），中央大学法科的发展，无疑位居全国高校之冠，因此，“北朝阳、南东吴”之外，宜加上“中中央”。

中编《时代足音》，则由南大法学院发展历程、本科教育、学科发展、法硕培养、学术平台、中德法学研究所、学术刊物、实践教学及图书资料 9 章组成，叙述了恢复建系（院）40 年来，法学院的发展状况。1981 年，南京大学法学院恢复招生，伴随改革开放的鼓点，一路走来，人才培养节节向上，教研成果逐日攀升：1994 年，在全国综合性大学法律系中，第一批升系为院；创办第一个公开发行的法学学术期刊《南京大学法律评论》（校报特刊）；成立第一个中外合作办学的典范——中德经济法研究所；1985 年，开始招收法学理论专业硕士研究生，是江苏省最早的法学硕士点；2007 年，获得硕士学位一级学科授权；2008 年，被评为江苏省人民政府法学一级学科重点学科；2001 年，获得经济法学专业博士学位授予权；2007 年，国家人事部批准为法学博士后科研流动站；2010 年，获教育部法学博士一级学科学位授予权；现为国家双一流建设学科。

多年来，法学院专任教师人数大致保持在六七十人，规模在重点全国综合性大学法学院中属中等偏下，但教学质量、科研成果等在全国有几大政法院校参加的综合排名中，一直居于前列。在 2017 年教育部组织的全国第四轮学科评估中，法学专业获得 A－佳绩。法学院教研效率之高，颇为足观。

恢复招生 40 年来，法学院共计培养本科以上各类学历、学位毕业学生 11,300 多人（尚不包括函授、自考生），校友们遍布全国，踪迹海外，不断追寻南大法律人的梦想，实践南大法律人的价值。

下编《教学菁英》，为恢复建系以来专任教师的学术风采录，以教研室为单位，包括每位教师的学术背景、学术成果和学术创见。此编是当代人记录当代法学学术史的一次尝试。

附录二则：40 年历届校友名录与奖学金名目。

《院史》凸显了旧、全、新三个特色：

第一，旧。既回溯 94 年前（1927 年）法律学系的组建，厘清院史源头，又对 119 年前（1902 年）年南京大学的源头适当钩沉，梳理校史进程。

第二，全。既有纵向的详细描述，又有横向的专题深入，由 3 编、22 章和附录组成的结构体系即可佐证。近 40 年中举凡任过教职的老师几乎都有介绍；众多教辅人员、行政人员乃至有关工友，均有提及。

第三，新。当代教师编当下院史，本身即具“新”意。领受编写任务，时在2020年年初，完成书稿则在2021年9月，故一边编写，一边关注教师队伍的变化、学术研究的新动向，所列“教研菁英”，已包括2021年9月1日前入职法学院的专职科研人员，学术成果则收录至9月20日前获得的课题立项、发表的著述及其他荣誉；校友名录也收录到1985～2021年夏季前毕业的近1.1万名历届学生，确保《院史》成为恢复建系40年的“足本”纪念物。

在文化寻根势头日增的今天，不少高校、院系都在纷纷努力挖掘本校、本院的文化资源，大打文化品牌，以求传递学术薪火，焕发学术风貌。南京大学素来低调，连如今的校歌还是采用的1916年李叔同先生制谱、南高师首任校长江谦先生作词的那首，低沉雅驯，不持歌词，少有人能随口哼唱；校训则是在国立中央大学“诚朴雄伟”之上，加上“励学敦行”组合而成，更显厚重。法学院的风格与南大风格颇有类似，不热衷追逐名流，不刻意包装张扬，承继的是拥有“天团”级的法律先贤群组的国立中央大学法学院的学术衣钵，蕴含深厚的法律文化底蕴，是天然耀眼的法律文化品牌；而今又是国家双一流建设学科，汇聚了一批中青年法学才俊，招收和吸引众多优质生源。

站在历史的节点，回溯过去，应当铭记前贤的法学事功；观照当下，需要记录教研菁英的鲜活风采；展望未来，可以激发更多的后进研习法学。编写《院史》的宗旨在乎此，价值盖亦在乎此。

三、文明民族都承认契约自由*

刘海波在博士学位论文基础上修改而成的书稿《民初田宅买卖契约制度研究》行将面世，海波曾随我攻读博士学位有年，彼此熟悉，嘱我作序，不遑辞让。

书稿梳理了传统中国契约特别是田宅买卖契约制度的发展轨迹，深入探讨了民国初期田宅买卖契约制度的创制及实践；将该制度置于民初社会大背景中，分析其实际效应；通过对田宅买卖契约制度的历史检视，为当下民法典特别是“物权编”部分的讨论或改进，提供了一些启发思路。该书兼具历史和现实、学术和实践的双重意义。

通过阅读该书稿，还引发出我对其他一些相关问题的思考，借此机会表达出来，就教于海波，求证于方家。

第一，如何看待古代有民事契约而无民事法典的问题。

德国施塔姆勒在《现代法学之根本趋势》中说过，“一切文明民族都承认契约自由这条基本原则。这条原则常常没有被明明白白地写进法律”。依学界通识，西方国家的契约理论比中国系统完善，契约法诞生早于中国，“社会契约论”更是独领近代法政潮流。但回顾一下中国历史，“契”（或“契约”“合同”）概念并不陌生，早在先秦时期，即有傅别、质剂以及“约契盟誓，则约定而反无日”之说的记载，汉魏晋流行“民有私约如律令”，唐代的“官从正典，民从私契”或“官有政法、民（人）从私契”等记载也不绝于书。这些均可证明契约及朴素的契约精神在传统中国已经存在。

---

* 本部分系作者为刘海波博士《民初田宅买卖契约制度研究：1912 ~ 1927》一书（山西人民出版社 2021 年版）所作的“序言”，篇名另拟。

然而，传统中国刑法典高度发达，但却始终没有形成一部成文的民法典。学界有传统中国“诸法合体、民刑不分”“诸法并存、民刑有分”“诸法合体、刑律为主”以及公法发达、私法不发达等不同看法。既然如此，人们不禁要问，没有民法或民法典，在历史长河中，中国人的民事纠纷是如何处理的，处理的依据又是什么？晚近由西方“Civil Law”转译而来的“民法”，源于市民社会（Civil Society），具有市民法性质；而西方意义的市民社会在传统中国并没有真正存在，中国的民事关系也无法等同于欧洲市民法上的民事关系。但没有“市民法”，并不能得出中国没有处理民事纠纷规则的结论。于是，研究包括田宅买卖契约在内的各种契（契约），探讨民事纠纷处理的各种规则，注意区分律令与私约、正典与私契等不同层级“法”（规则）的含义，理应成为中国民法史研究的重点，不能简单以“诸法合体”之类的结论笼而统之。

“契约自由原则”为何没有明白写进传统官方法律，取决于传统中国政治、经济及文化模式的制约。维护王权，主要靠刑法、行政法典；维护私权，主要靠民间契约以及基于诚信的契约自由意识。民事纠纷只要不对公权形成威胁，均以“细故”被对待，一如“皇权不下县”，县以下，有宗法血缘社群及乡村自治组织，族长、长老、老人、保甲长及乡绅等，均是可以解决民事纠纷的主体，广大乡民也有解决民事纠纷的通行惯习，田宅买卖契约即为其民间解决纠纷的智慧结晶。所以，不能说历史上的中国没有契约法，就没有契约；没有民法，就没有民事规则。二者不应等而视之。

第二，如何看待法律移植与本土化的关系。

近代西方民法概念及体系清末被移植到中国，1911 年的《大清民律草案》，开启了中国民法创制的先河。北京政府时期，继续对民律草案进行修订，因时局动荡等原因，未能推出正式的民法，但一众大理院推事凭借其司法中立的立场、深厚的国学功底以及接受的新式法理念熏陶，在当时制定法阙如的形势下，通过判例和解释例，逐步建立起一套田宅买卖契约制度。就像书稿中所总结的那样：这套“官方”契约法是新式的、西化的，其中有些术语是传统社会的中国人闻所未闻、所无法想象的；民初大理院所构建起来的这套田宅买卖契约法在民间社会的运行实效并不十分理想，呈现出一幅“新旧并呈，中西杂糅，多元发展”的复杂图景，能在冲突和博弈中，整合民初国家与社会之间可能出现的断裂，使得民初社会保持了一种整体统一的态势；民初大理院所勾勒出的近代中国契约法、民法发展的脉络，所确立起来的一些基本规则，对于后世制定民法规范、编纂民法典仍然具有一定的参考价值。民初大理院推事一边普及新型契约法理念，一边进行契约规则与社会生活调适的尝试。

1930 年前后一两年内，中国即完成了历史上第一部民法——《中华民国民法》的制定和颁布。民法创制如此高效，首要动因固然是为收回治外法权作准备，直接全盘移植痕迹明显，诚如吴经熊先生所说，“我们试就新民法从第 1 条到第 1225 条仔细研究了一遍，在和德意志民法及瑞士民法和债编逐条对校一下，其百分之九十五是有来历的，不是照账誊录，便是改头换面”。梅仲协先也指出，这部民法“采德国立法例者，十之六七，瑞士立法例者，十之三四，而法、日、苏联之成规，亦尝撷取一二，集中现代各国民法之精英，而弃其糟粕，诚巨制也”。有学者统计，民国民法保留本土内容，约占 8.3%。尽管如此，从此后的实践情况看，该民法的移植及本土化总体是成功的，其中大理院推事的先期工作努力功不可没，对近代民法的移植与本土化起到了重要的铺垫作用。后进国家在法律创制过程中，开放性移植既有先进法律文明成果，是一条可行的路径，可以缩短法治化进程。至于如何改进本土社会环境，使得移植的先进法律之树水土谐服，则是另一个更深层次的问题。

第三，如何看待田宅买卖契约与私法功能定位的问题。

保护私权，乃私法典的核心价值及功能所在。“私权”以财产权为先，财产的保有和取得居于首要地位。财产权包括不动产和动产的所有权，不动产主要表现在田宅等财产上。中国历朝历代，人们都把田宅所有权作为最主要不动产，各种大规模的社会冲突，也多因田宅所有权纠纷而起，“等贵贱、均贫富”“打土豪、分田地”“实现耕者有其田”“土地归公”等，几乎是“革命”时提出的最响亮口号，都是为了争取田宅等不动产的平等占有和保护。

物权先于债权，有了物权的流转，才有债权的出现。书稿中提到，

"传统农业社会不需要太多的商品流通，所以早期的财产权体系是以所有权（物权）为核心的，而至民初则更加注重商品流转和自由市场中的契约关系，于是债权逐渐占据了较为优越的地位"。财产权的重心由保有、取得向交易安全的转变，正是民初田宅买卖行为的新趋向，也是民初田宅买卖契约区别于传统田宅买卖契约的显著特点，是历史进步的体现。尽管如此，保护不动产的所有权仍应是私法特别是物权法的核心功能。我国现行民法典则规定，"国家、集体、私人的物权和其他权利人的物权受法律平等保护，任何组织或者个人不得侵犯"。（第207条）将国家、集体、私人的物权列为平等保护地位。民法典在土地所有权问题上，凸显了"用益物权""担保物权"等概念。（第241条）政府公权为了灵活处置土地，发明了诸如自种、承包经营、转让、征用、征收、划拨、田地参股等名词，住宅则有自住房、小产权房等提法，都没有涉及真正意义上土地的所有权及该权利的保护问题，诸多政策的背后，一般都有"为了公共利益的需要"等理由，不管出于何种目的而死守老宅的"钉子户"一类群体，常常成为对抗"公共利益"的反面典型，饱受责难。民初田宅买卖契约制度是特殊时代的产物，在近代民事法律发展中居于重要位置，置之当下社会，则会面临诸多新的问题需要解答。

历史与现实可以对话，考察田宅买卖契约制度，有助于了解"私权"保护的发展历程，明了在传统中国契约何以仅局限于经济领域，未能发展为社会、政治契约，催生限制公权、保护私权的制度理念，塑造自由平等的法律人格；有助于认识保护私权领域契约自由的意义，明确将契约自由原则写进法律是文明民族的重要标志之一。

以上是我阅读海波书稿后获得的一些启发。祝贺海波书稿顺利出版，也祝愿海波从新起点再出发，不断写出新佳作。

是以为序。

四、从法教义学到法律解释学*

法律需要解释吗？当然需要。有了法律规范或体系，并已付诸实施，就需要对其加以解释。解释的原则和方法，则随法律所涉及的利益性质而定。正如波斯纳指出的那样：一般利益立法，涉及范围广，涵盖诸多不同的情境，立法所使用的文字，通常是原则性、概括性的，在适用时如果有争议，可以从宽解释；特殊利益立法，是针对特殊的群体、政策目标，在立法过程中，经过折冲妥协，该囊括的利益，都已形诸文字，在解释时，只有从严从窄，才能反映立法精神，即反映立法机关所代表的民意。① 换言之，无论一般利益立法，抑或特殊利益立法，均需进行解释。

时下法学界甚为流行“法教义学”研究。说来惭愧，因本人知识陋寡，对“法教义”一词长期不明就里，直感是跟宗教有关，认为只有宗教，才有“教义”，法律，无非是调节社会诸多关系的工具，是诸多利益集团及社会群体商谈妥协的产物，是社会“不可缺少的坏东西”，而且要不断因时、因地和因人，修改补充。它连被“信仰”的资格都谈不上，何来教义！后不断向国内外学者当面求教，请其用最朴素易懂的中文语词表达法教义学的含义。回答是：“法教义学，就是法律解释学”，我这才被释疑解惑了。再通过阅读有关学者文章，逐步明了法教义学定义，盖不外乎此类含义，诸如法教义学，也有译为法释义学、法教条学，其主要活动包括对现行有效法律的描述、对现行有

* 本部分系作者为李相森《民国法律解释制度研究》一书（北京大学出版社 2019 年版）所作的“序言”，篇名另拟。

① 参见熊秉元：《法律该被信仰吗？》，载《法制日报》2016 年 4 月 22 日，第 7 版。

效法律从事法概念体系研究，以及提出解决疑难问题的建议（规范实践）；[①] 法学领域中的教义观念可以追溯到罗马法复兴运动时期的注释法学，法教义学是对现行实在法的一般性理性认知，追问的是“什么是法”，对象是当下有效的法（现行法），是对法律制度进行阐述的体系，等等。[②]

如此推演下来，可否这样理解：法教义学就是研究如何解释法律的学问，是法律解释的教义。这样一来，法教义学与法律解释学的关系自然密不可分。历史上，解释学构成法教义学的重要内容，对法律的解释也是法教义学的主要功能之一，法教义学和法律解释学存在某种一致或重合。[③]

法教义学与法律解释学基本上是同时代的产物。“法教义学”一词由德国译介过来，据称德国学说史上第一本以“教义学”为题的法学著作为欣郁贝尔（Hinüber）于1739年出版的《新裁判论与教义学》（Theodicaei Dicastice nova et dogmatica）。独立的法教义学观念成型于历史法学时期。而法律解释学也是在萨维尼等学者的努力下，逐步理论化、体系化，成为一门独立学科的。但法律教义学与法律解释学又不完全相同。法教义学为法律解释提供所应当采取的态度、立场、方法、思维或信条，但法律解释学可以不在法教义学体系之下存在。

法律解释作为一种阐释法律含义的活动，其在法制历史上的出现要比“法教义”“法教义学”早得多。法律解释的历史，在西方可追溯至古罗马，就中华本土而言，也可谓源远流长：东汉诸儒说经解律，西晋张斐、杜预注律，唐代以疏议律，清代律学家精研时律，均属于传统“律学”，庶几可归于法律注释或解释学之范畴。清末，西方法律解释理论及制度传入我国，传统法律解释实践开始向现代法律解释制度转型。民国时期则构建了较为完备的法律解释制度体系，并进行了广泛的法律解释实践。

---

① 参见凌斌：《什么是法教义学：一个法哲学追问》，载《中外法学》2015年第1期。

② 参见雷磊：《什么是法教义学？——基于19世纪以后德国学说史的简要考察》，载《法制与社会发展》2018年第4期。

③ 参见焦宝乾：《法教义学的观念及其演变》，载《法商研究》2006年第4期。

以往学界对于民国法律解释制度，缺乏系统的整理研究。李相森博士在其博士学位论文基础上加工充实而成的《民国法律解释制度研究》一书，堪称该领域的集成之作。概括而言，具有如下特色：

第一，完整描述了民国法律解释制度的诞生、发展历程，详细考察其制度内容，并对其特性、合理性及局限进行总结。在依据立法规范、解释档、档案材料等对民国法律解释制度进行“细描”的同时，将中国传统法律解释实践与西方法律解释理论及制度作为潜在的背景，予以对比、观照，以明晰民国法律解释制度在何种层面上继承了传统、借鉴了西方。

第二，将规范层面的制度设计与制度的实际运行结合起来考察，分析民国法律解释制度所建基的社会现实、族群文化及心理，以明晰民国法律解释制度何以具有“本土”特性，认为民国法律解释制度是西方模式、中国传统以及当时社会的制度需求三大因素相互作用、相互激荡的结果，既参照西方法律解释制度，又带有中国传统法制的基因，并以当时中国的社会现实需求为依归，是独具特色的中国本土法律解释制度。

第三，提出探究民国法律解释制度的特性，并非要强调这种特殊性的“中国特色”，甚至证成这种特殊性的合理性，而是要明确我们的制度成为此种形态的社会历史条件是什么，哪些是可变的，哪些是不变的；评判这些独具特色的制度内容哪些是积极的、可继承的，哪些是负面的、需革除的。

第四，在考察民国法律解释制度的基础上，提出借鉴民国统一法令解释制度，建构当下我国以全国人民代表大会常务委员会为统一法律解释主体、最高司法机关、最高行政机关负责本系统内部解释统一的系统法律解释制度；在法律解释的形式、创制方式、效力保障机制等方面，也提出了一些具体性的建议，凸显了法史的求用功能。

当然，本书尚有值得加深研究的空间，诸如：对于民国法律解释制度特性、合理性及局限的论述较为粗疏，尚有继续细化的余地；提出的完善我国当前法律解释制度的对策建议，可行性如何，仍需加强论证；对传统法制、西方理论以及本土实践三者之间关系的论述不够充分，还可进一步明晰；等等。

相森博士跟我有三年硕士、三年博士的研习经历，稔知他为人、治学个性：法理、法史功底颇佳，富有学术敏锐性，学术前沿动态把握及时，为人质朴踏实，怀有感恩之念。自2016年博士毕业至今，勤发文章，频获课题，迄今三年内，先后获得省、部级及国家社科基金等级别的课题立项，取得了许多同侪难以企及的“大满贯”成绩。

惟愿相森今后在学术上不断打拼、努力上进的同时，劳逸相济，生活美满。

祝贺相森首部著作的出版。

是以为序。

五、精深学问也得接地气：法律史知识如何走近大众*

疫情持续，宅居之际，收到李文军教授新作《辽代疑案》书稿，嘱为作序，欣悦之余，略带惶恐：对于辽代法律，我素疏关注，遑论研究。乃静心捧读，以求通解。阅后体会三，胪列如下：

第一，富有开拓性。辽代法律在传统中华法系棋盘上属于不太起眼的单元格，相对汉文化塑造下的主流政权，契丹的建立的辽，无法被纳入“正统”政权体系，关注度低下；资料的缺乏，给研究者造成了巨大障碍，日本学者所说的“研究的界限已经到了令人伤心的程度”似乎并不夸张。文军教授能以案串法，以法证法，披沙觅金，细心缀补，使得原本模糊不清的单元格逐显清晰，充实了中华法系的棋盘，在很大程度上，开拓了辽代法律史研究的新领域。

第二，颇具可读性。据文军介绍，该书稿是在央视法律讲堂系列讲座基础上加工而成的，难怪读来生动亲切。作者将原本枯涩难懂的辽代法律及案例，娓娓向读者道来，即便没有任何法律史背景的人，阅读后也大致能理解辽代法律制度及其实际运行状况，法律史知识的普及效果特别明显。

第三，蕴含启发性。意大利学者贝内德托·克罗齐在《作为思想和行动的历史》中说过：“在一切历史判断的深层存在的实际需求，因为从年代学上看，不管进入历史的事实多么悠远，实际上它总是涉及

---

* 本部分系作者为李文军《辽代疑案》一书（中国民主法制出版社 2022 年版）所作的“序言”；又刊于《人民法院报》2022 年 7 月 1 日“法律文化版”，题名为“精深学问也得接地气：法律史知识如何走近大众”，现篇名采自该报。

现今需求和形势的历史，那些事实在当前形势下不断震颤。”他强调的是一切历史均可赋予“当代史”的性质。唐代李白诗句“今人不见古时月，今月曾经照古人”，意涵历史的可穿越性：同一片天地之下，人类生活的时代可虽然相隔久远，但人性、人情均有共通之处。黑格尔曾刻骨揭示：人们总结历史教训，却不从历史中吸取教训。的确，历史可以再现，历史教训也常常重演。尽管如此，不断总结历史经验或教训，提示后人借鉴，依然是历史学家的天职和使命。

本书聚焦于已然远逝的辽代法律，恪守法律史家的使命：叙说法的历史，反思法历史，希冀启迪当下。如第八单元第二集“皇太叔身死家灭”中，作者感叹道：领导干部有良好的家风真是太重要了，像耶律重元这样，不注意家风建设，结果家属就不像样子，要不是自己的老婆孩子天天不说好话，一个劲儿撺掇自己造反，耶律重元也不会最终走上这条不归路；辽道宗耶律洪基呢，则是个昏君，重元父子叛乱的发生，他自己的领导责任很大，平时喜欢游猎导致政务废弛，让重元父子有机可乘这就不用说了，更关键的是他用人不明，亲小人、远贤臣，侥幸平定重元父子叛乱后，恶习不改，偏听偏信，朝政窳败，大辽王朝正是在辽道宗时期注定了灭亡的命运。从辽代法律史中，用生活话语白描出通俗易懂的道理，现实的警示意义自在其中。书中的此类描述，多有所见。

以上是我读了该书稿后的总体印象。借此机会，我还想就法律史学者的研究如何获得立法机构及相邻部门法同行的认可、法律史知识如何为大众所接受，提点个人浅见。

一般法律史学术著作均具备专、深、精的特征，但阅读面多限于极少数志趣相投的同好圈内，成果多在评定职称、申报奖项时用得着。个人购买的学术著作，或同行之间互赠的作品，能细读前言、后语、篇章目录及参考文献的，已颇为难得。在大多情况下，研究者只有在需要参考某部分内容时，才会从书架上抽出，找到所需部分，引用、标注后，即归原位。专业领域相距太远的，可能连粗略翻阅的欲望都没有。法律史学术要走向大众，更是谈何容易！

20世纪末期，曾出现学术大师热，如“陈寅恪热”“钱锺书热”等。实际而言，社会上有几个人读过陈先生《金明馆丛稿》《元白诗笺证稿》《唐代政治史述论稿》《隋唐制度渊源略论稿》等作品，还不是因为陆键东先生的传记体著述《陈寅恪的最后二十年》的出版，才引起人们对这位大师的关注；又有几人读过钱先生的《管锥编》《七缀集》等著作，还不是小说《围城》被改编拍成电视连续剧后，钱先生（连带杨绛先生）才成为被关注的“明星学者”！可见影视作品对学人、学术的巨大传播能量。

《明朝那些事儿》《雍正王朝》《步步惊心》《天下粮仓》《宰相刘罗锅》等通俗读物、小说及影视作品，无疑激起了大众对明、清历史及相关主人翁如“四阿哥”——雍正皇帝、乾隆皇帝、纪晓岚、和珅等角色的兴趣。不过，正如社会史名家冯尔康先生所言：社会上流行“戏说”历史影视剧，受众对于那些历史人物和故事将信将疑，甚而信以为真，产生对历史的误解，不利于对历史的正确解读，是以史学家有责任去说明历史真相，去“正说”历史。欲达到正说的目标，就必须“细说”，讲出有血有肉的、丰富多彩的历史，而不是干瘪的、公式化的历史。（参见《冯尔康文集：师友述怀·序跋札记》，天津人民出版社 2019 年版，第 207 页。）近年来，中国法律史界的学者如柏华、林干、郭建、龙大轩、李文军等教授，都是央视各类讲堂的常客，其学养积淀的深厚、文字表达的生动及肢体语言的洒脱等，属于同侪中的佼佼者，均能在“正说”基础上“细说”法律史，堪称“影视法律史学”的先行者。只是墙内开花墙外香，这些先行者的展示竟然时常不被圈内同行看好，原因不外乎：有形同传统“说书者”的嫌疑；上电视讲堂不计入单位正常工作量；讲座后形成的通俗出版物不算正规学术成果……

“正说”法律史与“戏说”法律史截然不同，戏说可以通过加油添醋，故弄玄虚，吊足受众胃口，博得廉价喝彩。正说则需遵循求真、求用的原则：求真，要求尊重历史事实，事事有本源，字字有出处；求用，要求表达清晰，深入浅出，雅俗共赏。如此这般，方能使法律史的“古董”知识变得鲜活生动，受众喜闻乐见。

法律史学者经常抱怨立法机关及部门法学者冷落法律史内容、功用，普罗大众更不知晓法律史的知识、趣味。其实法律史学人也该反躬自问：对法律史的阐释解读，是否能让法界其他同行理解信服，宣讲方式能否满足社会大众了解法律史知识的渴望？

如何让法律史的研究成果为立法机关所采纳，为部门法同行所重视，为社会大众所知晓，通过影视平台的宣讲，并及时将宣讲成果结集出版，使深奥的法律史知识走出象牙之塔，惠及更多受众，不失为良方善途之一。

文军硕士、博士阶段均随我研读，相稔有年，谊兼师友。他心地纯良，清秀灵慧，为法史界的后起俊彦。就此，祝贺他新着出版，并期望他稳健前行，有更多成果呈现。

是以为序。

六、访谈：作者求学心路略陈*

1964年生，江苏东台人，南京大学法学院教授、博士，法律史教研室主任。法律史方向硕士生导师，经济法律文化、经济法律史方向博士生导师。《南京大学法律评论》主编。主要研究中国法制史、法律社会史、中国法律文化，司法传统与司法现代化，当代中国有组织犯罪，等等。2004年度被评为江苏省“青蓝工程”优秀青年骨干教师培养人选。2006年以《司法腐败与社会失控：1928～1949》，获江苏省高校第五届哲学社会科学研究成果一等奖，2008年11月获第一届“中国法律文化研究优秀成果奖”三等奖。2000年以来，出版专著2部，社会反响良好；在内地《中国法学》《政法论坛》《法学家》及香港《二十一世纪》等学术刊物上发表论文60篇，其中核心刊物12篇，校学术榜16篇；被人大复印资料全文转载6篇，被《中国社会科学文摘》2001年第2期“重点论著”转摘1篇。

主要专著有：《法律社会史的视野》《礼·法·社会——清代法律转型与社会变迁》《当代中国黑帮》《司法腐败与社会失控：1928～1949)》《1949中国社会》《中国古代民间娱乐》《历代兵书精言妙语》《先秦兵书佚文辑解》；主编：《王宠惠法学文集》，《全球化视野下的法治与人权》《全球化视野下的法治研究》。

---

* 本部分原刊载于何勤华主编：《中国法学家访谈录》（第9卷），北京大学出版社2014年版，第10～19页。采访时间在2011年。原稿由华东政法大学学生记者李秋实、杨寻根据采访本人时的录音整理，未经本人校对；出版社发排时，不少人名按发音记录，多有讹错。借此机会，将记错的人名校正过来。其他除个别文字错误予以纠正外，一概保留原始内容。照片为采访时提供给采访者的扫描件。感谢两位采访学生的辛劳。

当时我们都是农村户口，没有米票，要到粮管所去转“户口代管”。每个月拿玉米粗粮到粮管所去换，这样我们才能吃上大米。

记者（以下简称记）：张老师，能谈谈您大学之前的成长和求学经历吗？

张仁善（以下简称张）：我当时是农家子弟，在江苏省东台市中学读书，家里三代农民，父母都是文盲。那时刚刚恢复高考不久，考大学还没有成为一种主流意识，和我们一起成长的很多同学因为出身等种种问题都没能上初中。初中毕业后我考取了乡镇的高中，一开始也没有考大学的念头，每天回家就帮着家里干干农活，并不清楚考大学意味着什么。

到了 1980 年，我的小伙伴中有一个人考上了上海海运学院（现上海海事大学），还有一些提前考取的考上了中专，这些对我触动很大。而我当年则差了几分没有考取。1980 年东台中学办了一个高三班，招收 1980 年落榜但分数很高的同学。但当时到底要不要去，家里也很矛盾。第一是经济问题，因为毕竟考取大学的还是很少，如果留在乡镇中学费用会少一些，家里还是比较困难。第二，我自己也担心能不能考取大学，若是不成觉得无颜见江东父老。当时我们乡只有三个人收到了通知书，另外两家比我家情况更加困难，就一起到我们家商量。当时我堂叔是支部书记，力主让我读书，和家里商量说，对象、考大学、房子、工资都不用担心，你们还犹豫什么呢。

所以我们三个思量再三，最后还是决定到东中去。当时我们都是农村户口，没有米票，要到粮管所去转“户口代管”。每个月拿玉米粗粮到粮管所去换，这样我们才能吃上大米。那时候真正下功夫，是进了高三以后。我文科的知识都是在东台中学打下的基础。老师都是一些很优秀的老教师。这种系统的教育和乡里很不一样，自己又很刻苦，一门心思念书，压力很大，除了学习就是学习。后来在几次模拟考试中都是第一名，但在最后高考的时候有一道政治题目没做好。最后考取了江苏省师范学院（1982 年改为苏州大学），念的是历史。当时我作为农村来的孩子，觉得只要被录取就好，就可以从此摆脱繁重的体力劳动。你们知道当时农村最重的体力活是什么吗？是挑河。

记：是挖河泥吗？

张：对的，因为见过我哥哥挑河，修海堤，把将两百斤左右的泥沙从十几米以下的河里挑到岸边上，再下去。再强的人遇到挑河也是吃不消的。所以当时老年人都说“不好好学习，长大就要做河工”。当时我们班上有五六个人考取了本科，我发挥欠佳，在班里排名第四、第五吧。

记：您那时候班里有多少人呢？

张：有五十人，那时候的大学录取率估计和现在的博士生差不多，至少是硕士生。

记：那您当时理想报考的学校是哪一所呢？

张：当时就是要解决吃饭问题，所以第一志愿填的是江苏师院，包吃包住包分配，没有现在择业的问题。每月的补贴是十二块九毛钱餐票，四元现金。但是这些还是不够，所以家里还是要邮寄些馒头干，才能够吃饱，所以大家都很节省。考上大学以后，好像得到了一种心灵的释放。大学的生活除了每天早晚上自习、上课，就是打篮球，我从1981年打篮球打到现在坚持了三十年没有间断过，所以说崭新的生活都是从大学开始的。

记：您当时为什么会选择历史这个专业呢？

张：当时我所有第一志愿都填的是历史系，还有政教系。第一，我对历史感兴趣，这种痴迷和执着和篮球一样也保持了三十年。第二，我有点怕数学，财经金融的我就一律不报了，但高考时数学还是不错的。当时我对英语比较感兴趣，成绩也不错。1981年以前英语是不计入总分的，从1981年开始才折半计入总分，当时很多同学都放弃了英语的学习，两个班一起才有五六个同学学英语，所以最后总分加了26分（我考了52分，打对折，就26分），可能有些英语专业的也考不了这么多分。对历史的感兴趣和对英语的不放弃使我在今后的领域中受益良多。

记：您在上大学时感受最深的事情是什么呢？

张：感受最深的还是我们当时敬业的老师们，当时教我们的老师水平也是参差不齐的，有些是老东吴的老师，像康奈尔大学毕业的我们的系主任张梦白老先生，做美国史研究的，现在已经去世了，他谈吐儒雅，英语极好。其他老师中有20世纪50年代的大学生，还有七七、七八级留校的老师。那时候的老师特别敬业，我们历史系因为陈垣先生的弟子柴德赓先生而有了很大提升。像张梦白老师、董蔡时老师（曾著全国第一本《左宗棠评传》）名望都很高。当此还见到了很多全国著名的学者先生，像戴逸先生、茅家琦先生、祁龙威先生，这些都使得我们的学术氛围特别好。第二个印象深刻的就是我的学长们。七七、七八级的学长们都很有才气，能吃苦、有历练，是人中龙凤，每年都公开发表很多文章，而且体育也很强，当然现在在各个领域都是中坚力量，而我们刚进校就像一群小孩，特别崇拜他们，想向学长们学习，全方位发展。

记：您是什么时候开始转向法律史方向的研究的？

我进入法律这一领域应该说是比较晚的，但我对法律社会史还是感兴趣的。

张：这个对我来说也是人生的一个机缘，一次转折。当时的师范学生包分配，毕业就拿铁饭碗，而我最早最基本也是最高的理想就是在东中（东台中学）当个老师，其他的也没考虑过，但在大三时萌生了考研的念头。

记：您是因为什么样的原因产生考研的想法的？

张：当时首先是不担心工作，然后本人又对明清史很感兴趣。当时班里考研气氛不是很浓，班里只有2位同学被保研，其中1位保送本校，另1位保送到了扬州师院，跟祁龙威先生读近代史，后来成为太平天国史研究领域的佼佼者。我没有被保送，我的特点是一旦确定意向，就会执着地追求，所以我就全身心投入考研。南开大学的历史一直在全国排名第一、第二，自己又确定了方向，就是明清史，冯尔康先生做的研究又很对我的胃口。我把所有冯先生的明清史的文章都找来看，而郑天挺先生又曾在南开组织历史系的工作，可以说是我正宗的师爷了。当时的考试题目是老师自己出的，一门政治、一门英语、一门中国通史、一门清史，另有一门公共科目大综合。我下了很大功夫，买了很多明清史的原始文献，饭都不舍得吃，几年下来买了三四百块钱的书。最终我考取了，和另一名女生一起成为冯老师的第四批弟子。

研究法制史却是写硕士学位论文时的事了。冯先生一方面是作清史研究的，另一方面也作社会史研究，他是中国社会史研究学会的创会会长，所以我一直关注这两个方向。冯先生训练我们的一套方式就是读原始文献，也是从郑老那里延续下来的，我们读清史就是读《东华录》，那时的《东华录》都是线装书，整天整天地读，老师也不告诉你题目，只是让你把感兴趣的都抄下来，我们所有的师兄都是这么过来的。冯老师的指导思想就是论从史出，他著了很多关于史料学的书，包括清史史料学的，还有清代人物传记研究等，所以把这个学风也传给了我们。我们读了一年半到两年的《东华录》，才开始选硕士学位论文，这个思想现在也带到我的研究生教育理念里。1986 年，中国社会史创立学会中我参加了会务工作，第一个中国社会史会议的综述也是我写的，发表在《社会科学》。那是我发表的第一篇文章，感到十分兴奋。

我进入法律这一领域应该说是比较晚的，但我对法律社会史感兴趣。其中一个原因就是《东华录》中很多都是讲制度、社会生活。后来读了三年《东华录》也没有读完，顺、康、雍、乾读得特别仔细。我们那时候的资料全都是靠手抄，说来也奇怪，按理以现在的科技手段收集资料做学问应该超过古人不知道多少倍，可是现在的学术火花似乎也没有增长多少。

另外，对我影响比较大的就是瞿同祖先生的《中国法律与中国社会》，这本书一直伴我左右。于是我想在清史方面写一篇法律、礼制与社会的关系或礼法与社会的关系的论文。另外，我也受到刘志琴先生的一篇《晚明社会风尚初探》的文章影响，所以硕士学位论文就写的是《清代礼制对清代前期社会生活的影响》。当时冯先生暗示过我研究清朝新疆或边疆地区，但我觉得少数民族的人名地名实在是不好记，对此兴趣也不高，所以冯老师最后还是尊重了我的意思。

我在研究生期间发表了几篇像样的文章，像《论乾隆的等级伦理观及其维护等级伦理的措施》发表在《故宫博物院院刊》。毕业时，《南开学报》发表了我的学位论文。所以说真正对法、礼法感兴趣是在我写硕士学位论文时，纯粹是我从原始文献中找到的感觉，但这和进入法学圈是两回事。接触法律史也就是在这个时候吧。当时想考瞿同祖老先生的博士，社科院近代史所有他的招生目录，但打听到他不实际招博士生，我对别的也不感兴趣，于是就放弃了。

记：您研究生毕业后就来南大了吗？

张：没有，我的经历还有些特殊，我毕业后去了部队院校。1988年时研究生还不多，基本上都是自己联系工作，老师也想把我留在学校，研究社会史，但由于我女朋友在南京，家又在江苏，我本人也喜欢南京，所以想在南京找工作。当时南京海军指挥学院招人，部队里的待遇又要比地方上要高一些，所以我就去了那里。那时又正好赶上部队授衔，我一进去就是上尉，在第二政治教研室，从1988年至1999年在部队待了整整十一年。在这期间我还是想继续深造，但是部队有一个规定就是五年后才能考博士。

一直到1993年部队才同意我考博士，于是我从1993年开始到1996年在南京大学跟蔡少卿老师读历史。我硕士学位论文写的是《清代礼制对清代前期社会生活的影响》，读博士时就要写对后期社会的影响。正好在蔡老师的指导下把后面的做完了，整个题目也就完整了。出版后书名改为《礼·法·社会——清代法律转型与社会变迁》，反响还不错。所以说在法制史这个方面是从研究生阶段就开始研究的。在部队里生活条件虽然很好，但不利于学术的发展，专业又不对口，再有就是从地方进部队对部队的管理不太适应，所以我就想转业。

当然转业也不容易，一直到1999年部队才正式同意我转业。实际上我1998年就在南京大学参与带法律史的研究生了，那时南京大学法学院很多老先生都退休了，需要一些年轻老师帮忙，这个和我的法制史专业又很对口，所以真正和法有关系，从事法学教学是从1998年开始。我的工作前十年是在部队，后十几年是在南京大学法学院。在南京大学法学院第一次参加1999年西政承办的中国法律史学会年会，才算是进入了法律史圈子。

记：您能谈谈第一次参加法律史年会的感受吗？

张：这次会议对我的影响还是挺大的。张中秋老师给我提供了这么一个信息，我还记得很清楚是现在在湘潭大学做博士生导师、写过

《中国诉讼法史》的李交发老师一起被接的站。那年在大会上我还做了主题发言，提交了一篇论文《清末官僚法律心理的演变与传统礼法制度的消亡》，这篇论文后来也发表了。那次会议办得特别好，许多法史专业的大家齐聚一堂，从重庆西政开到三峡，在游轮上，大家一边喝着茅台酒，一边赏景、看书、讨论，所有人都觉得这次会议是空前绝后的。与何勤华老师也是在那次会议上第一次认识。游轮结束后转船到武汉，是当时的中南政法学院接待的我们，那年在法律史圈子活跃的老师大多参加了这次会议，经过那次会议后，我更加全身心地投入到中国法制史的研究中。

> 我认为自己还称不上法学家，只能算是法律人。因为我接受的是比较系统的社会史的训练，又有比较好的史学方面知识的积累，所以社会史的研究方法一直贯穿于我之后的研究生涯中。

记：我们注意到您主要从事法律社会史的研究，您能谈谈您的主要学术观点和学术成就吗？

张：成就谈不上，我认为自己还称不上法学家，只能算是法律人。因为我接受的是比较系统的社会史的训练，又有比较好的史学方面知识的积累，所以社会史的研究方法一直贯穿于我之后的研究生涯中。我给学生开课也有一门“法律社会史”，是选修课。我目前开的课有法律史研究法、中国法制史专题、法律社会史，还有一门选修课“司法传统与司法现代化”，这些课程都或多或少地与法律社会史有联系。

从我在硕士阶段到工作以后不久，人大复印资料一直转载我的文章，迄今为止一共转载了十几篇，有明清史，有近代史，还有社会学方面的，直到现在每年也还在转载。在合肥开法律史年会时我写了一篇名为《中国法律社会史的理论视野》的文章，在年会上获得了一等奖。研究法律社会史，从瞿同祖先生的法律与社会的关系，到我将法律社会史作为一个学科体系，我提出的法律社会史核心就是强调法律与社会的互动关系。法律史研究以前一直都是两张皮，一张是制度史，另一张是思想史。我认为这些都是法制史研究的骨架，那血肉的东西在哪儿呢？活生生的东西在哪儿呢？我想就是法律与社会之间的关系，包括：法律与社会生活、社会结构、社会群体、社会心理和社会心态之间的关系。法律文本就像一张钞票，我更关心的是这张钞票在市场上能买多少东西，能买哪些东西，或者关心的是法律究竟发挥了多大的用处。法律的用处从哪里能看出来呢？这就是法律的功能，是对社会生活的一种反馈。这样法律史才会成为一个立体的画面，是一个活的法律史，动态的法律史，而不是一个死的制度史、思想史。我的兴趣还是比较广泛的，在读博期间除了发表了三篇文章在核心刊物外，还写了一本《中国古代民间娱乐》的小册子，是由商务印书馆国际有限公司出版的，后来我国台湾地区的商务印书馆也出版了。在部队期间还写了一本《1949 中国社会》书稿。另一本是《当代中国黑帮》，这本书是研究当代中国黑社会的第一本书，介绍黑帮的组织结构、人员、亚文化状态等。有关法律史的有《礼・法・社会——清代法律转型与社会变迁》和《司法腐败与社会失控：1928 ~ 1949》。法律社会史就是用这种方法来看待中国的法律和社会发展进程间的关系，我的文章也都多少带有这种痕迹。例如，在写《司法腐败与社会失控：1928 ~ 1949》时，我较为关注律师这个群体，如律师的组成，律师与法官和检察官的关系，律师与当事人之间的关系。还关注过法官，法官的组成、学历，法官的社会待遇，生活环境等，可以参考我的《论司法官的生活待遇与品行操守》。这些就有意将法律与社会群体、学术背景、家庭环境、工资待遇以及他们的性格结合起来考察。再如，《论传统中国司法主体的“性情司法”及其实际效应》《民国时期司法界的不良人际关系》，这些也是法社会史的分析，是关注人们的心态。这些文章我 2006 年搜集整理了一下，集成了 2007 年法律出版社出版的《法律社会史的视野》。这些文章都是我带着法律社会史的关怀写的。

我也告诉学生们要关注法律背后的法律实践情况，从这个角度看，法律不是老古董的、枯燥的东西，还是很有意思的。关注法律的实际运作，实际操作还是很好玩的一件事。所以我的学生往往觉得我的选题很有趣味性。

记：您所欣赏的学习方法是怎样的呢？

张：法律社会史的方法是我最欣赏的方法。首先是史学的方法，不管喜不喜欢，论从史出，你不读史料，不读原材料，只能人云亦云，永远也找不到自己的学术体系和观点，所以首先是史料学的方法。其次是法律社会史的方法，这两种方法要互相结合。当然，其他的法学的基础理论都是基础性的东西，适合自己的学习方法才是最好的。我觉得对我自己来讲，选题首先要好玩，兴趣很重要，这样别人才会容易读下去。不要把法律史说得多么枯燥深奥，语言的锤炼是终身的事情，看那些大家们写的书都十分通俗易懂、风趣幽默。当然，每个人是不一样的，所以研究方法也是不一定的。

记：您能从法律史的角度、社会法史的角度谈谈您对中国法制、人权的看法吗？

张：老实说，这个课题不是我的强项，也不是我重点研究的领域。当年我在南大申报的“985”“211”项目是《全球化视野下的法制近代化的进程》，后来院里决定把它和另外一个课题整合一下，所以说虽然我也参加了筹备和运作，编论文集、编年刊，但实际上这个项目不是我做的专长。

记：您能从法制近代化这个角度谈谈吗？

张：我今年的国家社会科学基金课题你们可以关注一下，是《中国司法传统中的理性与经验研究》。近几年我关注的是近代中国的主权与法权问题，所以一系列的文章围绕这些展开得多一些。我的观点是，中国法制近代化的进程与别的国家不一样，它不是内生的，是一个被现代化的过程。被现代化是怎样的一个动机呢？这主要是一个司法主权问题。也许你们会觉得我夸张了，但我觉得所有中国近代法治的活动都有一个核心的东西，就是为了国家司法主权。如果上升到爱国主义层面，就是救亡图存。再上升就是民族主义。这是一条主线，或者至少是一个明线，暗线还是中国近代社会变迁。领事裁判权、治外法权问题、司法主权问题和整个领土主权融为一体，所以中国利益的标志第一个是领土完整，第二个是司法主权，第三个是关税自主。我们法律人谈法律事，就是司法主权，中国近代法律人一直在为中国的司法权而奋斗，所有的工作都围绕这个中心展开。法制近代化起步是为了司法主权，可是当中国的主权、司法主权完全收复之后，也就是1949年之后，中国的司法近代化步伐反而停止或转向了。所以出现了目标和结果的背悖反和脱节。

我关心的是在司法主权这个中心议题之下，所有的中国法律人的内心活动，他们的价值评判，和创制法律过程中人们的心态，在模仿西方法律时的取向，以及移植过程中的表现。在这之中，国人表现出对法律急切渴望以及想要实现远大的法治理想、法目标的心情。可是当把西方的那些参天大树移植过来以后，我们却没办法对这棵参天大树提供充足的养分和水源。所以到现在中国法治近代化是一个畸形的发展，到 1949 年之前中国法治近代化五十年的成果一夜之间荡然无存，都扫进了历史的垃圾堆，原因是什么？这就是我这几年所关注的话题，即主权与法权的问题。这方面的具体工作我陆续做了不少，但还没有将它编成一本专著。我接下来的工作就要转到国家社科基金课题去了，要在 2014 年完成，所以要尽量抽时间将这个工作做完整。

记：我们都说论从史出、以史为鉴，我们发现尤其是在近几年，在法学教育方面法律史专业一直处于一个很尴尬或者说被边缘化的境地，您怎样看待这个问题？

张：我的观点是，无论你做什么，只要你做好了，总会被人认可，被人欣赏。所以说我看边不边缘化还是取决于我们自己。

记：但从招生规模和报考志愿上法制史都不太热门。

张：那还是我们自己的原因。要首先在自己身上找原因，你为什么被边缘化？你研究的成果，你的观点，你对社会推广的法律文化知识，你做了哪些工作，要让当政者、立法者感觉得到，问题出在哪里。现在，其实法律史越来越受重视了，所有大学凡是法律做得好的，都有一支优秀的法律史的队伍支撑。凡是忽视法律史的，都缺乏一种文化底蕴。为了厚积薄发，首先我们不能自卑，放眼望去，现在法律史出身的法学院院长不知凡几，所以说恰恰相反，我并不觉得法律史被边缘化。现在人们对法律学人特别看重，法律史的人呢，可能书呆子气更浓一些，外面那些杂七杂八的事不张罗，这样的话他就有时间看书，写一些东西，在学术界就能有一些收获、成果。法律史报考的学生少，在客观上当然是有原因的，其实在我教学的过程中感到，法律史毕业的研究生不比部门法的研究生差。退可以读博士做老师，进可以当公务员、律师。而且现在司法考试是研究生的统一门槛，没有司法考试你做什么都不行，读法律史一样可以考司法考试，没有区别。

记：您是否觉得现今法学界的学术青年学子、学者中存在一种浮躁的情绪？

张：浮不浮躁是一个相对的问题。在社会大环境下，浮躁是一种社会现象，也是一种群体现象。老师不浮躁吗？教师队伍也是浮躁的，因为要数据，要成果，发文章，要考核，争课题，争奖项。学生浮躁首先因为老师浮躁。当大家都处在一个浮躁的情绪中时，就不能单单指责某一个群体。在这种情况下，只能自我把握了。我们个人要对自己有个定位，你觉得自己适合做什么，自己的兴趣是什么。专业没有好差，只有是不是能做到专精；分工没有优劣，只看你自己功夫有没有到家。该做什么事情时就要把当前的事情做好，研究生阶段就要把书念好，像法史就是要多读历史文献，多读原始资料。该做什么事时你做不好，那你就永远跟不上时代的节拍。研究生阶段把书念好，在美好的青春年华把个人问题也要解决好。当然读书也不能读成书呆子，要提高自己的综合素质，包括待人接物、仪表风度、体魄、心态。法律史、法律文化更加强调一种优雅、儒雅的气质。

记：您能不能为我们推荐几本社会史方面的书？

张：我想还是将二十四史、二十五史、二十六史读好，学中国法制史的同学要将《历代刑法志》精读、读透；然后从《历代刑法志》派生出去，涉及制度史、文化史，再就是其中出现的一些人物，包括立法群体、司法群体的背景、态度等，这是初入门的。当然古代史方面瞿同祖先生的书还是值得一读的。近现代法律史方面，就先推荐我的《司法腐败与社会失控：1928~1949》，1928 年之前的可以看黄源盛老师的书。民国时期的书，可以参照我引用的一些文献脚注为线索来研究。像何勤华老师、张晋藩老师，这些大家的书更要广泛阅读了。

记：最后希望您能给我们青年学子一些寄语。

张：青年学子要把书读好，对象谈好，身体锻炼好，让自己的心态变得更阳光一些，这样就好了。

（李秋实、杨　寻）

参考书目

［奥］斯蒂芬·茨威格：《人类的群星闪耀时》，舒昌善译，广西师范大学出版社 2004 年版。

［德］蒂堡、萨维尼：《论统一民法对于德意志的必要性——蒂堡与萨维尼论战文选》，朱虎译，中国法制出版社 2009 年版。

［法］古斯塔夫·勒庞：《乌合之众：大众心理研究》，冯克利译，广西师范大学出版社 2011 年版。

［法］孟德斯鸠：《论法的精神》，张雁深译，商务印书馆 1963 年版。

［加］卜正明、［法］巩涛、［加］格里高利·布鲁：《杀千刀：中西视野下的凌迟处死》，张光润等译，商务印书馆 2013 年版。

［美］斯蒂文·J. 伯顿主编：《法律的道路及其影响——小奥利弗·温德尔·霍姆斯的遗产》，张芝梅、陈绪刚译，北京大学出版社 2005 年版。

［美］埃尔曼：《比较法律文化》，贺卫方、高鸿钧译，生活·读书·新知三联书店 1990 年版。《胡适研究丛刊》（第 2 辑），中国青年出版社 1996 年版。

《毛泽东选集》（第 4 卷），人民出版社 1991 年版。

［美］E. 博登海默：《法理学：法律哲学与法律方法》，邓正来译，中国政法大学出版社 1999 年版。

［美］L. T. 李：《领事法和领事实践》，傅铸译，商务印书馆 1975 年版。

［美］伯尔曼：《法律与宗教》，梁治平译，生活·读书·新知三联书店 1991 年版。

［美］黄宗智：《法典、习俗与司法实践：清代与民国的比较》，上海书店出版社 2003 年版。

［美］黄宗智：《清代的法律、社会与文化：民法的表达与实践》，上海书店出版社 2001 年版。

［美］徐小群：《现代性的磨难：20 世纪初期中国司法改革（1901—1937）》，杨明、冯申译，中国大百科全书出版社 2018 年版。

［美］易杜强：《战争与革命中的西南联大》，饶佳荣译，九州出版社 2012 年版。

［美］孔飞力：《叫魂：1768 年中国妖术大恐慌》，陈兼、刘昶译，生活·读书·新知三联书店 1999 年版。

［美］孔飞力：《中国现代国家的起源》，陈兼、陈之宏译，生活·读书·新知三联书店 2013 年版。

［美］戴维·伊斯顿：《政治生活的分析系统》，王浦劬主译，人民出版社 2012 年版。

［日］日本法政大学大学史资料委员会编：《法政大学史资料集第十一集》，裴敬伟译，广西师范大学出版社 2015 年版。

“二十五年征集之书”——《私立东吴大学法学院一览·历届毕业生名录》，国民政府教育部图书馆藏书，登记号 20022。

《大理院判例解释：民法汇览》，上海世界书局 1924 年版。

《大总统令·大总统指令第 2091 号》（1921 年 9 月 6 日）。

《第一学期国立中央大学研究所概况表》（1941 年 12 月 30 日）。

《董必武法学文集》，法律出版社 2001 年版。

《马俊超、傅秉常口述自传》，刘凤翰等整理，中国大百科全书出版社 2009 年版。

《顾维钧回忆录》，中国社会科学院近代史研究所译，中华书局 1983 年版。

《光绪朝东华录》，中华书局 1958 年版。

《国立西南联合大学史料》，云南教育出版社 1998 年版。

《国立中央大学法学院概况》，1937 年印行。

《国立中央大学概览》，1930 年 1 月印行。

《国立中央大学社会科学院教职员（法政）一览》，1928 年 7 月制，9 月印。

《国立中央大学一览》第四种《法学院概况》，1930 年 1 月印行。

东方杂志社编：《领事裁判权》，商务印书馆1923 年版。

《刘少奇选集》（上），人民出版社 1981 年版。

《民国法规集成》，黄山书社 1999 年版。

《南大百年实录：金陵大学史料选》（上、下），南京大学出版社 2002 年版。

《南京大学史》，南京大学出版社 1992 年版。

《钱端升先生纪念文集》，中国政法大学出版社 2000 年版。

《王宠惠先生文集》，中国国民党中央委员会党史委员会 1981 年编辑出版。

《文汇报》史研究室编：《文汇报史略(1949. 6 ~ 1966. 5)》，文汇出版社 1997 年版。

《文史资料选辑》（第 78 辑），文史资料出版社 1982 年版。

《武汉文史资料》，1987 年第 1 辑。

中国社会科学院新闻研究所编：《新闻研究资料》（第 20 辑），中国社会科学出版社 1983 年版。

《徐铸成回忆录》，生活·读书·新知三联书店 1998 年版。

《杨兆龙法学文集》，法律出版社 2005 年版。

《郑天挺北大日记：1924—1936》，未刊稿。

《郑天挺西南联大日记》，中华书局 2018 年版。

《政府公报》，1914 年、1920 年、1921 年、1927 年、1922 年。

《中共中央文件选集》（第 1 册），中共中央党校出版社 1989 年版。

《中国国家和法的历史参考资料》，中国人民大学出版社 1956 年版。

《中华民国民法制定史料汇编》，台湾“司法行政部”1976 年 6 月刊行。

《中华民国实录·文献统计(1912. 1 ~ 1949. 9)》，第 5 卷下《资料统计》，吉林人民出版社 1997 年版。

《中华文史资料文库》（第 8 卷），中国文史出版社 1996 年版。

《最近五十年——申报五十周年纪念》，《申报》1922 年出版发行。

蔡枢衡：《中国法律之批判》，正中书局 1947 年版。

《董必武法学文集》，法律出版社 2001 年版。

董康：《董康东游日记》，王君南整理，河北教育出版社 2000 年版。

法权讨论委员会编：《列国在华领事裁判权志要》，京华印书局 1923 年 8 月发行。

法权委员会编：《考查司法记》，李文海编：《民国时期社会调查丛编》二编，海峡出版发行集团、福建教育出版社 2014 年版。

樊增祥：《樊山政书》，中华书局 2007 年版。

费孝通：《乡土中国》，北京大学出版社 1998 年版。

费正清：《伟大的中国革命 1800—1985》，刘尊棋译，世界知识出版社 2000 年版。

封越健、孙卫国编：《郑天挺先生学行录》，中华书局 2009 年版。

冯尔康、郑克晟编：《郑天挺学记》，生活・读书・新知三联书店 1991 年版。

冯自由：《冯自由回忆录》，东方出版社 2011 年版。

付海晏：《变动社会中的法律秩序——1929—1949 年鄂东民事诉讼案例研究》，华中师范大学出版社 2010 年版。

故宫博物院明清档案部：《清末筹备立宪档案史料》，中华书局 1990 年版。

顾维钧：《外人在华之地位》（第 2 版），吉林出版集团有限责任公司 2015 年版。

郭卫、周定枚编：《最高法院民事判例汇刊》（第 8 期），上海法学书局 1934 年版。

郭卫：《大理院判决例全书》，上海会文堂新记书局 1931 年版。

国民政府司法院参事处编纂：《国民政府司法例规》（上），国民政府司法院参事处 1930 年 2 月编印。

韩秀桃：《司法独立与近代中国》，清华大学出版社 2003 年版。

郝立舆：《领事裁判权问题》，商务印书馆 1930 年版。

何勤华、屈文生、崔吉子主编：《法律翻译与法律移植》，法律出版社 2015 年版。

直隶高等审判厅编：《华洋诉讼判决录》，中国政法大学出版社1997年版。

何勤华主编：《中国法学家访谈录》（第9卷），北京大学出版社2014年版。

胡夏冰等编：《司法公正与司法改革研究综述》，清华大学出版社2001年版。

胡长清：《中国民法继承论》，商务印书馆1936年版。

黄凤铨：《我国现行事前审计制度》，仁德印刷所1934年版。

黄濬：《花随人圣庵摭忆》，山西古籍出版社、山西教育出版社1999年版。

黄源盛：《中国法史导论》，广西师范大学出版社2014年版。

黄源盛纂辑：《大理院民事判例辑存·总则编》，台北，元照出版有限公司2012年版。

黄振威：《傅秉常传：从香港大学到莫斯科中国大使馆》，中华书局（香港）2018年版。

蒋介石：《中国之命运》，前锋书店1943年版。

蒋明祺：《政府审计原理》，立信会计图书用品社1947年版。

蒋廷黻：《中国近代史》，上海世纪出版集团2004年版。

金眉：《中国亲属法的近现代转型》，法律出版社2010年版。

李贵连：《沈家本评传》，南京大学出版社2005年版。

李贵连等编：《百年法学：北京大学法学院院史（1904—2004）》，北京大学出版社2004年版。

李金华主编：《中国审计史》（第2卷），中国时代经济出版社2004年版。

李谟：《民法亲属新论》，上海大东书局1934年版。

李文军：《辽代疑案》，中国民主法制出版社2022年版。

李相森：《民国法律解释制度研究》，北京大学出版社2019年版。

李雪梅主编：《沈家本与中国法律文化学术研讨会论文集》，中国政法大学出版社2022年版。

李宜琛：《现行继承法论》，商务印书馆1944年版。

廖名春、刘巍编：《老清华的故事》，江苏文艺出版社1998年版。

廖与人：《中华民国现行司法制度》（上册），台北，黎明文化事业股份有限公司 1982 年版。

林鼎章：《亲属法》，商务印书馆 1946 年版。

林坚强、徐华炳、陈文苞：《郭心崧传》，中华书局 2014 年版。

刘海波：《民初田宅买卖契约制度研究：1912—1927》，山西传媒集团、山西人民出版社 2021 年版。

刘海年等主编：《依法治国与廉政建设》，中国法制出版社 1999 年版。

刘陶福：《审计正要》，台北，三民书局 1978 年版。

刘体仁：《异辞录》，上海书店 1984 年影印版。

刘昕杰：《民法典如何实现：民国新繁县司法实践中的权利与习惯（1935—1949）》，法律出版社 2011 年版。

卢汉超：《赫德传》，上海人民出版社 1986 年版。

卢静仪：《民初立嗣问题的法律与裁判——以大理院民事判决为中心（1912—1927）》，北京大学出版社 2004 年版。

罗鼎：《民法继承论》，上海法学编译社 1934 年版。

罗家伦主编：《国民日日报汇编》（第 1 ~ 4 期），台北，中国国民党中央委员会党史史料编纂委员会 1968 年影印初版。

缪名春、刘巍编：《老清华的故事》，江苏文艺出版社 1998 年版。

梅仲协：《民法要义》，中国政法大学出版社 1998 年版。

南开大学经济研究所经济史研究室编：《中国近代盐务史资料选辑》（第 1 卷），南开大学出版社 1985 年版。

倪徵燠：《淡泊从容莅海牙》，北京大学出版社 2015 年版。

牛锦红：《近现代中国城乡规划法律问题研究》，法律出版社 2020 年版。

潘抱存：《潘抱存自述集》，法律出版社 2013 年版。

培根：《培根论说文集》，水天同译，商务印书馆 1983 年版。

钱泰：《中国不平等条约之缘起及其废除之经过》，台北，“国防研究院”1961 年印行。

阮毅成：《八十述忆》，1984 年自印。

阮毅成：《中国亲属法概论》，上海世界法政学社 1933 年版。

沈厚铎主编、吴坚敏副主编：《玉骨冰心冷不摧——沈家本诗集》，浙江文艺出版社 2020 年版。

沈家本：《沈家本全集》，中国政法大学出版社 2010 年版。

沈云龙主编：《近代中国史料丛刊》第 17 辑、第 57 辑，台北，文海出版社有限公司印行。

孙晓楼：《法律教育》，中国政法大学出版社 1997 年版。

汤能松等编著：《探索的轨迹——中国法学教育发展史略》，法律出版社 1995 年版。

陶希圣：《潮流与点滴》，中国大百科全书出版社 2009 年版。

陶元琳：《中国政府审计》，大时代书局 1942 年版。

天津编译中心编：《顾维钧回忆录》，中华书局 1997 年版。

王国平编著：《博习天赐庄：东吴大学》，河北教育出版社 2003 年版。

王健：《西法东渐》，中国政法大学出版社 2001 年版。

王树枏：《陶庐主人随笔录》《德宗遗事》；龙顾山人：《南屋述闻》，中华书局 2007 年版。

王铁崖编：《中外旧约章汇编》（第 1 册），生活 · 读书 · 新知三联书店 1957 年版。

王铁崖编：《中外旧约章汇编》（第 2 册），生活 · 读书 · 新知三联书店 1982 年版。

王铁崖编：《中外旧约章汇编》（第 3 册），生活 · 读书 · 新知三联书店 1962 年版。

王伟：《中国近代留洋法学博士考》，上海人民出版社 2019 年版。

吴经熊：《法律哲学研究》，清华大学出版社 2005 年版。

吴孟雪：《美国在华领事裁判权百年史》，社会科学文献出版社 1992 年版。

《西方法律思想史编写组》编：《西方法律思想史资料选编》，北京大学出版社 1983 年版。

萧公权：《问学谏往录——萧公权治学漫忆》，学林出版社 1997 年版。

谢冠生：《簹生堂文稿》，台北，商务印书馆股份有限公司 1973

年版。

谢振民编著、张知本校订：《中华民国立法史》，中国政法大学出版社 2000 年版。

谢政谕主编：《一代大师王宠惠的志业与情怀》，台北，东吴大学出版社 2020 年版。

徐友春主编：《民国人物大辞典》（增订版），河北人民出版社 2007 年版。

许章润：《蔡枢衡与〈中国法律之批判〉》，载《比较法研究》1999 年第 2 期。

薛君度、熊先觉、徐葵主编：《法学摇篮：朝阳大学》（增订版），东方出版社 2001 年版。

杨琥编：《宪政救国之梦：张耀曾先生文存》，法律出版社 2004 年版。

易继明主编：《私法》，北京大学出版社 2002 年版。

余伟雄：《王宠惠与近代中国》，文史哲出版社 1987 年版。

张健：《国家治理变迁中的基层刑事司法——以龙泉司法档案为中心的考察》，中华书局 2021 年版。

张仁善：《司法腐败与社会失控：1928—1949》，社会科学文献出版社 2004 年版。

张仁善编：《南京大学法学院院史》，南京大学出版社 2023 年版。

张仁善编：《王宠惠法学文集》，法律出版社 2008 年版。

张生：《中国近代民法法典化研究（1901—1949）》，中国政法大学出版社 2004 年版。

张生主编：《中国法律近代化论集》（第 4 卷），中国政法大学出版社 2017 年版。

赵宝煦、夏吉生、周忠海编：《钱端升先生纪念文集》，中国政法大学出版社 2000 年版。

赵凤喈编著：《民法亲属编》，正中书局 1945 年版。

《德国民法典》，郑冲、贾红梅译，法律出版社 1999 年版。

郑克晟：《从未名湖到新开湖：郑克晟师友杂忆》，中华书局 2023 年版。

郑永年：《中国模式：经验与困局》，浙江出版联合集团、浙江人民出版社 2010 年版。

中国第二历史档案馆编：《中华民国史档案资料汇编》（第 3 辑），江苏古籍出版社 1991 年版。

中国第二历史档案馆档案，全宗号 648；中国第二历史档案馆档案，审计部档案。

中国国民党中央委员会“党史委员会”编：《王宠惠先生文集》，1981 年版。

中国国民党中央执行委员会：《撤废领事裁判权运动》，1929 年 10 月印行。

朱汉国主编：《南京国民政府纪实》，安徽人民出版社 1993 年版。

The China White Paper, August 1949, Original Issued as United States Relations With China, With Special Reference to the Period 1944 – 1949, Department of State Publication 3573, Far Eastern Series 30. Reissued with the Original Letter of Transmittal to President Truman from Secretary of State Dean Acheson and with a New Introduction by Lyman P. Van Slyke, Stanford University Press, Stanford, California, 1967.

Wesly R., Fishel, *The End of Extraterritoriality in China*, Octagon Books, A Division of Farrar, Straus and Giroux, New York, 1974.

Gwenneth and John Stokes, *QUEEN'S COLLEGE and Its History* 1862 – 1987, Published by Queen's College Old Boys' Association, 1987.

F. T. CHENG, *East and West*: *Episodes in a Sixty Years*; *Journey Reflections at Eighty*, Hutchinson Co. Ltd., London New York Melbourne Sydney Cape Town 1951; Luzac and Co. Ltd. 46 Great Russell, Street London, WCI 1966.

Report of the Commission on Extra-territoriality in China, Presented by the Secretary of Foreign Affairs to Parliament by Command of His Majesty, 1926. London.

The China Weekly Review（《密勒氏评论报》）, Issued as a Supplement of the China Weekly Review for June 19, 1926.

后　记

本书的主体内容曾先期以论文的形式陆续发表于中外期刊、专题论文合集，或作为行将付梓的翻译作品的译介提前推出。这些成果按章目顺序，分别刊于：《江苏社会科学》（2018年第3期）、《法律翻译与法律移植》（何勤华、屈文生、崔吉子主编，法律出版社2015年版；英文刊于［德］Berliner China-Hefte/*Chinese History and Society* 第50辑，2018年版）、《南大法学》（2022年第6期）、《法治现代化研究》（2019年第3期）、《中国法律近代化论集》（第4卷）（张生主编，中国政法大学出版社2017年版）、《沈家本与中国法律文化学术研讨会论文集》（李雪梅主编，中国政法大学出版社2022年版）、《王宠惠法学文集》“序言”（张仁善编，法律出版社2008年版）、《一代大师王宠惠的志业与情怀》（东吴大学庆祝120周年校史系列丛书，谢政谕主编，台北，东吴大学出版社2020年版）、郑天锡《东方与西方：六十生旅·八十感言》中译本译介，广西师范大学出版社即出）、《南开学报》（2022年第6期）、《东南大学学报》（2022年第5期）、《中国史研究》（第69辑）（韩国中国史学会编，中国史学会2010年版）。现商得原刊物编辑、文集主编及译作出版单位的慨允，择其精要，汇入本书。

附篇“学思漫录”6篇，含2篇自编文献序言。3篇系我曾经指导过的博士生、现分别执教于不同大学的刘海波、李相森、李文军及合作博士后研究人员牛锦红的专著所作的序言，征得原作者同意，剥离附此。另有访谈录一篇，系作者约10年前的一次学术访谈记录，因现场接受采访，即问即答，只是对自己求学心路的简要陈述，远不够缜密，但并无自矜之意。

本书中的不少内容及观点，曾在境内外多个场合作过专题发言或讲座交流，得到众多师友的指教。除诸家刊物及出版社的主编、责任编辑曾予以直接校正外，其他如：中国社会科学院法学所的张生研究员，南开大学的郑克晟、冯尔康、孙卫国教授，中国政法大学的李雪梅教授，西北政法大学的王健教授，华东政法大学的何勤华、李秀清、屈文生教授，复旦大学的王伟教授，台湾地区东吴大学的谢正谕教授，英国伦敦大学的郑斌教授，德国柏林自由大学的罗梅君教授，韩国庆北大学的任大熙教授，等等，都提供过修改建议。感谢诸多师友的支持帮助！

特别值得感念的是郑斌教授和郑克晟教授。郑斌教授为郑天锡先生的哲嗣，生于 1921 年。为了翻译、介绍郑天锡先生的自传，我于 2016 年前后开始联系郑斌先生，并获得他的慷慨授权，此后相互不断邮件往来，郑先生提供了大量关于郑天锡及其家庭的资料、照片或扫描件。在翻译过程中，郑先生给予我持续的关心和支持，每有疑问，向先生请益时，均能在第一时间得到他的邮件回复。他还特意贴心关照：邮件联系时，为便利快捷，我可以直接用中文发问，他的电脑由于未安装中文输入法，只能直接用英文回复。郑克晟先生为郑天挺先生的哲嗣，生于 1931 年。2019 年在南开大学召开的“纪念郑天挺先生诞辰一百二十周年暨第五届明清史国际学术讨论会”的间隙，我曾就郑天挺先生家族亲缘关系等问题求证于郑克晟先生。令人伤悲的是，郑斌、郑克晟两先生先后于 2019 年、2022 年以 98 岁、91 岁的遐龄仙逝，但他们的道德文章及奖掖后学的长者风范将嘉惠学林，垂范后世。对于其他师友的帮助，兹恕不一一列出名单，在此一并深表谢意。为行文简洁，书中提及的诸多先贤名字，时有免去“先生”敬称。

本书是我近一段时期以来，对近代中国法律问题持续思考、不断探讨的心得感悟。由于阅读渐广，思随境异，视野识见也相应提升，对诸多问题不时会有新的理解，也有些认识会与往昔观点相左；对人物的评价或学术成果的综述，彼时囿于阅读范围的偏窄及检索工具的短缺，绍述不够周延；曾经揭示的一些问题如法律教育等，现在也多已改进。值此付梓之际，根据全书统一体例的需要，新拟了部分章目名称，对原作中个别字句、人名有明显讹错的加以订正，对格式规范及习惯表述等作了微调，使主题更集中明了，结构更清晰合理，其余基本保留了作品刊发时的风貌及观点，也权当在自己的学问蹊径上再铺一粒石子，作为再进步的起点标记。至于“在所难免”的不足，唯祈方家同道惠赐明教。

本书曾获南京大学人文社科双一流建设科研项目、新时代文科卓越研究计划中长期研究专项（中华文化传承创新类）等课题的资助。

本书稿在出版审读过程中，由于诸多原因，几番删削，篇幅也被大大压缩，给责任编辑解锟女士及其他编辑人员平添了额外工作量，特此致歉并致谢！

2023 年 5 月 10 日
于金陵御沁园三有室